社区治理体系与治理能力现代化研究

王杰秀　主编

撰稿人：

唐忠新　郭伟和　王　萍　赵聚军

唐德龙　张必春　王伟进　文　宏

许亚敏　刘丽娟　孙笑非　李　照

中国出版集团有限公司

研究出版社

图书在版编目（CIP）数据

社区治理体系与治理能力现代化研究 / 王杰秀主编.
-- 北京：研究出版社，2023.6
ISBN 978 - 7 - 5199 - 1522 - 3

Ⅰ. ①社… Ⅱ. ①王… Ⅲ. ①社区管理—研究—中国 Ⅳ. ①D669.3

中国国家版本馆 CIP 数据核字（2023）第 118398 号

出 品 人：赵卜慧
出版统筹：丁 波
责任编辑：张立明

社区治理体系与治理能力现代化研究
SHEQU ZHILI TIXI YU ZHILI NENGLI XIANDAIHUA YANJIU
王杰秀 主编
研究出版社 出版发行
（100006 北京市东城区灯市口大街 100 号华腾商务楼）
北京中科印刷有限公司印刷 新华书店经销
2023 年 8 月第 1 版 2023 年 8 月第 1 次印刷
开本：710 毫米×1000 毫米 1/16 印张：17.5
字数：290 千字
ISBN 978 - 7 - 5199 - 1522 - 3 定价：75.00 元
电话：（010）64217619 64217612（发行部）

目 录

导　言

党和政府高度重视社区治理工作。《中共中央　国务院关于加强和完善城乡社区治理的意见》（中发〔2017〕13号）明确指出："城乡社区是社会治理的基本单元"。《中共中央　国务院关于加强基层治理体系和治理能力现代化建设的意见》（中发〔2021〕16号）把包括城乡社区治理在内的基层治理明确为"国家治理的基石"，把统筹推进乡镇（街道）和城乡社区治理看作"是实现国家治理体系和治理能力现代化的基础工程"。社区治理之所以具有如此重要地位，根源于下述几方面原因：

其一，根源于中国社会主要是由城乡两大类型社区所构成的这一基本国情。毋庸置疑，当代中国是一个巨型社会有机体，但是，若从构成单元的角度来看，这一超大型社会有机体主要是由城乡两大类型社区所构成的。全国范围内的一个个城市社区的有机联结构成了城市社会，全国范围内的一个个农村社区的集合相加构成了农村社会，农村社会与城市社会的有机结合构成了超大型的中国社会。与此相一致，若干个城乡社区在一定地域范围内的联结构成了乡镇、街道，进而构成了区、县、市等行政区划单位，又进而构成了省、自治区、直辖市等行政区域，从而形成了超大型的当今中国行政区划结构体系。换句话说，当今中国的基本社会空间结构体系主要是由10余万个居委会辖区和50多万个村委会辖区所共同构成的。这一基本国情特征决定了城乡社区在社会治理总体系中的基础地位。

其二，根源于社区治理事关党和国家大政方针贯彻落实。把党和国家的大政方针贯彻落实到基层社会的角角落落和千家万户，是有效实施社会治理乃至国家治理的基础性工作。在这方面，城乡社区治理具有基础性功能。一方面，改革开放以来，伴随传统计划经济向社会主义市场经济转轨，导致基层社会结构和基层社会管理服务体制机制发生了深刻变革，进而促使"单位管理体制"

解体，城乡社区治理逐步成为社会治理乃至国家治理的最基本渠道和最基础环节。另一方面，城乡社区党组织和居（村）民委员会具备把党和国家的大政方针贯彻落实到千家万户的独特优势和法定职责。它们是涵盖面最广的社区组织，覆盖了本社区内的所有住户，肩负着贯彻落实党和国家大政方针的法定使命。只有通过它们才能把党和国家的大政方针贯彻落实到家家户户，才能解决“最后一公里”“最后一百米”的问题，也才能夯实党和政府的执政基础。

其三，根源于社区治理事关居民群众切身利益。改革开放以来，伴随经济转轨、社会转型和基层社会管理服务体制机制的深刻变革，广大城市居民群众的切身利益越来越向社区转移，出现了居民利益“社区化”趋势。例如，救助工作的社区化管理，使贫困阶层的利益诉求转向了社区，他们只有通过社区组织才可能享受到低保等等救助待遇；人口老龄化尤其是退休人员移交街道社区管理服务，使绝大多数老年人的利益诉求转向了社区，他们的生活质量高低在很大程度上取决于社区建设和治理服务水平的高低；住房商品化使广大业主的经济利益诉求在一定程度上转向了房屋坐落的住宅小区，他们高度关注社区环境建设和物业管理服务问题是其经济利益社区化的表现。这种发展趋势，决定了社区建设和治理服务不能不成为事关城市居民群众切身利益的重大问题。在农村地区，广大农民群众作为本村集体经济组织的成员，其土地利益、集体资产利益、宅基地利益等切身经济利益的维护实现有赖于本村（社区）治理的健康发展；同时作为本村（社区）的社会成员，其社会福利、社会保障、困难救助、基本公共服务等合法权益的维护实现也有赖于本村（社区）治理体系和治理能力的优化提升。特别是进入新时代以来，城乡居民群众的美好生活需要日益增长，只有健全社区治理体系，提升社区治理能力，补齐社区治理短板，才能使城乡居民群众的切身利益得到有效保证，才能不断增强居民群众的获得感、幸福感、安全感。

其四，根源于社区治理事关基层社会稳定。城乡社区不仅是居民群众的生活基地，而且也是基层社会矛盾的交汇点和一部分违法犯罪现象的存在场域。基层社会的许多违法犯罪现象和矛盾纠纷发生在社区、表现在社区、危害着社区，进而危害着党和政府的执政基础，影响社会和谐稳定。这就需要加强社区治理，从源头上解决影响基层社会稳定的各种问题。更加重要的是，社区治理强调组织管理属地化、治理主体社会化、治理资源一体化、治理手段多元化，能够有效应对基层社会稳定面临的挑战和压力，是新时代基层社会稳定的必然要求。

基于社区治理的上述重要意义，党和政府把推进社区治理体系和治理能力现代化作为重大战略任务来抓。在这方面，习近平总书记作出了一系列重要论述，构成了习近平新时代中国特色社会主义思想体系的重要组成部分，为我们研究和推进社区治理现代化提供了根本遵循；党中央、国务院通过中发［2017］13号和中发［2021］16号等重要文件对此作出了顶层设计和工作部署，为城乡社区治理现代化建设指明了前进方向。全国许多地区把党和政府的相关要求与本地实际紧密结合，探索形成了越来越多的社区治理成功经验和做法。本书作者们在民政部政策研究中心的组织下，把社区治理作为专门研究课题，以习近平新时代中国特色社会主义思想为指导，立足本国实际，总结分析各地鲜活经验，借鉴国际理念和做法，围绕推进中国特色城乡社区治理体系和治理能力现代化进行专题研究，力求通过本书着力阐明以下几方面基本问题。

1. 正确把握社区治理基本范畴问题

社区、社区治理、社区治理现代化是依次递进的三个基本范畴，也是研究和推进社区治理体系和治理能力现代化建设必须把握的核心概念。

若从学理角度定义，一般认为，社区是指聚居在一定地域范围内的人们所组成的社会生活共同体，其构成类型和表现形态多种多样，层次有高有低，规模大小不一。其中，城市社区和农村社区是按照多元综合标准划分出的社区两大基本类型。但是，仅仅从学理角度定义社区，难以满足实际工作的操作性需要。这是因为，作为实际操作对象的“社区”应该具有明确的地域范围和法定的组织管理机构，否则就难以操作、推动。于是，党和政府基于中国国情，对中国特色社区建设、社区治理、社区服务等实际工作领域的城乡“社区”范围作出了较为明确的操作性界定。其中，中共中央办公厅、国务院办公厅于2000年转发的《民政部关于在全国推进城市社区建设的意见》（中办发［2000］23号）指出：“目前城市社区的范围，一般是指……居民委员会辖区。”这也就是说，目前我国城市社区建设、社区治理、社区服务工作领域里的“社区”一般是指居民委员会辖区，是居民委员会辖区内的所有人口、群体、组织、生产生活资料、文化、自然资源等要素所构成的地域性社会生活共同体抑或地域性“小社会”。至于实际工作领域所说的“农村社区”，主要是指行政村或建制村也就是村民委员会辖区。中共中央办公厅、国务院办公厅《关于深入推进农村社区建设试点工作的指导意见》（中办发［2015］30号）的相关要求表明了这一点。

关于社区治理，中央层面相关文件并无定义式表述，学术理论界亦有不同界定和理解。我们认为，中国特色城乡社区治理的基本要义主要是指各类组织和力量在城乡社区范围内，依据相关法律法规和社会规范，分工协作地调控社区成员的公共行为和公共事务，有序解决社区成员的合理需求，促进社区和谐有序的活动过程和活动总和。若从运行角度来看，其构成要素包括治理主体、治理客体（对象）、治理手段（设施、方式）等，是包括谁来治理社区、怎样治理社区、治理社区有哪些问题等内容在内的行动体系。

关于社区治理现代化的含义和特征，是一个亟待研究探讨的重要理论和实践问题，本书第一章对此进行了初步阐述。作者认为，社区治理现代化的内涵包括共建共治共享的社区治理格局，“一核多元”的社区治理体系，“政社良性互动”的社区治理关系，“三治”结合的社区治理手段，“六位一体”的社区治理能力，人人有责、人人尽责、人人享有的社区治理共同体等主要方面；社区治理现代化的特征既表现在社区居民生活美好方面，也表现在社区环境、设施和服务体系方面，还表现在社区治理方式方面，于是提出了社区生活功能美好，社区环境、设施、服务完善，社区治理模式良善等评估指标。这些观点和表述可供读者参考。

2. 建立健全党建引领、多方参与的治理格局和体制机制问题

强调多方参与、共同治理是国内外治理理论和治理实践的共同点。但是，我国要构建的城乡社区治理主体新格局，不仅具有多方参与的普遍属性，而且更加鲜明地具有共建共治共享的结构特性。其具体表现为：基层党组织（例如街道、乡镇、城乡社区党组织）发挥领导核心作用，基层政府组织依法履行职能，居（村）民自治组织发挥基础作用，各类社会力量包括社会组织、市场主体等等发挥协同作用，广大居民群众发挥主体作用，共同构成党组织领导的政府治理和居（村）民自治与社会自我调节有效衔接、良性互动的治理格局和体制机制。这既有别于西方国家和地区的治理模式，也有别于我国城乡社区管理的传统模式。

围绕构建党建引领、多方参与的共建共治共享新格局和体制机制问题，本书相关章节尤其是第二、三章进行了阐述和探讨。初步揭示了党组织领导社区治理的内涵与要求，强调建立健全以党组织为“一元”领导核心的组织架构和制度体系，有效发挥组织嵌入、群众动员、资源整合、利益协调、公共事务

倡导、文化价值观引领等重要作用，着力构建党建引领机制、服务连接机制、技术支撑机制和群众工作机制等等。初步揭示了基层政府主导社区治理的内涵和实现机制，强调明晰政社权责边界、权力下放与资源下沉、购买服务与赋能社区等等。揭示讨论了基层群众自治的发展与内涵，指出了目前基层群众自治存在的突出问题，并从理念、技术性条件等方面分析了推进基层群众自治的实现路径，以及提升参与效能的策略导向。揭示讨论了多方协同共治的涵义和实现路径，强调推进社区社会组织参与、驻社区单位参与、提升物业服务质量等等。尝试分析了社区治理各主体互动模式的社区间异同，主张构建新时代社区治理的利益共生结构，逐步实现共建共治共享可持续发展。

3. 有效推进社区治理基本任务问题

社区治理的基本任务是多种多样的，本书第四章主要讨论了推进社区党建、协助政府工作、加强群众自治、发展社区服务这几个方面。关于推进社区党建，阐述了抓好基层党组织建设、推动社区党建引领议事协商、完善在职党员社区报到带动居民参与等现实任务。关于基层群众性自治组织协助政府工作，讨论了规范协助事项、推进社区减负增效、推动行政化社区工作转向社区自主治理等突出问题。关于加强群众自治，集中讨论了不断发展“五个民主”（民主选举、民主协商、民主决策、民主管理、民主监督）和“四个自我”（自我管理、自我服务、自我教育、自我监督）问题。关于提供社区服务，阐述了强化社区为民便民安民服务功能，以及发展公益服务和专业服务问题。

4. 不断改善社区治理的保障条件问题

推进社区治理现代化是一项系统工程，无疑需要不断改善其保障条件。有鉴于此，本书第五章集中讨论了着力增强社区治理的资源支撑、经费保障、推进社区工作者队伍建设和信息化建设问题。作者将社区治理资源大致划分为行政资源、辖区单位资源、社会资源三种类型，分别探讨了开发整合路径。关于社区治理的经费保障，作者将其划分为财政经费、社会经费、居民自筹经费三个类别，并且认为这三类经费对于社区治理分别具有“输血式”供给、“开源式”供给和“自我造血式”供给的重要意义，在此基础上阐述了各类经费的开发整合路径。关于社区工作者队伍建设，作者将其主要内容概括为职业体系建设、专业化建设、知识化建设三个方面，分别探讨了推进路径。关于社区治理信息化建设，作者探讨了社区政务服务平台、网格化管理服务平台以及社区服务平台建设的推进路径，并且阐述了防范网络化带来的技术伦理困境问题。

此外，本书第七章专门介绍了国外、境外社区治理的经验教训及其对于新时代我国城乡社区治理现代化建设的一系列启示，可供读者借鉴参考。

5. 创新实现自治、法治、德治相结合问题

在推进中国特色城乡社区治理现代化进程中，党的十九大报告明确要求“健全自治、法治、德治的乡村治理体系”；党的十九届四中、五中、六中全会都进一步要求“健全党组织领导的自治、法治、德治相结合的城乡基层治理体系”，这就意味着创新实现“三治”结合已经成为新时代基层治理现代化建设的内在要求和战略任务。为此应该认识到，“三治”结合既不是自治、法治、德治的简单相加、随意组合，更不是各自为政、单打独斗，而是你中有我、我中有你，协同发力的复杂过程，具有内在辩证关系。

自治、法治、德治在内容上是相互吸纳的。这突出表现为：第一，社会主义道德规范是社会主义立法的基本原则，是法律规范的主要来源。例如，我国宪法就吸纳了“爱祖国、爱人民、爱劳动、爱科学、爱社会主义”等社会主义道德的基本内容；孝敬老人、尊老爱幼等传统美德已经通过立法程序转变成为相关法律要求。甚至可以说，一定程度的道德法律化和法律道德化，是贯穿于人类法制史的主线之一。第二，法律的制定以及整个法律制度的建设，是以一定的道德作为基本价值取向的，社会主义的法律规范与道德规范的价值目标是一致的。从调节利益关系的要求上看，法是最低层次的道德或道德的底线。例如，我国法律规定，子女应当赡养父母，对老年父母经济上供养，生活上照料和精神上慰藉，这同时也是道德的底线，是最起码的道德标准。第三，基于社会主义法律与道德的价值目标的一致性，在社会主义条件下，道德是守法和执法的基础，自觉守法和公正执法是符合道德的行为。所以，党和政府把普法守法教育、依法办事、依法律己等等作为公民道德建设的重要内容。第四，法治和德治是自治的基本依据和手段。不管是村民自治，还是城市居民自治，乃至物业管理领域的业主自治、社会组织内部的成员自治，都必须依法依德调节人际关系，处理自治事务。现实工作中，各居（村）民委员会依据居（村）委会组织法等相关法律和道德规范，结合自身实际情况制定和实施村规民约、居民公约、自治章程，就是依据法治和德治开展群众性自治，实现“三治”在内容上相互吸纳的突出表现。

自治、法治、德治在功能上是相辅相成的。“三治”之所以应该结合、能够结合，不仅因为它们在内容上相互吸纳，而且因为它们各具优势与局限性，

存在着功能互补关系。其中，法治主要是指依据法律法规来治理社会，其基本要求是“有法可依，有法必依，执法必严，违法必究”。就本质特征来说，法治具有强制性和公正性。所谓强制性意味着公民必须遵从法律法规，而不管人们愿意与否；所谓公正性，也就是大家常说的“法律面前人人平等”。在社会治理过程中，法治具有教育、威慑、惩罚作用，尤其是法治的惩罚作用凸显着法治威力。但是，任何一个社会都不能也不可能把人们的所有行为都纳入法治管控范围，法治调控的主要是违法犯罪行为，难以解决一般性越轨行为对社会秩序的冲击，这就需要德治来弥补法治的局限与不足。德治主要是指以道德来调节社会成员的行为和关系，以道德的说服力和感召力来提高社会成员的思想认识和道德觉悟，促进社会和谐。它通过教育和社会舆论反复不断地对人们的行为作出是非、善恶、美丑、公正与偏私、高尚与卑鄙等评价，逐渐使其内化为人们的行为标准和价值观念，从而规范人们的思想和活动。德治是社会治理不可或缺的重要手段，对于人们的行为具有广泛、普遍的约束力，其作用范围比法治要大得多，遍及社会生活的各个方面、各个领域，并且可以触及心灵，解决人的思想问题。当然，德治没有法治那样的强制性，因而需要与法治相结合。不管是法治还是德治，都需要依托一定的载体才能有效发挥作用，而我国城乡群众性自治就是法治和德治在社区治理过程中发挥作用的主要载体。只有法治和德治融入这一载体，才能覆盖家家户户，才能彰显法治和德治的巨大作用，也才能保障群众性自治的正确方向和良性运行。从这个意义上说，“三治”结合也是“三治”共同发展的内在需求。

针对“三治”结合问题，本书第六章进行了集中探讨：阐述了“三治”融合社区治理体系的基本内涵以及提出的理论和实践逻辑；展示和分析了自治、法治、德治的若干成功实践案例；揭示了推进“三治”融合的有利条件和阻碍因素，进而提出了相应政策建议。

第一章　社区功能定位与社区治理体系和治理能力现代化的目标方向

第一节　社区的功能定位

一、作为一种共同体的社区概念

20世纪30年代，社区的概念由中国社会学家费孝通先生通过翻译芝加哥大学社会学家罗伯特·帕克（Robert Park）在燕京大学讲学过程中提到的community一词而创造的中文概念。而帕克教授所提及的community则是来源于德国社会学家斐迪南·滕尼斯（Ferdinand Tönnies）发表于1887年的著作的英语版本，此书在2010年被中国学者林荣远先生翻译为《共同体与社会：纯粹社会学的基本概念》。在此书中，基于对传统和现代社会人们之间结合方式差异的思考，滕尼斯将社会与社区共同体的概念进行了理想类型的二元划分，他认为共同体的本质在于“现实的有机的生命体”，社会则是“思想的和机械的形态”①。

滕尼斯认为，社区共同体是指由“本质意志”（表现为本能、习惯和记忆）推动的，以统一和团结为特征的社会联系和组织方式，它以血缘、地缘和精神共同体为基本形式。社会则是由“选择意志”（表现为深思熟虑、决定和概念）所推动的，有明确目的并以利益和契约为基础的社会联系和组织方式，如现代政府、政党、军队和企业等②。共同体的结合方式是对传统社会的结合方式抽象而来的理想形态，是建立在自然意志基础上，借助记忆和习惯不

① ［德］斐迪南·滕尼斯：《共同体与社会：纯粹社会学的基本概念》，林荣远译，北京大学出版社2010年版，第43页。

② 肖林：《“‘社区’研究”与“社区研究”——近年来我国城市社区研究述评》，载《社会学研究》2011年第4期，第185—208页。

断加强的本能的中意来抵御个体分离的趋势。最初的共同体是血缘共同体，而后发展为地缘共同体，再发展到精神共同体，这三种共同体形式都是建立在集体的共同意志基础上的。集体的共同意志来源于个体之间持久而高频次的互动而产生相互肯定的趋势，是基于历史性的共同体生活而形成的社会意志。因此，作为共同体的社区往往呈现出亲属、夫妻、邻里之间互相习惯、相亲相爱、乐于沟通、互相理解、共同生活的景象①。

可以说，滕尼斯所认为的社区共同体的概念是在社会整体关联方式意义之上所形成的一种带有正面性和道德色彩的理想的集体生活状态。正如鲍曼（Zygmunt Bauman）所说："'有一个共同体''置身于共同体中'，这总是好事……我们认为，共同体总是好东西……首先，共同体是一个'温馨'的地方，一个温暖而又舒适的场所……其次，在共同体中，我们能够互相依靠对方。"② 这种集体生活的形态是靠自然本能使其中的个体可以相互吸引和团结，进而靠礼仪和习惯来强化这种团结并产生精神和心理上的归属依附感。在这样的社区共同体的生活之中，共同一致的集体意志使日常生活秩序井然，社区治理不需要通过理性的设计和强制手段来实现，仅仅依靠默认的亲情本能、习俗和传统发挥作用即可。后来的人类学田野调查表明，滕尼斯的共同体概念是一种理想虚构，现实中的部落生活也是一种竞争与团结互动的裂变社会。

吴文藻先生作为中国社区研究学派的领袖，更多受到的是美国芝加哥学派代表人物帕克影响，正如他所说，滕尼斯对于社区共同体的研究可谓是一种"纯理的社区研究"③，是一种对"基本社会"的研究，而他所理解的 community 则可被认为是一种对"地方社会"的研究。基于此，在 1933 年前后，community 翻译为"社区"一词被费孝通先生提议，并由燕京大学社会学系师生集体讨论而敲定。从"基本社会"到"地方社会"最后到"社区"，奠定了中国社会学对社区研究独特的理解：社会是描写集合生活的抽象概念，是一切复杂的社会关系全部体系之总称，而社区仍是一地人民生活的具体表达，它有

① ［德］斐迪南·滕尼斯．《共同体与社会：纯粹社会学的基本概念》，林荣远译，北京大学出版社 2010 年版，第 60 页。

② ［德］齐格蒙特·鲍曼．《全球化——人类的后果》，郭国良、徐建华译，商务印书馆 2001 年版，第 2 页。

③ 丁元竹：《中文"社区"的由来与发展及其启示——纪念费孝通先生诞辰 110 周年》，载《民族研究》2020 年第 4 期，第 20—29 页。

物质的基础，是可以观察的①。可以说，用“社区”一词表达 community 实际上把共同体和地域两者有机地结合了起来，更贴切地表达了地域性共同体的意涵。

吴文藻先生对社区进行了全面的阐述和介绍，奠定了中国社区研究的基础，而将社区研究应用于中国实地的第一人当属费孝通先生。费孝通先生说：“以全盘社会结构的格式作为研究对象，这对象并不能是概然性的，必须是具体的社区，因为联系着各个社会制度的是人们的生活，人们的生活有着空间的坐落，这就是社区……社区分析的初步工作是在一定的时空坐标中去描写出一个地方人民所赖以生活的社会结构……第二步工作是比较研究，在比较不同社区的社会结构时，常发现了每个社会结构有它配合的原则，表现出来的结构的形式不一样。”② 可以看到，费孝通先生把“社区”视为整体的抽象“社会”的微观呈现，或者说是一种“人民生活有时空的坐落”，以自然地域基础的社区共同体为研究抽象社会的方法论单位。费孝通先生指出：“社会是泛指人和人经营共同生存时所发生的关系，而社区则是指人们在一定地域里经营集体生活的共同体。这个共同体是在一定时间和一定空间内由一定的人口进行集体生活时有一定社会组织的具体人群，例如村落、乡镇、城市、民族、国家等等都是不同层次的人们的共同体，也就是所谓社区”③。简言之，费孝通先生认为社区是一定地域范围内的社会，指一群聚居在一个地方分工合作的人，它是具体的，这群人之间的关系，即人际关系，构成社会④。然而，“社区”一词的创造本身蕴涵着符号所指（基于地理区位所形成的精神共同体）和事实所指（自然地理集聚地）之间的张力⑤，这样推动了后期费孝通先生对社区研究的进一步拓展，发展出以“云南三村”为代表的类型比较研究的方法和思路。

可以看到，Community 一词在中文世界中从“基本社会”理念下的“纯理的社区研究”走向了“地方社会”这一基本研究分析单元。虽然这一过程中

---

① 吴文藻：《现代社区实地研究的意义和功能》，载《社会研究》1935 年，第 66 页 .

② 费孝通：《乡土中国》，生活 · 读书 · 新知三联书店 1985 年版，第 94—95 页 .

③ 费孝通：《费孝通文集》（第 12 卷），群言出版社 1999 年版，第 478 页。

④ 焦若水：《人文区位与位育中和：中国社区理论的渊源与民族品格》，载《学海》2014 年第 4 期，第 33—38 页。

⑤ 费孝通：《对文化的历史性和社会性的思考》，载《思想战线》2004 年第 2 期，第 1—6 页。

受到了美国芝加哥学派的影响，但是从本体论上来说，“社区”一直以来都保留了滕尼斯最初展现的作为共同体的社区的意味。从世界范围内来看，关于社区的概念的讨论相当丰富，在20世纪50年代，就有学者指出在社会科学相关的文献中有90多种社区的定义①，而其中多多少少都提及认同与互动等具有共同体特征的因素的重要性。其中，被引用最多的定义来自1978年华伦（R. L. Warren）在《美国社区》的表述：“社区指的是与满足人们的需求有关的履行主要社会功能的社会单位和体系的结合体。”② 华伦通过研究美国社区在现代化进程中的大转变，发现社区的凝聚力和自治程度随着国家政治经济的变化和现代化程度的提升而不断下降。实际上，在华伦看来，现代社区既不是纯粹意义上的共同体，也不是传统社会中相对封闭的自然地理社区，而是一个开放的、受到外部国家和市场等因素影响的地域空间。因此，在厘清社区的概念时，我们不能仅仅专注于从概念源头而来的共同体特质，也要关注在现代化过程中社区的发展和转型。

二、现代民族国家治理与社区空间转型

在现代化进程中，传统的社区共同体已经发生了显著的转变，融入了现代民族国家的治理体系之中，导致社区作为一种国家治理的基本单元，成为民族国家基层治理社会的空间。通过对西欧民族国家形成过程的历史考察，查尔斯·蒂利（Charles Tilly）认为，现代民族国家是由传统王朝通过不断地对地方社区的动员，逐渐把地方边缘社区纳入现代民族国家范围，进而实现由一种资源掠夺式控制转变为社会利益和意见的民主吸纳治理③。英国社会学家安东尼·吉登斯（Anthony Giddens）也认为从传统王朝转变为现代民族国家是一个边境逐渐明确，国家治理权逐渐充满地理空间的过程④。当然在这个过程中，一方面国家对地方社区的治理意志和能力逐渐明确，另一方面国家的治理权

---

① ［美］F. 艾伦·内廷、彼得·M. 凯特纳、史蒂文·L. 麦克默特里：《宏观社会工作》，刘继同、随玉杰等译，中国人民大学出版社2006年版，第118页。

② Warren, R. L. *The Community in American*, *The community in America. Chicago*: *Rand McNally*, 1978, p9.

③ Charles Tilly. *The Formation of National States in Western Europe*, Princeton: Princeton University, 1975.

④ ［英］安东尼·吉登斯：《民族国家与暴力》，胡宗泽、赵力涛译，生活·读书·新知三联书店，1998年版。

力策略和手段也由强制性权力转变为基础权力[①]，变得更加物质、理性和民主。

所以，在传统国家向现代民族国家转型的视角下，沿着查尔斯·蒂利、迈克尔·曼和安东尼·吉登斯的思路，治理实际上是一种主权国家的权力技术和权力配置模式。传统国家通过暴力威慑来实现掠夺，而现代民族国家是通过建立完善的法律体系、发展政治经济和维护安全秩序来实现国家富强和人民幸福。

20世纪90年代以来，我国城市基层管理体制的改革带来了社区建设运动的兴起，进而促使社区研究复兴，社区制被试图建构成替代单位制的城市基层管理体制。在这种情况下，作为地域社会生活共同体的社区逐渐向作为国家治理单元的社区空间转型，通过社区建设加强基层政权以解决市场经济兴起和单位制解体后出现的一系列社会问题。因此，政府在制度设计和实施层面往往关注的是社区的地域范围、人口规模、组织建设和制度建设。与此不同的是，学者往往从“共同体”这一理论源头寻找对话的基础，更为关注在日益分化和疏离的现代城市社会，是否还能存在建立在地域基础上的社会生活共同体[②③④]。

杨敏通过对居民不同类型社区参与实践的分析，发现不同居民群体的社区需求差异导致他们选择参与不同的社区事务，但各参与类型的性质和具体参与过程不仅取决于居民自身的社会资源和行动能力，还受到国家权力和社区建设导向的决定性影响[⑤]。国家更加注重通过居委会组织动员居民参与社区环境卫生、社区治安、社区服务、社区文化等方面的建设过程。国家权力对社区参与的干预也影响了居民的社区认知，大部分居民认为社区是以居委会为管理机构的基层行政管理辖区。

实际上，现代民族国家社区建设过程中建构起来的社区更多是一个基层治

---

① ［英］迈克尔·曼：《社会权力的来源》（第一卷），刘北成、李少军译，上海世纪出版集团2007年版。

② 王春光：《控制还是聚合：对当前社区建设的几点反思》，载《浙江学刊》2002年第2期，第12—19页。

③ 冯钢：《现代社区何以可能》，载《浙江学刊》2002年第2期，第5—11页。

④ 张云昊：《重读经典：社区建设的“新空间”与“新精神”》，载《南京工业大学学报（社会科学版）》2005年第3期，第55—59页。

⑤ 杨敏：《作为国家治理单元的社区——对城市社区建设运动过程中居民社区参与和社区认知的个案研究》，载《社会学研究》2007年第4期，第137—164页。

理单元，同时兼顾社区生活共同体属性。正如上文中所提及的，滕尼斯就是将作为共同体的社区与充满理性与契约的现代社会进行对比，表达一种对前工业社会基于血缘、地缘和传统纽带的共同体的眷恋。芝加哥学派的社区研究将地域维度纳入社区概念之中，社区成为一定地域范围内各部分相互联系的有机整体。此后的社区研究中，尽管关于对社区的定义各有差异，但共同体精神构成社区的基本要素，人们可以为了共同利益而产生集体行动。无论是在街居制下，还是社区体制下，我国的社区建设也强调人人有责、人人尽责、人人享有的治理共同体建设。但是居民参与的目的、手段、途径很大程度上都依靠国家政策提供的社区资源配置，最终实现政府治理与社会调节、居民参与的良性互动。

三、现代社区的功能定位和体系建设

在改革开放的大背景之下，现代社区的发展既要面临传统社会向现代社会转型过程中造成的作为共同体的社区逐渐瓦解的情况，也要处理作为国家治理单元的社区在社会主义市场经济体系和国家权力体系中如何有效发挥作用的问题。基于这样的双重压力，现代社区的功能定位和体系建设就显得尤为重要。

（一）关系重建与调节治理——现代社区功能的双重定位

正如上文所述，虽然在现代化过程中社区发生了空间的转型，但是作为共同体的社区和作为国家治理单元的社区并不是一种二元对立的关系，对社区共同体性质的向往和治理功能有效性的追求共同组成了现代社区功能的重建和治理的双重定位。

滕尼斯认为，共同体是持久的和真正的共同生活，社会只不过是一种暂时的和表面的社会生活。因此，共同体本身应该被理解为一种生机勃勃的有机体，而社会应该被理解为一种机械的聚合和人工制品①。随着城镇化进程的不断扩大以及居住密度的增加，传统社区的凝聚力不断弱化，滕尼斯所描述的这种强调亲情、紧密联系、自觉有序和共同精神的共同体已难见踪影。然而，人们事实上也并没有因此放弃寻求在共同体中生活的努力，即使是在现代都市，这种努力也常常表现在人们日常生活的期待之中。一些传统社区在回应大社会

---

① ［德］斐迪南·滕尼斯著：《共同体与社会：纯粹社会学的基本概念》，林荣远译，北京大学出版社2010年版，第54页。

一体化进程时，其地方社区共同体的特点和力量不仅存在，有些甚至比以往还要更为明显、更为强大。传统社区并不是唯一能够包容共同生活的载体，处于社会变迁之中的社区更需要他们的成员根据具体情景的变化发展出相互依赖的关系，以抵御任何外部压力。即使是在复杂的劳动分工背景下的现代城市生活中，也存在着不可否认的相互依存关系和社区情感。实际上，滕尼斯对社区和社会的分类也只是一种理论上类型学的划分，现实生活中社区共同体所蕴含的情感是非常复杂且相互交织的，不同的社区都有其独有的情感互动的特征。

正由鲍曼所说："它（社区共同体）总是过去的事情……或者说总是将来的事情。"① 不管是从学术领域还是实践领域，人们从来没有放弃过对社区共同体的追求。19 世纪 80 年代在英国兴起的以社区改造为目标的睦邻运动，体现了人们在现代化过程中对社区关系重建的追求。汤恩比馆是英国第一个睦邻馆，于 1884 年在伦敦地区的一个破败的港口地区创建。当时的英国正处于资本主义和工业化迅速发展的阶段，大量的农村劳动力由于失去了赖以生存的土地涌入城市。传统农村社区的文化传统、社区结构和共同价值观念都遭受了严重的冲击，贫困、犯罪等各种社会问题也大量涌现。慈善组织会社往往倾向于将一系列社会问题进行个体化的归因，而睦邻运动则关注到了社会结构导致的不平等才是问题的根源。因此，出于本身的人文情怀和对弱势群体的关注，睦邻运动通过在城市贫困地区设立社区睦邻服务中心进行社区空间的重建。睦邻运动进行社区空间重建的具体措施是在自助与互助的理念下，帮助社区成员开发本社区的资源以改善贫困现状。进一步而言，睦邻服务中心的工作人员长期居住在社区中与社区成员保持密切的互动，在此基础上通过资源开发和文化活动，通过服务、教育和文化建构实现社区内成员平等互助，引导社区居民形成自助与互助的共同精神。睦邻运动的领导者们始终相信，"通过改善邻里关系，可以改善社区；通过改善社区，可以建立一个更美好的社会"②。睦邻运动从本质上来说虽然属于一种民间自发性的社会运动，然而尝试通过社区空间的重建而推进社会的发展，对现代社区工作产生了非常重要的影响。

与睦邻运动的民间自发性社会运动性质不同的是，我国 20 世纪 50 年代的街居体制建设是政府主动开展的一种全国范围内的基层社会空间的再组织化进程。党和国家的工作重点自 1949 年新中国成立以来开始从农村向城市转移，

---

① ［英］齐格蒙特·鲍曼：《共同体》，欧阳景根译，江苏人民出版社 2003 年版，第 5 页。

② 库少雄：《社会工作实务》，社会科学文献出版社 2002 年版，第 56 页。

这就意味着要加强城市基层社会空间的组织化进程。在这样的背景下，全国各地开始出现街道和居委会组织，北京、天津、杭州等城市纷纷成立街道居民治安联防组织和互助组织。彭真在1953年向中央提交了《关于城市街道办事处、居民委员会组织和经费问题的报告》，报告中建议：街道的居民委员会必须建立，它是群众自治组织，不是政权组织，也不是政权组织在下面的腿；城市街道不属于一级政权，但为了把很多不属于工厂、企业、机关、学校的无组织的街道居民组织起来，需要建立街道、居民组织。1954年，第一届全国人大常委会第四次会议上通过了《城市街道办事处组织条例》和《城市居民委员会组织条例》，文件中多次出现“反映居民的意见和要求”的字样，展现了街居制以居民需求为重点的特质。例如，在上海推进街居制的过程中，主要就是以满足居民需求和群众福利的办法来获取组织认同①。

与睦邻运动纯粹的社区关系重建不同的是，街居体制建设过程中不仅实现了社区空间的重建，而且一方面通过将社区居民纳入居委会组织实现了居民的组织化，另一方面通过街道办事处将国家治理结构延伸到基层社会空间实现了基层空间的国家动员，最终架起了政府与居民之间的桥梁。这一社区空间的再组织化进程成为国家治理进程中非常重要的一部分，为国家政权向基层社会全方面的渗透和治理提供了有效的路径。这就涉及现代社区功能定位的第二个维度，即围绕民族国家的认同和社会秩序的调节治理定位。社区在民族国家的认同和社会秩序的调节治理中的功能定位实际上要解决的是一种活力与秩序之间的张力。福柯在谈及国家治理时指出，一切治理术都是围绕国家领土内的微观主体和被看作宏观总量的人口进行调节治理的。因此，民族国家的统治并不是一种绝对的支配，而是以利益最大化的目的选择不同的治理技术而实现国家认同、经济发展和个体发展的有机调节。现代民族国家治理模式中有着“统治权—规训—治理”的三角，其首要目标是人口，核心机制是安全配置，是一种更关注社会安定和个人幸福的权力技术②。从这一理论背景出发，社区要在民族国家认同和社会秩序中实现调节治理的定位，应该摆脱一种绝对权力的治理理念，而是通过有关个体主体性建立的规训技术，通过一种积极的建设性权

---

① 杨丽萍：《建国初期基层社会组织化与反组织化的博弈——以上海街居制的创设为例》，载《历史教学问题》2010年第5期，第100—104页。

② ［法］米歇尔·福柯：《安全、领土和人口：法兰西学院演讲系列，1977—1978》，钱翰、陈晓径译，上海人民出版社2010年版，第89页。

力，让个体成为有效、理性、积极的主体。进一步而言，社区调节治理功能的实现，实际上需要在社区空间内形成“国家与市场”“制度与生活”两个维度、双重因素的有效互动，在社区功能建设过程中，一方面要让社区不仅仅只是一个国家治理的单元，另一方面也要给社区注入市场与社会的活力。

总的来说，现代社区的发展需要兼顾社区关系重建与调节治理的双重定位，这意味着社区建设与发展的目标既要成为一个可以激发共同体精神、具有社区情感与社区认同的空间，也要成为一个巩固民族国家认同、激发市场经济活力、推进个体健康发展的治理单元。

（二）现代社区的具体功能和结构体系建设

在现代社区关系重建和调节治理的双重定位之下，现代社区的具体功能是围绕着居民的需要而分类的，并通过相应的结构体系来满足居民需要，实现功能良好。著名美国社区学者华伦（Roland Warren）把社区功能分为五个方面：生产、分配、消费等经济功能，社会化功能，社会控制功能，社会参与功能，相互支持功能。后来，有人在此基础上加了两个功能：保卫功能和沟通功能。这样就一共有 7 个功能①。

现代社会虽然人们生产和生活空间有分离的趋势，但是社区的经济功能依然对于社区居民需求满足有着重要意义。尤其是对于许多底层老百姓来言，仍然需要借助社区市场来增加就业机会，从而解决基本生计问题。在华伦看来，生产、分配和消费等经济功能如果不是全部，但至少消费功能，是现代社区一个最基本功能，因为它是居民生活的最基本需求。

现代社区的社会化功能主要指的是如何通过社区教育，让社区中的儿童青少年习得一种社会文化规范，成为一个合格社会成员。人的社会化过程是个体不断学习和掌握社会规范、社会生活经验和技能，最终实现从自然人成长为社会人的过程。社区作为个体日常生活和交往的空间对个体社会化产生着非常重要的基础作用。

互助合作功能是指社区成员之间要团结互助，实现人人为我、我为人人的共同体意识。社区成员之间在社区空间内形成互助合作的交往模式，不仅可以通过自助互助来解决社区中的问题，同时更可以实现个体的建设性发展。

---

① ［美］F. 艾伦·内廷，彼得·M. 凯特纳，史蒂文·L. 麦克默特里：《宏观社会工作》，刘继同、随玉杰等译，中国人民大学出版社 2006 年版，第 121—124 页。

社会参与功能则是指社区居民的社区成员身份的积极表现，把社区当作自己的家园，积极参与社区组织和社区活动，建设美好社区。对政府来说，鼓励和提倡居民在社区中积极参与公共性事务，有利于增强居民和政府间的互动和信任，也有助于发掘社区内潜在的资源转化为社区建设的动力。对居民来说，社区内的社会参与不仅可以增进相互之间的情感交流，更可以发挥自己的潜能并实现一定的社会价值。

社会控制功能则是通过一种社区习俗伦理和法制化宣传教育，控制社会成员的行为模式，维持一种和谐有序的社区秩序。

安全保障功能则是当社区面临一些外在的威胁和侵犯时，社区能够组织起来进行防范，保卫社区。

沟通功能其实是上述社会化功能、社区参与和社区支持等功能的基础，可以融合在上述功能之中，但是随着哈贝马斯的公共领域理论提出之后，大家认识到社区公共生活的一个重要功能是沟通、协商，它是形成社区共识、参与社区治理、促进社区和谐美好的关键。

为了实现上述功能，社区的环境、设施和服务体系需要进行配套建设。社区环境是指包括居住条件、交通条件、绿化美化、空气质量等方面构成的一个微观宜居环境；而社区设施则是围绕居民共同需求设置的基础设施，包括供水、供电、供暖、供气、排污、环卫、通讯、公交、卫生、治安、公园、文体、残疾人出行等现代市政设施；社区服务体系则是围绕居民的需求而提供的相应服务，包括政务、教育、医疗、文化、科技、法律、应急、警务等公共服务，也包括针对儿童、老人、妇女、残疾人、贫困、失业、新移民、偏差群体等提供的个性化社会服务和互助服务，以及各种市场化便民利民商业服务等。只有在一个社区环境、设施、服务体系的完善，社区的各项功能才能得以实现，一个安居乐业、安全有序的美好社区生活也才能得以实现。

第二节　社区治理的概念

一、治理理论的三个传统

自 2013 年党的十八届三中全会出现国家治理体系和治理能力现代化的提

法之后，“治理”一词近年来已经成为中国大众日常生活中频繁出现的话语，受到了广泛的关注。学术领域讨论治理大致来说可以分为三个传统：新公共管理运动的治理传统、国际关系中的协商治理传统和民族国家统治权的治理传统。我们简要梳理这三个传统，在此基础上提出，我国国家治理实践中强调的结果导向和过程导向的双重焦点。

（一）新公共管理运动的治理传统

新公共管理运动是一场自20世纪80年代以来起源于英美并快速扩展到其他西方国家的国际性思潮。很多治理领域的学者认为，新公共管理运动意味着政府管理研究领域已经发生了一种根本性的“范式转换”。

休斯认为：“自从80年代中期以来，发达国家的公共部门管理已发生了转变，曾经在本世纪的大部分时间中居于支配地位的传统公共行政管理的那种刻板、层级官僚体制形式逐步转变为一种灵活的、以市场为基础的新的公共管理形式。后者并不是一种改革事务或管理方式的微小变化，而是政府作用以及政府与公民社会关系的一种深刻变化。传统的公共行政在理论与实践上都已受到怀疑。新公共管理的采纳意味着公共部门管理领域中新范式的出现。①”新公共管理运动诞生于对传统公共行政学理论和实践的批判。新公共管理运动反对政府组织设置对“科层制”的恪守，认为这是一种僵化的、无效率的政府体制模式，同时也不认可只能由政府机构提供公共服务和公共产品、政治事务与行政事务的分离以及对行政管理普遍原则的追求。新公共管理领域的研究者认为，政府应该放弃唱独角戏的位置，而应该作为“舵手”与非政府组织合作，一起管理公共事务。1995年，经济合作与发展组织年度公共管理发展报告以《转变中的治理》命名，认为新公共管理作为一种治理模式展现出转移权威、保证绩效、控制和责任制、发展竞争和选择、供给的灵活性、改善人力资源管理、优化信息技术、改善管制质量、加强中央指导职能等八个特征②。

总的来说，新公共管理运动的治理传统强调政府部门的权力下放，引入市场竞争机制和企业化管理模式，以一种明确的绩效标准衡量公共机构的业绩，

---

① ［澳］欧文·E. 休斯：《公共管理导论》，张成福、马子博译，中国人民大学出版社2015年版，第1页.

② 陈振明：《评西方的“新公共管理”范式》，载《中国社会科学》2000年第6期，第73—82页。

以一种公共项目的形式提供公共服务，建立管理者、服务提供者和公众之间密切和灵活的关系，最终政府机构和各种利益相关者相互沟通、相互依赖。

（二）国际关系中的协商治理传统

随着国际政治格局的变化和全球化进程的加剧，国际关系中的协商治理传统被各国学者、政府和领导人以及国际组织所关注。“治理”概念之所以引起学者的广泛关注，主要是因为在许多学者看来，随着全球化时代的来临，人类的政治生活正在发生重大的变革，其中最引人注目的变化之一，便是人类政治过程的重心正在从政府统治（governing）走向治理（governance），从善政（good government）走向善治（good governance），从政府的统治走向没有政府的治理（governance without government），从民族国家的政府统治走向全球治理（global governance）①。

实际上，这些转向都是指向一种在国际公共领域中通过政府与非政府组织以非行政命令共同协商的方式治理公共事务的新动向。有一批学者主张推动一种通过地区性的多中心、多元关系之间的互动进而实现国际事务的合作协商的“没有政府的治理”。詹姆斯·罗西瑙作为其中的代表人物，认为：“治理指的是一种由共同的目标支持的活动，这些管理活动的主体未必是政府，也无须依靠国家的强制力量来实现。②”格里·斯托克在梳理现有的治理概念之后总结出了五种观点，其中就表明在现代社会，国家正在把原先由它独自承担的责任转移给社会组织，即各种私人部门和公民自愿性团体，后者正在承担越来越多的原先由国家承担的责任③。国际关系中协商治理传统最具有权威性和被广泛认可的概念来源于全球治理委员会在《我们的全球之家》中给出的定义：治理是各种公共的或私人的个人和机构管理其共同事务的诸多方式的总和，是使相互冲突的或不同的利益得以调和并且采取联合行动的持续的过程，是有权迫使人们服从的正式制度和规则，也包括各种人们同意或以为符合其利益的非正式的制度安排④。

---

① 俞可平：《全球治理引论》，载《马克思主义与现实》2002年第1期，第20—32页。

② Paterson M, Rosenau J N, Czempiel E O. Governance without Government: Order and Change in World Politics. *International Affairs*, 1992, 68（4）: 733.

③ ［英］格里·斯托克：《作为理论的治理：五个论点》，载《国际社会科学杂志（中文版）》1999年第2期，第23—32页。

④ 全球治理委员会编：《我们的全球之家》，牛津大学出版社1995年版，第2—3页。

因此，国际关系中的协商治理传统主张通过超国家层面、国家之间、非政府组织多层面、多中心的治理措施，实现民族国家与社会组织、公共机构和私人机构以及政府与非政府之间的协商合作，来弥补全球化背景下国家与市场在调控和协调方面的不足。

（三）民族国家统治权的治理传统

民族国家统治权的治理传统实际上把治理作为一种权力类型和权力技术的概念进行研究。马克斯·韦伯认为，权力是一种支配他人意志和行为的能力，这种能力的取得要靠两种手段，一是强制力，二是对权威的合法性认同，其中权威的合法性认同才是长治久安的根本之所在。在现代化转型的背景下，传统国家向民族国家的转变使得国家对专制权力的合法性维护转变成一种对民主法制的治理模式的合理性认同。① 韦伯的统治权强调的是支配方式的转变，缺乏对权力技术的细致分析。

福柯从权力实践形态的角度对权力技术的历史转换进行了深入的研究。福柯认为，一切治理术（governmentality）都是围绕着领土之内的生命和人口这两个对象进行调节和调动的②。因此，权力不是完全的支配，而是为达到利益最大化而作用于生命和人口的不同技术手段。基于这样的视角，福柯考察了西方国家发展过程的不同阶段，认为传统国家到现代民族国家的治理是一个连续发展的过程。基督教时期以个人为目标、家庭为单位的治理术，随着现代工业化发展和理性的深入开始转向通过安全配置来实现“人口—财富”组合的国家理性治理目标③。现代民族国家的治理绝不会和传统国家一样，肆无忌惮地掠夺资源，而是通过法规、制度的建设保障资源流通的安全，从而实现新的国家治理技术。这种现代的国家治理术所呈现的安全配置包括两个方面，一方面是通过政治经济学和人口统计学来维护和监视人口的动向，另一方面是通过警察、监狱和各种规训技术来抑制和矫正个体越轨行为，让其回归常态。在福柯看来，现代民族国家的治理术并不会像传统国家那样侧重于惩罚和控制，而是

---

① ［德］马克斯·韦伯：《支配社会学》，康乐、简惠美译，广西师范大学出版社 2010 年版，第 38—56 页。

② ［法］米歇尔·福柯：《安全、领土和人口：法兰西学院演讲系列，1977—1978》，钱翰、陈晓径译，上海人民出版社 2010 年版，第 89 页。

③ ［法］米歇尔·福柯：《安全、领土和人口：法兰西学院演讲系列，1977—1978》，钱翰、陈晓径译，上海人民出版社 2010 年版，第 1—3 页。

一种更关注个人幸福与社会安全的权力技术，因而是一种更侧重于通过训练和监督实现有关个体主体性建构的规训技术。

总的来说，民族国家统治权的治理传统强调合法暴力和规训技术，来确保一国政治经济活动的繁荣有序，使人和人的行为模式符合社会发展目标，让人在社会中成为一个积极理性的行动主体，从而保证安全配置有效运作、政治经济稳定发展和人民幸福。

（四）“结果-过程”双重点的元治理特征

进入21世纪以来，自由主义和权威主义的影响使得各个国家的公共政策不断摇摆，国家的制度化、组织化与国家自主性和社会之间的张力始终难以协调。在这样的背景之下，强调治理自身变迁性、复杂性和动态性的元治理概念应运而生。元治理（Meta-governance）强调通过多元责任制和不同层级主体的合作来打破组织内的藩篱，实现政府自身治理能力的建设，让政府回归国家与社会治理中的重要角色①。

党的十八届三中全会提出的“全面深化改革的总目标是完善和发展中国特色社会主义制度，推进国家治理体系和治理能力现代化。”在这个意义上去理解我国“治理”现代化的建设，不能断章取义地从西方治理理论的任何一种传统中直接进行对照和解读，而是要回到现实的语境。正如习近平总书记在2014年2月17日中央党校《在省部级主要领导干部学习贯彻十八届三中全会精神全面深化改革专题研讨班上的讲话》话中所表述的，国家治理体系现代化指的是“为党和国家事业发展、为人民幸福安康、为社会和谐稳定、为国家长治久安提供一整套更完备、更稳定、更管用的制度体系”。回到治理一词的本源来看，它指的是治国理政的方式、方法、途径和能力，而不是任何一种特定的模式，不是市场化和私有化，也不是“无需政府的治理”，也不是“多一点治理，少一点统治”。② 正如元治理所强调的，国家治理体系和治理能力的现代化并不是说要建立一个至高无上的权威政府的形象，而是要通过战略构思和制度设计，促进功能的连接和物质的依存，鼓励新的制度安排和实践来弥补单一治理传统所展现的治理模式的不足之处。

---

① 臧雷振：《治理类型的多样性演化与比较——求索国家治理逻辑》，载《公共管理学报》2011年第4期，第40—49页。

② 王绍光：《治理研究：正本清源》，载《开放时代》2018年第2期，第153—176页。

因此，我们国家的治理体系和治理能力现代化建设，是一种包含结果和过程双重点的元治理模式，一方面指向的是国家治理体系和治理能力的现代化建设过程中治理的方式方法和途径，另一方面指向的是国家治理效果的提升，最终让政府在国家和社会治理中扮演积极有效的主导角色，实现党委领导、政府负责、民主协商、社会协同、公众参与、法治保障、科技支撑的社会治理体制。

二、从社区管控（经由社区管理）到社区治理

中华人民共和国成立至今已有70余年，在这段岁月中我国经历了工业化、城镇化、市场化和信息化高速发展带来的挑战和压力，社区作为我国基层社会的共同体和国家治理单元经历了由社区管控、经社区管理再到社区治理三个阶段的发展图景。

从新中国成立初期到改革开放这段时间，我国基层社区实际上呈现出的是一种社区管控的模式。由于新中国成立初期社会经济发展水平的限制，全国农村人口占比较高，城市社会发育不足，因此，国家对城市和农村基层社区主要实行一种以政府主导的组织动员的社区管控模式。社区作为国家政权在社会基层的延伸，为确保国家路线、方针、政策的贯彻实施及整体性发展，社区党组织始终是社区的领导核心，发挥着“总揽全局、协调各方”的作用①。在城市社区方面，自1954年在第一届全国人大常委会第四次会议审议通过《城市街道办事处组织条例》和《城市居民委员会组织条例》以来，由政府起绝对主导作用的街居制（管控型社区管理模式）逐步建立。在这一体制的主导下，街道和居委会代表政府对社区进行管控，进行自上而下的组织动员。在农村社区方面，为了推动农村经济发展形成国家工业化的基础，1958年8月中央出台了《关于在农村建立人民公社问题的决议》，经过大跃进运动和整顿、调整，到1962年，在农村社区建立了“三级所有、队为基础”的人民公社体制，这一集生产、生活为一体的社区管理体制实际上也是一种以权力高度集中的管控型基层社区管理体制，党组织通过对稀缺资源的高度占有实现对农村基层社会的高度控制，并以此建立起有效的政治动员机制。国家通过对资源的控制为社会的各个领域提供了一套系统运作的目标、机制、规则和价值

① 袁方成、王泽：《中国城市社区治理现代化之路——一项历时性的多维度考察》，载《探索》2019年第1期，第117—126页。

评价标准①。人民公社体制与街居制一样，在特定时期都是国家政权在基层社区贯彻执行国家意志的重要保障。

改革开放以来，中国的社会结构产生了明显的变化，资源自由流动和机会明显增多，人们开始可以通过横向的联系参与市场交易。1982 年 12 月，《中华人民共和国宪法》的修改改变了农村人民公社“政社合一”的体制，同时扩大了企业、地方和城市管理权限，有力地推动了社会流动，冲破高度集中的计划经济体制，放松社会领域管控②。在农村社区，1987 年出台的《中华人民共和国村民委员会组织法（试行）》标志着“乡政村治”管理体制的建立，村民自治成为农村社区治理模式的主体③。“乡政村治”管理体制赋予了广大农民一定的自主管理权，民主治理特征日益凸显，与此同时也通过行政力量的干预保证了国家对农村社区的有效管理。在城市社区方面，为适应社会结构的变化和满足居民需求，社区服务的概念由民政部于 1986 年首次提出。1989 年第七届全国人大常委会第十一次会议通过的《城市居民委员会组织法》提出了“自我管理、自我教育、自我服务的基层群众性自治组织”，以此对社区自治组织属性进行了明确的定位。总的来说，这一阶段已经形成了由社区管控到社区管理转变的趋势。2004 年党的第十六届四中全会明确提出“加强社会建设和管理，推进社会管理体制创新”、2007 年党的十七大报告进一步强调“完善社会管理、维护社会安定团结”，建立健全党委领导、政府负责、社会协同、公众参与的社会管理格局，健全基层社会管理体制。自此，围绕社会管理体制与社区管理模式创新在一些关键领域和关键环节都取得了重要的进展。

自 2013 年党的十八届三中全会提出推进国家治理体系和治理能力现代化的总目标以来，以习近平新时代中国特色社会主义思想为指导，社会治理体系和社会治理能力现代化进程不断得以推进。党的十九大进一步提出了创新社会

---

① 程又中、李增元：《农村社区管理体制：在变迁中重建》，载《江汉论坛》2011 年第 5 期，第 14—20 页。

② 魏礼群：《我国社会治理 40 年变革的历史进程》，载《前线》2018 年第 9 期，第 22—27 页。

③ 唐绍洪、刘屹、张春华：《从“统治”到“治理”：我国农村政治体制改革的轨迹嬗变》，载《社会主义研究》2010 年第 2 期，第 84—88 页。

治理的新部署，打造共建共享的社会治理格局①。2017年中共中央、国务院颁布了《关于加强和完善城乡社区治理的意见》，首次提出了“全面提升城乡社区治理法治化、科学化、精细化水平和组织化程度，促进城乡社区治理体系和治理能力现代化”，首次以中共中央政策的形式给出了社区治理现代化的发展目标。在中央的号召下，全国各地开始开展各具特色的地方实践，形成了在政府和社会双向互动的基础上，以社区居民需求为导向的社区治理体制机制创新，标志着现代社区治理模式的进一步确立。党的二十大再次强调了共建共治共享的社会治理制度，要求完善网格化管理、精细化服务、信息化支撑的基层治理平台、健全城乡和社区治理体系。

总的来说，从社区管控到社区管理再到社区治理，标志着我国在不同发展阶段出现既具有一贯性又不断改革创新的社区治理现代化路径。社区作为人民日常生活的社会空间和国家治理单元，国家不断根据社会政治经济发展阶段对它进行着政府治理和社会调节，最终致力于全面提升城乡社区治理科学化、法治化、精细化、组织化程度。不管是从国家层面而言还是从居民个体层面而言，社区治理现代化具有提升社区服务能力、自治能力、充分挖掘社区资源等多种作用，是打造共建共治共享的社会治理格局中具有关键意义的环节。

三、中国社区治理的特色和优势

中国社区治理的特色和优势可以分为两大部分：第一部分指的是传统文化中所蕴含的治理理念的创新性发展和创造性转换，第二部分指的是在实践层面上我国现行的社区治理体系的特色和优势。

（一）传统治理理念的创新性发展和创造性转换

针对传统中国的社区治理，费孝通提出了“双轨政治”的观点，他认为皇权和朝廷代理机构是一种自上而下的权力，到县这个层面就停止了；而自下而上的社区自治权力主要以士绅阶层为代表与县级官僚打交道②。在这样的“双轨政治”下，皇权不仅可以实现有限度的落实，同时可以实现基层社区高度的自治，甚至可以对不合理的命令进行抵抗和拒绝。基于此，费孝通指出，

① 习近平：《决胜全面建成小康社会夺取新时代中国特色社会主义伟大胜利——在中国共产党第十九次全国代表大会上的报告》人民出版社2017年版。

② 费孝通、吴晗：《皇权与绅权》，岳麓书社2012年版，第48—52页。

中国传统政治结构同时存在中央集权和地方自治两个层面，地方自治团体由地方社区人民授予权力，地方服务而由地方自治组织自行管理，不受中央干涉，与此同时自下而上的政治轨道也一直在运作，具有很强的效力①。费孝通所提出的“双轨政治”展现了我国传统文化中蕴含的地方自治的治理理念。当自上而下或者自下而上的轨道有一条产生了堵塞，就会影响国家统治和社会治理的作用，从而产生消极的影响。从这一角度出发看“双轨政治”的创新性发展和创造性转换，可以为当今社区治理现代化提供非常有现实意义的思路。社区作为人民生活的共同体和国家治理单元，不仅需要具有自下而上表达人民需求的功能，更应在一定程度上实现自治与集权的有效互动。

黄宗智发现，中国传统社会实际上存在一种低度基层渗透权力和高度专制权力的矛盾结合，以此为背景他提出了存在于国家、社会之间的“第三领域”概念，突出这两者之间重叠和合作的治理领域。基于此，黄宗智提出了“集权的简约治理”概念，这一概念不仅试图把握正式组织的性质和政府行政的实践，也试图阐明在官方政府和民间社会之间的灰色领域运作的半正式行政实践。他进一步指出，从传统中国到新中国成立，很多过去的治理方式被保留了下来，例如对农村社区党组织中的支部成员而言，他们几乎都是乡村自身的成员，和乡村自身的利益紧密联系，因此，他们对党和政府及自己的村庄会同样的认同。事实上，当代中国的乡村治理模式需要被理解成为官僚统治和延续下来的在“第三领域”的简约治理方式之间的互动②。从中国传统文化中蕴含的“简约治理”的治理理念看今天的社区治理现代化，给我们的最大启示就是民众可以参与和治理地方公共事务项目，当然需要在现代政府公共资源和公共服务的支持下实现政府治理与社会调节的良性互动。

总的来说，我们不能一味地用西方理论中现代化、理性化、科层制等一系列概念去理解中国的变化和实践，更应该从中国的传统文化出发去发掘传统文化中蕴含的治理理念和历史经验并对其进行创新性发展和创造性转换，从而在理论和实践、历史和当代的多维度视角发现和发掘中国社区治理的特色和优势。

---

① 费孝通：《乡土中国》，上海人民出版社 2007 年版，第 280 页。

② 黄宗智：《集权的简约治理——中国以准官员和纠纷解决为主的半正式基层行政》，载《开放时代》2008 年第 2 期，第 10—29 页。

(二) 中国当代社区治理实践的特色和优势

社区治理作为国家治理体系和治理能力现代化中重要的一部分，是实现中国社会主义现代化的重要目标的重要抓手。党的十八大明确指出，在城乡社区治理中加强群众自我管理，是人民依法行使民主权利的重要方式。2017 年 4 月，中共中央、国务院印发《关于加强和完善城乡社区治理的意见》，这是首次以中央政策性文件的形式对社区治理进行指导。文件中指出："城乡社区是社会治理的基本单元。城乡社区治理事关党和国家大政方针贯彻落实，事关居民群众切身利益，事关城乡基层和谐稳定。"在党和国家的政策指引和地方探索性实践下，我国社区治理展现出以下优势：

1. 坚持党对社区治理的全面领导

党的领导是我国社区治理实践中优势和特色的核心。《关于加强和完善城乡社区治理的意见》文件中指出，社区治理的基本原则首先就是要坚持党的领导，固本强基。习近平总书记指出："能不能保持经济社会持续健康发展，从根本上讲取决于党在经济社会发展中的领导核心作用发挥的好不好①。"在社区治理现代化过程中，坚持加强党的领导可以充分发挥党在社会治理中的核心作用。中国特色社会主义最本质的特征就是党的领导，社区治理必须充分发挥党总揽全局、协调各方的领导核心作用，牢牢把握社区治理的正确方向。进一步而言，加强和改善党对城乡社区工作的领导，不仅可以推进城乡社区基层党组织建设，切实发挥基层党组织的核心作用，同时，更为社区治理的进一步实践和发展打下坚实的基础，指明正确的政治方向。

2. 共建共治共享的社区治理基本制度

在党的领导的基础上，基于"打造共建共治共享的社会治理格局"，在社区治理中建立共建共治共享的社区治理基本制度。共建共治共享治理格局是推进社会治理现代化的战略目标，也是中国特色社会主义社会治理之路的必然要求②。共建共治共享的社区治理基本制度中三者相互促进，相互交融。共建是社区治理的基础，强调社区中各类主体共同参与社区建设。进一步而言，共建

---

① 习近平：《决胜全面建成小康社会夺取新时代中国特色社会主义伟大胜利——在中国共产党第十九次全国代表大会上的报告》，人民出版社 2017 年版。

② 魏礼群：《我国社会治理 40 年变革的历史进程》，载《前线》2018 年第 9 期，第 22—27 页。

就是要通过一系列的制度安排，激发市场主体和社会力量的活力，促进党委、政府与各类主体的互信，实现社区空间内的合作互助与平等协商。共治是社区治理的关键之所在，强调各类主体共同参与治理。在党的领导下，通过政府负责、民主协商、社会协同、公众参与、法治保障和科技支撑建设社区治理体系。共享是社区治理的目标，强调各类主体共同享有社区治理的成果。社区治理归根到底追求的还是人民福祉的增加。

3. 政府治理与社会调节、居民自治的良性互动模式

党的十九大指出，加强城乡治理体系建设，实现政府治理和社会调节、居民自治的良性互动。政社互动模式在宏观方面是对国家-社会二元对立的反思性实践，指的是推进政府和社会多元主体参与社区治理的模式建设。在具体实践层面，要落实到基层社区治理过程中政府力量与社会力量的持续良性互动。一方面要加强在社区空间中政府机构、企业、社会组织等多元组织主体的协同合作，另一方面要将社区居民纳入社区民主协商的过程中，社区民主协商通过政府、社会、居民协同共建、协商共治、协调共享，实现参与共建、合作共治、服务共享，共议建设大题、共商治理大事、共决发展大计①。

4. “三治结合”的社区治理基本体系

自治、法治和德治作为社区治理的基本手段，体现了我国社区治理实践中的特色和优势。自治、法治和德治相互贯穿、相互联系，缺一不可。不管是农村社区还是城市社区，或者说不管是从中国传统的治理理念出发还是从现代西方社区理论出发，自治是社区治理的根本核心。自治是“双轨政治”中自下而上轨道畅通的基础保障，也是促进社区成员参与社区公共事务，重建共同体精神的必经之路。德治是通过文化塑造的内部行为准则对社区进行“软治理”。法治是通过现代国家的法律体系对社区进行“硬治理”。因此，以自治为基础，以德治和法治“一软一硬”为辅助，“三治结合”可以有效地在社区治理的过程中提高社区成员的个人文化道德修养和法治意识，实现社区治理的善治目标。

5. 人人有责、人人尽责、人人享有的社区治理共同体

社区治理的目标，一方面是通过完善基层公共服务体系，让社区成员都能

---

① 王木森、唐鸣：《社区治理现代化：时代取向、实践脉向与未来走向——十八大以来社区治理“政策—实践”图景分析》，载《江淮论坛》2018 年第 5 期，第 126—133 页。

享有社区服务，另一方面是畅通和规范社区成员参与社区公共事务治理的途径和渠道，人人有责、人人尽责，实现社区共治。只有这样，才能夯实党的执政基础，为推进国家治理体系和治理能力现代化奠定坚实基础。明确党的十九届四中全会提出，建设人人有责、人人尽责、人人享有的社会治理共同体。

第三节　社区治理现代化的含义和主要特征

一、国家治理与社区治理的关系

（一）国家治理的内涵及其历史演变

伴随着国家的出现，治国理政就是中外国家的核心政治任务，只不过古今中外国家治理的理念、方针、策略与手段各不相同。不同时代、不同国家治理方式和治理内容主要是与其国家制度类型及其社会任务相应的。根据马克思主义的国家政权观，国家政权等上层建筑是统治阶级的统治工具，是用来维护统治阶级的统治利益的。社会生产方式不同，统治阶级统治被统治阶级的方式也不同，相应的代表统治阶级的国家政权支配被统治阶级的内容、策略和方式也是不同的。长期以来，人们采用马克思、斯大林等人提出的五种生产方式的时序模式进行历史分期，而作为一种上层建筑的国家制度，自然也是按照相应的经济基础来划分的。根据生产方式，人类社会历史分为原始社会、奴隶社会、封建社会、资本主义社会和共产主义社会，社会主义社会是共产主义社会的低级阶段。而国家的产生与存续是和当中的奴隶社会、封建社会、资本主义社会、社会主义社会相联系的，因此对应的国家治理就有四个阶段类型：奴隶制国家治理、封建制国家治理、资本主义国家治理、社会主义国家治理①。

有关中国传统国家制度的认识存在一定的争议。近年来许多学者都指出，马克思在《经济学手稿——政治经济学批判大纲》里所提出的五种生产方式

① 许耀桐：《马克思恩格斯的社会主义国家治理思想——学习〈法兰西内战〉的认识》，载《党政研究》2019年第5期，第5—12页。

其实主要是根据西欧社会的历史发展形态提出的划分模式，并不一定完全适合其他地区和国家。而且他在许多地方以及《经济学手稿》和《资本论》里都指出，亚洲的生产方式和对应的政治制度是独特的、不同于西欧的类型。马克思认为，亚洲的生产方式和对应的政治制度是一种自给自足的村社的土地公有制同中央集权的亚洲专制主义①。然而，后来的中国历史研究告诉我们，马克思所说的亚细亚生产方式和对应的东方专制主义主要是以印度为例进行的论述，也和中国的历史情况不符。中国自秦汉之后，封建制度已经结束，开始建立了长达两千年的官僚-君主制，或者叫世袭-官僚制，也就是一种混合的政治统治制度。它既有基于传统的父权家长制之上的世袭统治的成分，也有基于选拔和任职资格考核体系的科层制官僚的成分。然而，中国传统的科层官僚并不同于现代基于理性原则的科层结构，而是基于儒家的文官人格特质的科层官僚体系，既扎根于传统的父权家长体系，又依附于皇亲贵族的权力体系。中国传统的官僚体系并不是现代官僚体系，它仍然是一种服务于皇帝权力体系、同时受制于传统父权家长制的基于个人的文化人格特质的行政管理体系。因此，中国传统的官员等级体制具有如下特征：“十分特殊的官僚体制的、以功利主义为取向的、打上经典教学烙印的教育贵族的、维护行为和礼仪的尊严作为最高的美德。”②

在这样一种混合了世袭制和科层制的奇特政治统治体制下，中国传统的国家治理体现出自己独特的模式：一方面，面对幅员辽阔的统治范围，皇权国家需要借助于科层制的官僚体系进行逐级授权治理，另一方面又担心这些缺乏现代职业技术和职业能力的文官体系逐渐形成对其治理区域的相对独立的职权占有和独立化倾向，因此，皇权必须通过各种密报系统和专制权力来监督和惩处官员③。这样，皇族的专制权力与科层官僚权力之间就形成了既委托授权、又监督制裁的复杂关系。而且，随着统治范围的延伸和统治层级的下移，在中心、外围和边缘之间也形成了统治权力递减和统治策略灵活化的复杂关系。在最核心的统治区域，皇帝利用他的宫廷官员进行直接的、世袭制的统治；

---

①［英］佩里·安德森：《绝对主义国家的系谱》，刘北城、龚晓庄译，上海人民出版社2016年版，第360页。

②［德］马克斯·韦伯：《经济与社会（下卷）》，林荣远译，商务印书馆1997年版，第373页。

③［美］孔飞力：《叫魂：1768年中国妖术大恐慌》，陈兼、刘昶译，上海三联书店2012年版。

在邻近的外围地区，授权省总督巡抚官员进行着半世袭、半官僚的管理，收取贡赋和维持地方秩序就是最大的治理内容；而在最远的边陲地区，限于交通和权力技术有限，只能维持名义上的统治权，采取近似讹诈的方式来进行统治，收取贡物①。

根据韦伯的理论假设，国家治理模式历史演变的基本趋势是由传统世袭制模式，经历魅力型统治模式，最后迈向理性国家治理模式。中国传统国家治理虽然不是严格的世袭制，而是一种混合了官僚体系的世袭制。但是，这种混合型传统国家治理模式也要经过革命过程来被推翻，走向一种理性的现代国家治理模式。而领导革命的领袖必然不是那些守旧的按部就班的官僚和世袭贵族，一定是具有魅力的革命领袖。“在心理的、生理的、经济的、伦理的、宗教的、政治的危难之时的‘天然’领导者，既不是被任命的官职人员，也不是在今天意义上的作为专业知识来学习的和为了报酬而从事的某一职业的持有者，而是特殊的、被设想为超自然的（在并非人人都能企及的意义上）身体和精神的天赋的体现者。”②

中国共产党带领中国受压迫、受剥削的工农大众推翻了压在头上的“三座大山”，建立了社会主义新中国。中国共产主义革命的成功离不开老一代革命领袖的超凡魅力和中国共产党的组织动员体系。正是这份革命遗产造就中国特色社会主义制度体系，以及对应的中国国家治理体系和治理能力。如今，中国特色社会主义各项制度基本成熟和定型，并在政治、法治、行政、民族、经济、社会、文化、民生、军事、外交等方面取得了国家治理的显著优势。一方面，我们要坚持和完善中国特色社会主义制度，另一方面要与时俱进，不断改革和完善各项制度，迈向理性化的现代国家治理体系，提升治理能力。根据十九届四中全会《中共中央关于坚持和完善中国特色社会主义制度，推进国家治理体系和治理能力现代化若干重大问题的决定》，中国特色社会主义制度体系主要包括中国共产党的领导制度体系、人民当家作主的制度体系、社会主义法治体系、社会主义行政体制、社会主义基本经济制度、社会主义先进文化制度、城乡统筹的民生保障制度、共建共治共享的社会治理制度、生态文明制度

① ［德］马克斯·韦伯：《经济与社会（下卷）》，林荣远译，商务印书馆 1997 年版，第 375 页。

② ［德］马克斯·韦伯：《经济与社会（下卷）》，林荣远译，商务印书馆 1997 年版，第 445 页。

体系、党对人民军队的绝对领导制度、“一国两制”的制度体系、独立自主的和平外交政策、党和国家的监督体系等。

（二）国家治理与社会治理的关系

根据党的十九届四中全会的《决定》，“社会治理是国家治理的重要方面”，国家治理与社会治理的关系第一层涵义是包含关系，也就是国家治理的内容包括了政治、经济、社会、文化和生态“五位一体”总体布局，国家要通过其各项制度和政策安排，对社会生活进行治理。

然而，国家治理与社会治理的关系并不仅仅是包含关系，还有一层涵义是借助社会力量进行社会治理。比如在党的十九届四中全会《决定》中提出的社会治理体系就包括了党委领导、政府负责、民主协商、社会协同、公众参与、法治保障、科技支撑等多个主体和多种手段，其中，社会力量和基层群众都是国家力量之外的社会力量。而且，党的十九届四中全会《决定》明确提出，“要发挥群团组织、社会组织的作用，发挥行业协会商会的自律功能，实现政府治理和社会调节、居民自治的良性互动”。这就表明，除了社会治理是国家治理的重要方面，而且，各种社会力量与基层群众都是社会治理的多元治理主体，要围绕在基层党组织的周围，形成一核多元的治理体系。

这是我国国家社会治理体系的重要变化，过去国家对社会治理强调的是全面动员和组织，国家通过单位制和街居体制对社会交往和基层生活实行全面的安排与管控，没有激发社会活力，缺乏对基层社区的放权赋能，社会生活管得太死、统得太严。改革开放以后，随着经济领域的放开搞活，市场体系建立起来以后，市场机制渗透到社会生活的方方面面，社会活力激发，但是社会道德滑坡、诚信缺失，出现了许多社会问题。在国家严格管理和社会自我调节之间，我们曾经是在“一放就乱、一乱就收、一收就死、一死就放”之间进行收放循环，缺乏政府治理与社会调节、居民自治之间的良性互动。进入社会主义新时代之后，中央出台了一系列制度文件，改革和完善我国社会治理制度，逐步形成了基本成熟定型的群团组织制度、社会组织制度和基层社区治理体制。通过这一系列制度体制的改革，我国社会治理体系走出了收放循环的死胡同，通过共建共治共享的社会治理格局，打造人人有责、人人负责、人人享有的社会治理共同体，不断提升治理能力和水平，迈向了社会治理体系的现代化进程。

（三）社会治理与社区治理的关系

在2017年中共中央、国务院发布的《关于加强和完善城乡社区治理的意见》中，第一句话就是“城乡社区是社会治理的基本单元。”这就表明，国家进行社会治理的基本单元是城乡社区。但是，城乡社区治理并不是社会治理的全部内容。根据党的十九届四中全会《决定》的内容，社会治理的内容体系包括社会矛盾纠纷的预防调处机制、社会治安的防控体系、公共安全的体制机制、基层社会治理格局、国家安全体系等五项内容。当然，如果从治理内容上来说，基层社会治理和其他四项社会治理不是并列互斥的，而是包含了社会矛盾调解、社会治安防控、公共安全和国家安全体系建设等项内容。也就是说，基层社区是贯彻落实国家治理体系的重要一环，是国家治理体系在基层社会的具体实现形式。在这个最基层的环节，国家治理社会生活的方式，已经越出政府领域，开始调动社会力量，依靠自治、法治和德治等多种治理手段，来解决社会问题，激发社会活力，确保人民安居乐业、社会安定有序、国家公共安全。因此，无论是《关于加强和完善城乡社区治理的意见》，还是党的十九届四中全会《决定》，都强调要推动社会治理和服务重心向基层下移，把更多资源下沉到基层，提供精准化、精细化服务。

因此，我们可以把城乡社区治理作为连接国家治理与社会治理的基层空间，也是一种多元共治的体系结构，在基层党组织的领导下和基层政府的主导下，注重发挥基层群众性自治组织的基础作用和社会力量的协同作用，完成社会治理的任务要求。

二、社区治理现代化的内涵

（一）国家治理和社区治理现代化的目标规划

自从党的十八届三中全会提出把国家治理体系和治理能力的现代化作为全面深化改革的总目标之后，国家治理研究就成为学术界的热点。党的十九届四中全会进一步确定了我国国家治理体系和治理能力现代化的总目标，“到我们党成立一百年时，在各方面制度更加成熟更加定型上取得明显成效；到二〇三五年，各方面制度更加完善，基本实现国家治理体系和治理能力现代化；到新中国成立一百年时，全面实现国家治理体系和治理能力现代化，使中国特色社会主义制度更加巩固、优越性充分展现。”党的十九届五中全会再次确认了到2035年基本实现国家治理体系和治理能力现代化的远景目标。

作为国家进行社会治理的基本单元，社区治理现代化是国家治理现代化的基础。党的十九大召开之前，中共中央、国务院颁布的《加强和完善城乡社区治理的意见》中提出的社区治理现代化的总目标是“到2020年，基本形成基层党组织领导、基层政府主导的多方参与、共同治理的城乡社区治理体系，城乡社区治理体制更加完善，城乡社区治理能力显著提升，城乡社区公共服务、公共管理、公共安全得到有效保障。再过5到10年，城乡社区治理体制更加成熟定型，城乡社区治理能力更为精准全面，为夯实党的执政根基、巩固基层政权提供有力支撑，为推进国家治理体系和治理能力现代化奠定坚实基础。”

2021年4月中共中央、国务院颁布了《关于基层治理体系和治理能力现代化建设的意见》，提出了新的建设目标，“力争用5年左右时间，建立起党组织统一领导、政府依法履责、各类组织积极协同、群众广泛参与，自治、法治、德治相结合的基层治理体系，健全常态化管理和应急管理动态衔接的基层治理机制，构建网格化管理、精细化服务、信息化支撑、开放共享的基层管理服务平台；党建引领基层治理机制全面完善，基层政权坚强有力，基层群众自治充满活力，基层公共服务精准高效，党的执政基础更加坚实，基层治理体系和治理能力现代化水平明显提高。在此基础上力争再用10年时间，基本实现基层治理体系和治理能力现代化，中国特色基层治理制度优势充分展现。”

（二）国家治理现代化的内涵

虽然中央文件规定了国家治理和社区治理现代化的总目标，然而有关治理现代化的内涵是需要澄清和落实的。前述，根据韦伯的论述，国家治理方式经历一个从传统社会的世袭制向现代社会的理性化治理演变的过程。基于康德的先验理性，韦伯提出的理性化治理思路，更多是一种基于程序正义的形式理性，它既与价值理性之间有矛盾，也与人们日常行动的工具理性并不一定协调。日常行动的工具理性要求的是既定目标下的效率最优原则，而形式理性对应的则是科层组织结构的客观化、非个人性的最优程序规则。全社会的治理理性化就是普遍地进入韦伯所说的高度制度化、专业化的科层组织的牢笼，它会限制社会生活的自主活力。韦伯提醒我们，“凝固的思想是一台生机勃勃的机器，它就是官僚体制的组织及其训练有素的专业工作专门化、权限的划分、规章制度和划分等级的服从关系。它同这台死机器相结合，正在从事建造未来的依附的外壳，人们有朝一日也许会像在古代埃及国家里的农民那样，无能为力地被迫陷入这种依附”①。

因此，现代国家里如何保持理性秩序与社会活力之间的平衡就成为各国社会治理问题的核心。以美国为例，其公共管理就从18世纪的地方寡头精英控制走向19世纪的民主管理，再经过20世纪的职/专业主义到公民治理的摇摆平衡②。联合国全球治理委员会发布的《我们的全球伙伴关系》（1995年）研究报告就指出：“治理是各种公共的或私人的个人和机构管理其共同事务的诸多方式的总和。它是使相互冲突的或不同的利益得以调和并且采取联合行动的持续的过程。这既包括有权迫使人们服从的正式制度和规则，也包括各种人们同意或以为符合其利益的非正式的制度安排。”③

根据全球治理委员会的意见，现代治理的基本特征包括四个方面：第一，治理不是一套固定规则和活动，而是一种持续的动态过程；第二，治理过程的基础不是控制，而是协调、协商；第三，治理是多元主体的互动过程，既包括公共部门，也包括私人部门；第四，治理不是一套固定的制度，而是包括非正式制度的持续的互动④。

在此基础上，国内许多学者对治理现代化给出了自己的理解。有人把治理现代化理解为运用一定的权威对公共活动进行引导、调控和规范的一种平衡个人利益、增进公共利益的过程⑤。有人则把它理解为一种中国特色社会主义政治现代化，是继工业、农业、国防、科学技术现代化之后的第五个现代化⑥。因此，中国特色的国家治理现代化也遵循人类社会发展的共同趋势：

---

① ［德］马克斯·韦伯：《经济与社会（下卷）》，林荣远译，商务印书馆1997年版，第754—755页。

② ［美］理查德·C. 博克斯：《公民治理——引领21世纪的美国社区》，孙柏英译，中国人民大学出版社2013年版，第20—23页。

③ 转引自俞可平：《治理与善治》，社会科学文献出版社2000年版，第4页。

④ 同上注，第5页。

⑤ 陈进华：《治理体系现代化的国家逻辑》，载《中国社会科学》2019年第5期，第23—39页。

⑥ 俞可平：《国家治理的中国特色与普遍趋势》，载《公共管理评论》2019年第1期，第25—32页。

第一，治理主体多元化。现代治理一定是多个主体之间的协商互动过程，除了政府组织，还包括企业组织、社会组织以及基层群众组织等，这是区别于传统国家统治的关键所在，从而达到社会共治的状态。当然，在中国特色社会主义制度下，我国治理现代化的核心是坚持党的集中统一领导，党领导政府、企业和社会组织进行良性互动。

第二，治理权限的适度平衡。党的十九大提出，“党政军民学，东西南北中，党是领导一切的。”加强各个领域的党的建设和党的领导，并不是说一切权力都由党组织来掌握，而是各级党组织要掌握各个领域的领导权，同时要学会适度授权和统筹协调，引导和协调各个市场主体和社会主体进行协同行动。只有这样，才能保持社会生活既有秩序又充满活力，达到适度平衡状态。

第三，治理手段的综合运用。现代化的趋势之一就是各个领域的理性化，通过法治程序和行政程序进行规范化治理。然而，正如韦伯所说，如果没有对理性化的科层组织的局限性认识，保护个人自由和民主，那么我们无法突破科层理性带来的牢笼般钳制，也无法让形式理性服务于实质理性的目的。因此，治理现代化需要兼顾自治、法治与德治。正如党的十八届四中全会通过的《中共中央关于全面推进依法治国若干重大问题的决定》所言，要“坚持依法治国和以德治国相结合”。同时要加强社会主义协商民主，利用协商民主来解决公共领域的利益矛盾关系，相对于多数票决制度更有助于集合民意，形成共识。

第四，治理伦理的混合运用。围绕着现代治理的责任主体，韦伯区分了一般专业官员与政治官员的不同。他认为作为普通专业官员，主要是接受过专业训练领取薪水的职业官僚，其行动伦理就是服从规则和上司的命令；而作为企业家和政治家的政治官员，其行动伦理则是为了他的事业负责，而不是仅仅完成岗位职责。前者是靠政治而生活的人，后者是为政治而生活的人①。对于公共事务的治理，既需要一种献身于公共事业的为政治而生活的人，也需要兢兢业业按照岗位职责要求做好本职工作的靠政治而生活的人。

第五，治理效果的良善之治。习近平总书记多次强调，良法是善治的前提，要以良法保障善治。而所谓善治，就是一切治理手段和活动都要围绕着公

---

① ［德］马克斯·韦伯：《经济与社会（下卷）》，林荣远译，商务印书馆 1997 年版，第 744 页。

共利益的最大化而进行，达到政府与社会协同管理的最佳状态①。善治是一种实质正义，一种强调实效的治理原则，能否在程序正义和实质正义之间实现一致，西方社会为此存在一定的理论争议。无论如何，大家都不满意两者之间非此即彼的对立关系。为此，哈贝马斯提出了交往（沟通）理性作为连接规范与事实之间的桥梁，强调通过日常生活领域的真诚、平等的主体之间的沟通协商，来建立共识，作为治理公共事务的理性基础②。这和我们追求的社会主义协商民主有异曲同工之妙。

（三）社区治理现代化的内涵

前述，社区治理是国家进行社会治理的基本单元，所以社区治理现代化是国家治理现代化的坚实基础。现代社区已经不是传统的封闭村落共同体，而是一种开放的、流动的生活世界。因此，现代社区治理并不再是过去的依靠地方宗族、宗教等传统组织的自治，而是在民族国家引导下，通过社区内外的各种组织团体的共同治理。当然，中国社区治理的现代化很早就开始发生，无论是明清时期的皇权和绅权的双轨政治③，还是民国时期的国家政权向下延伸带来的乡村政权化，都是中国基层社区治理现代化进程的一部分。新中国成立后，在党的群众路线指引下，农村社区实行了人民公社体制和村民自治制度，城市社区实行了街道-居委会体制和居民自治制度。把群众组织起来，实行基层群众自治制度，是中国特色社会主义民主政治制度的重要组成部分。结合国家治理现代化进程，我们可以把社区治理现代化的内涵概括为如下几个方面：

第一，共建共治共享的社区治理格局。党的十九大提出打造共建共治共享的社会治理格局，在党的十九届四中全会上又上升为坚持和完善共建共治共享的社会治理制度。党的二十大再次强调健全共建共治共享的社会治理制度、提升社会治理效能。社区是社会生活的基层空间，也是社会治理的基本单元，必须体现党的十九大和十九届四中全会提出的共建共治共享的社会治理格局。人民当家作主是中国共产党执政的核心理念，因此，现代社区治理一定要让社区居民参与到社区治理过程，发挥社区居民的主人翁精神。以人民为中心是党的

---

① 俞可平：《国家治理的中国特色与普遍趋势》，载《公共管理评论》2019年第1期，第25—32页。

② 罗诗钿：《现代国家治理中的理性重构与理性困境——卢梭、韦伯、罗尔斯、哈贝马斯理性治理的比较》，载《广西社会科学》2019年第7期，第99—105页。

③ 费孝通、吴晗：《皇权与绅权》，岳麓书社2012年版。

十八届五中全会提出的新发展观，党的二十大再次强调坚持以人民为中心的发展思想。因此必须加大社区基础设施建设和社区公共服务，让社区居民共享美好生活。

第二，“一核多元”的社区治理体系。伴随着国家基层政权建设进程，基层社区已经是国家社会治理的基本单元，坚持党的领导和政府主导，统筹协调基层群众自治组织和社会力量多方参与、共同治理是现代社区治理体系的基本特征。

第三，“政社良性互动”的社区治理关系。中共中央、国务院颁布的《加强和完善城乡社区治理的意见》和党的十九届四中全会《决定》，都提出要实现政府治理和社会调节、居民参与的良性互动关系。这是中国特色的政社关系模式。官民关系问题向来是社会治理中比较尖锐和突出的问题，为了实现社区的安居乐业、和谐有序、绿色文明、创新包容，就需要处理好政府与社会的关系，由相互矛盾和对立转为相互合作、良性互动。

第四，“三治结合”的社区治理手段。社区治理现代化，除了城乡社区群众自治制度，强调民主选举、民主决策、民主管理、民主监督，实现自我管理、自我服务和自我教育，还要结合传统德治方式，把法治方式引入到城乡社区治理之中，实现三治结合。德治是我国社区治理的传统方式，其中既有家长专制的成分，也有善良、仁慈、礼让、勤俭、克制的优秀成份，关键是要对优秀传统文化进行创造性转化、创新性发展，在现代社会发挥积极作用。法治是理性化、制度化、规范化、程序化现代治理方式，是在尊重个人独立自由权利的基础上，调节公共生活、协调公共利益、达成公共意见的治理手段。只有三治结合，才能实现社区治理手段的灵活多样，实现有效治理的目标。

第五，“六位一体”的社区治理能力。中共中央、国务院颁布的《加强和完善城乡社区治理的意见》从六个方面规定了提升城乡社区治理能力：增强居民参与能力；提供社区服务供给能力；强化社区文化引领能力；增强社区依法办事能力；提升社区矛盾预防化解能力；增强社区信息化应用能力。这六大能力既包括社区居民生活需求的满足，也包括社区公共秩序的协调，同时也涵盖了社区文化引领，以及治理方式上的居民参与、法治保障和科技支撑。

第六，人人有责、人人尽责、人人享有的社区治理共同体。现代社会虽然打破了传统社区的紧密团结的生活共同体状态，走向了个体独立自由基础上的理性交往社会模式。但是，个体化状态下的理性交往模式，并不能满足人们的高层次的心理需求。根据马斯洛的需求层次理论，人们在满足了低层次的生理需求和安全性需求之后，就会追求归属和爱的需求，进而追求自我价值实现的需求。自我价值的自我实现是对社会的贡献，而不再是索取资源满足需要。当代社群主义哲学也反复强调，主体性是建立在社会交往基础上的互为主体性，只有通过参与到社区的共同生活世界，承认他者的尊严和价值，我们才能获得自我的尊严和价值①。因此，回归社区生活，参与社区公共事务，通过社区治理共同体获得个体尊严和价值是现代人的必由之路。

三、社区治理现代化的特征

社区治理现代化的特征既表现在社区居民生活美好方面，也表现在社区环境、设施和服务体系方面，还表现在社区治理方式方面。目前关于社区治理现代化的特征、指标体系还缺乏系统的论述和总结，但是不乏一些相关的社区建设示范标准和评价体系指标。比如2001年民政部颁布的《全国社区建设示范城区基本标准》、2008年民政部颁布的《全国和谐社区建设示范单位指导标准(试行)》，以及北京、南京、广州、成都、厦门、天津等城市也都颁布有地方性幸福社区、和谐社区、文明社区、美丽社区、美好社区等不同名称的建设评价指标体系。有人在此基础上做了一个系统的梳理，并与党的十九大提出的满足人民美好生活相适应，提出了美好社区的评价指标体系，包括生活品质、社区秩序、社区参与度、社区归属感四大一级指标、56个三级指标体系②。这为我们建构社区治理现代化的特征指标体系提供了重要的借鉴意义。但是，作为社区治理现代化特征指标体系，我们需要联系整个现代化进程对社区的影响与治理，来详解社区治理现代化的特征。

与整个现代化进程相关的是，社会学和人类学家们一般都对现代化进程对基层社区生活的影响持悲观主义的看法。根据古典社会学家的看法，所谓现代化就是从传统的依靠礼俗关系把大家团结起来的社区共同体转向一种个体独立

---

① ［德］霍耐特：《为承认而斗争：社会冲突的道德语法》，胡继华译，上海人民出版社2005年版。

② 郑路、张栋：《城市美好指标体系研究》，载《社会政策研究》2020年第3期，第11—27页。

自由的理性契约关系的社会生活①。因此，早期的社区研究都是带着一种怀旧的浪漫情节来描绘传统自然社区的紧密团结互助关系，以及对大都会基层社区生活的竞争无序进行描绘和谴责②。正如有作者回顾总结的，无论是芝加哥的舞女、芝加哥的中国洗衣工，还是北平的囚犯，二十世纪初期的他/她们从乡村社区来到大都会，都是一种城市里的陌生人和边缘人，很难融入城市生活，要么是在社会地位不断下降的生命历程中走向社会的底层角落或者犯罪，要么是回到自己的家乡寻求一种文化资源来抵抗城市生活的艰辛与苦难③。因此，社区治理主要就是针对城市化进程中基层社区生活的功能失调进行的一种人为干预。现代化早期的工业国家最早是通过民间慈善组织开展的睦邻运动实现社区干预的。例如美国纽约慈善会社领袖之一简·亚当斯（Jane Adams）不满足于通过家庭访问进行个案救助服务，学习借鉴英国伦敦的汤恩比会馆，回到美国之后，在芝加哥开办了一个胡尔会馆，希望通过社区服务中心为本的睦邻活动，来帮助那些新移民学会城市生活的技能和人际关系，弥合移民社会中阶级、宗教、民族和文化的巨大分歧④。所以，社区治理现代化的特征首先就应该表现为社区生活功能是否良好，而社区生活功能良好则是通过社区环境、基础设施、公共服务等来实现的。当然为了促进社区的可持续发展，社区生活功能的改善并不能仅仅通过一种精英主导的治理模式来实现，而是要由一种精英控制的地方自治转向一种民主的、混合了职业专业和公民参与的综合治理模式⑤。为此，我们提出了三层社区治理现代化特征的一级指标体系：第一层是社区生活功能美好；第二层是社区环境、设施、服务的完善；第三层是社区治理模式的良善。

第一，社区生活功能的美好。前述，美国著名社区学者华伦把社区功能分

---

① 涂尔干称为是由圣俗二分的机械团结转向劳动分工基础上的有机团结；滕尼斯称为由自然意志结合在一起的共同体转向一种选择意志联系起来的契约社会；韦伯称为传统的个人纽带基础上的世袭制转向理性化的科层组织体系。

② ［美］亚瑟·J. 维迪奇、斯坦福·W. 莱曼：《定性研究方法：在社会学和人类学的历史》，载［美］诺曼·K. 邓津、伊冯娜·S. 林肯编：《定性方法：方法论基础》，风笑天等译，重庆大学出版社 2007 年版，第 40—90 页。

③ 杜月：《芝加哥舞女、中国洗衣工和北平囚犯：都市中的陌生人》，载《社会》2020 年第 4 期，第 1—25 页。

④ ［美］F. 艾伦·内廷，彼得·M. 凯特纳，史蒂文·L. 麦克默特里：《宏观社会工作》，刘继同、随玉杰等译，中国人民大学出版社 2006 年版，第 40—41 页。

⑤ ［美］理查德·C. 博克斯：《公民治理——引领 21 世纪的美国社区》，孙柏英译，中国人民大学出版社 2013 年版。

为五个方面：生产、分配、消费等经济功能，社会化功能，社会控制功能，社会参与功能，相互支持功能。后来，有人在此基础上加了两个功能：保卫功能和沟通功能①。我们可以从这7个方面来衡量社区功能的完好程度。因为，功能良好主要是通过社区居民需求反映的，所以，我们可以从居民需求的角度来操作这7个二级指标体系：

（1）生产、分配、消费功能：消费需求能否满足？社区资源分配是否公平？家庭生计能否维持？

（2）社会化功能：孩子是否参与过社区教育活动？孩子是否受到排斥或歧视？

（3）社会控制功能：社区治安是否安全？邻里关系是否和谐？是否认同社区规范？是否对社区有归属感？

（4）社会参与功能：是否熟悉邻居？是否参与社区活动？是否参与社区组织？是否提供志愿服务？

（5）相互支持功能：是否获得过邻里帮助？是否提供过邻里帮助？是否提供慈善捐赠？是否接受过救助？

（6）保卫功能：是否参与过社区巡逻？是否参与过社区维权？

（7）沟通功能：是否参与过社区论坛？是否参与过社区公共事务讨论？是否发表过自己的看法？是否接纳过他人的建议？

第二，社区环境、设施和服务的完善。社区功能的美好，是要靠社区环境、设施和服务等结构系统来实现的。根据社会学中的系统功能理论，系统与功能之间是一种互为因果的关系，帕森斯比较强调系统结构，而卢曼比较强调功能的演化。在人类学中也分为从需求出发的马林诺夫斯基的功能主义，从系统出发的拉德克里夫-布朗的功能主义。然而，从社区规划与建设的角度，应该从人类需求出发，来界定社区功能，然后来规划社区环境、设施和服务等体系建设，去满足需求，实现社区功能②。基于上述社区功能，结合现代化的技术支撑，我们认为现代社区环境、设施和服务应该包括如下具体内容：

（1）社区环境：分为社区绿化、社区道路、居住条件、空气噪声等方面。

（2）社区设施：分为供水、供电、供暖、供气、排污、环卫、通讯、公

---

①［美］F. 艾伦·内廷、彼得·M. 凯特纳、史蒂文·L. 麦克默特里：《宏观社会工作》，刘继同、随玉杰等译，中国人民大学出版社2006年版，第121—124页。

② 同上注，第126—27页。

交、卫生、治安、公园、文体、残疾人出行等现代市政设施。

(3) 社区服务：分为政府一站式行政管理服务（党务、工商、税务、民政、劳动、司法）、警务、基础教育、医疗服务、文艺服务、科技服务、法律服务、应急服务、面向特定人群的社会福利服务（儿童服务、老人服务、残疾人康复、妇女服务、矫治服务、移民服务、再就业服务、贫困救助、灾害救助）、志愿公益服务、物业服务、便民利民服务（生鲜市场、商店、餐饮）等各项服务。

第三，社区治理方式的良善。社区治理现代化除了改善社区环境和设施，增强社区服务、满足居民需求之外，另外还在于能否促进居民参与社区组织和社区公共事务管理，形成一种民主协商、德法兼备、多元共治的现代治理方式。为此，我们从如下几个方面提出现代社区治理方式的指标体系：

(1) 社区治理组织体系健全：分为社区党组织、居民自治组织、居民互助组织、参与社区治理的社会组织等，形成一种以社区党组织为核心、社区自治组织具体负责、居民互助组织积极参与、社会组织积极协助的多元共治体系。

(2) 社区居民和不同主体参与社区治理渠道畅通、规范：党的十九届五中全会提出，“畅通和规范市场主体、新社会阶层、社会工作者和志愿者等参与社会治理的途径”。社区治理要畅通和规范社会工作、社会组织、社区居民参与社区治理的途径，定期召开居民代表大会、居民协商议事会，设置意见箱、公示板、社区论坛、社区网上平台，随时召开行为纠纷调解会议，及时化解矛盾纠纷，定期举办政策咨询会议与人大代表、政协委员座谈会等。

(3) 社区治理手段“四化”：习近平总书记在2016年的全国社会治安综合治理会议上提出了社会治理的“四化”——社会化、法治化、智能化、专业化，2017年该提法被写入党的十九大报告。作为国家社会治理的基本单元，社区治理也要体现习近平总书记提出的“四化”要求。社会化的核心就是通过培养现代公民意识和新乡贤等社区领袖，增强居民对社区的归属感和认同感，从而动员居民参与群众自治；而法治化则是现代国家社会治理的普遍要求，应该体现在国家治理的各个领域；智能化是伴随着高科技的发展，通过网格化管理和信息化系统，实现电子化监控和社会问题需求的及时响应，提高社区治理的效率；专业化也是现代社会治理的内在趋势，无论是居民动员组织，还是社会协商意识活动，以及社区公共服务的策略管理等都需要专业化的社区工作者按照专业方法开展工作。

四、社区治理现代化的路径

关于社区治理现代化的实现路径问题，长期以来困扰着学术界，最初人们强调经济增长优先，然后达致制度结构和治理体系的现代化；后来人们发现制度结构和治理体系不改革，经济投资就会产生腐败和低效率，于是提出治理优先，然后引导经济增长。还有人觉得增长方式和治理模式取决于历史文化，如果不改变历史文化，只是从经济增长和社会制度上努力都不会取得进展①。同样，社区治理现代化的路径是个充满争议的话题，许多人觉得社区治理现代化取决于这个地区的经济发展水平，发达地区的社区治理模式一定比落后地区的社区治理模式先进。但是像党的十九大和二十大中提倡的社区治理的“枫桥经验”发源于经济并不发达的20世纪60年代；而近几年流行开来的“四议两公开”农村社区工作方法也起源于经济并不怎么发达的河南南阳地区。因此，我们很难说社区治理现代化与经济发展基础是一种直接相关的关系。至于两者是否存在地方文化的依赖关系，也只能说文化确实对地区发展很重要②，但很难说是历史文化决定论。

近年来，有人从学习能力和适应机制出发，来分析中国改革开放取得的巨大成绩。也即是说，中国改革开放以来取得的历史成绩主要是在原有体制基础上，通过不断地学习借鉴，来调整各项制度，逐步适应现实条件，解决问题，探索出一种渐进的改革道路③。甚至有人提出在中央指导下进行分层试验探索政策工具，然后由中央进行推广这一政策演进模式，不仅发生在改革开放时期，而且在革命战争时期就已经开始采用，通过计划经济时期延续到今天的中国特有的政策演进模式④。无论是改革开放时期，还是计划经济时期，都是在中国共产党的集中统一领导下开展的地方试验后经由国家推广

---

① ［美］洪源远：《中国如何跳出贫困陷阱》，马亮译，香港中文大学出版社2018年版，第2—4页。

② ［美］劳伦斯·哈里森、塞缪尔·亨廷顿：《文化的重要作用——价值观如何影响人类进步》，程克雄译，新华出版社2010年版。

③ 王绍光：《学习机制与适应能力：中国农村合作医疗体制变迁的启示》，载《中国社会科学》2008年第6期，第111—133页。

④ ［德］韩博天：《通过实验制订政策：中国独具特色的经验》，载《当代中国史研究》2010年第3期，第103—112页。

的政策演进模式。当然，也有人指出，中国在改革开放以后采取的政策演进模式与计划经济时期有所不同，改革开放时期是通过一种经济发展与制度改革的共变演进机制，逐步实现了较好的发展绩效和治理效果①。基于政策学习和适应机制，以及共变演进理论，我们认为社区治理现代化的路径也是一种中央指导下的地方分层试验，然后上升为中央政策进行全国推广的上下结合的演进模式。

（一）中央指导下的地方分层试验与全国推广

无论是20世纪60年代的“枫桥经验”，还是2005年之后的“四议两公开”的农村工作法，以及2008年之后的“太仓模式”无不是在中央指导下的地方试验在先，然后经过中央领导批示，纳入中央文件，在全国推广。众所周知，“枫桥经验”是20世纪60年代浙江省诸暨县枫桥区枫桥、新桥7个公社开展社会主义教育试点工作的经验。1963年10月枫桥区总结出的“依靠群众用说理斗争来制服敌人”的工作经验引起公安部领导的重视并向毛泽东同志作了汇报，毛泽东当即作了批示“这就叫矛盾不上交、就地解决”。随即，公安部和浙江省委对诸暨县枫桥区的经验进行了调查研究，1963年11月完成了《诸暨县枫桥区社会主义教育运动中开展对敌斗争的经验》总结。同月，毛泽东批示“各地效仿、经过试点、推广去做”。1964年1月，中共中央批转了浙江省《诸暨县枫桥区社会主义教育运动中开展对敌斗争的经验》，在全国推广②。

“四议两公开”农村两委工作法最初也是为了解决农村两委会的矛盾，2005年河南邓州总结提出了这一工作模式。后来这一工作模式经过河南省委总结在全省推广，2009年时任中共中央政治局常委、国家副主席的习近平到河南考察时，对“四议两公开”工作法进行了肯定，做出了批示，要求加以完善并在较大范围推广。2018年12月的《中国共产党农村基层组织工作条例》中就吸纳了这一做法，提出“村级重大事项决策事项‘四议两公开’：即村党组织提议、村‘两委’会议商议、党员大会审议、村民会议或者村民代

---

① ［美］洪源远：《中国如何跳出贫困陷阱》，马亮译，香港中文大学出版社2018年版，第29—59页。

② 褚国建、冯兴涛：《坚持和发展“枫桥经验”：一种学术文献市的考察》，载《公安学刊》2020年第3期，第24—35页。

表会议决议，决议公开、实施结果公开。”① 从此，一项地方试点也纳入中央文件，在全国推广开来。

近几年推广的“太仓模式”也是在党的十七大中央提出了“建立政府行政管理与基层群众自治有效衔接和良性互动的机制”之后，2008 年江苏太仓市在中国社会科学院的专家指导下开始探索的政府行政管理向服务型政府方向改革经验的总结。经过了 10 年的探索，太仓市总结出一套政社互动的模式，并经历了 3 个阶段：从厘清基层政府与群众自治组织权责边界的“清单式管理”1.0 时期，到引入社会治理理念、开展三社联动的“引导式治理”2.0 时期，再到建设“发展型”幸福社区，打造“共建共治共享的社会治理格局”的“能动式善治”3.0 时期②。太仓“政社互动”的社会管理创新在全国范围内引起了典型的示范效应。2012 年 6 月，苏州市委、市政府转发了《关于在全市开展“政社互动”试点工作的指导意见》的文件，在苏州全面试行“政社互动”。2012 年 12 月 7 日，民政部和中国社科院政治学研究所还在太仓专门召开了“政社互动”工作座谈会，科学总结太仓“政社互动”工作成果，共同探索基层社会管理新模式、新途径③。2017 年中共中央、国务院发布的《关于加强和完善社区治理的意见》中明确提出要实现党领导下的政府治理和社会调节、居民自治良性互动。党的十九大和十九届四中全会决定也都明确提出要实现政府治理和社会调节、居民自治良性互动，作为社区治理体制的基本内容。在党的十九大召开后，太仓市根据新时代的新要求，制定政社互动第三阶段的发展目标——建立“协商能动”机制，建设“发展型”幸福社区。保障市镇两级综合性社区服务中心面积不少于 4000 和 2000 平方米，配备专职社区干部不少于 10 人，全市登记、备案社会组织达到 2600 个，镇级社会组织孵化器全覆盖，引进培育 10 名社工领军人才、100 名重点人才、1000 名专业人才，民办社工机构达到 100 个，与高校建立大学生实习基地 5 个④。

---

① 中共河南省委组织部课题组：《“四议两公开”工作法的完善推广》，载《党建研究》2019 年 10 月刊，第 52—53 页。

② 《太仓政社互动十年迎来“能动善治”3.0 时期》，载《公益时报》2018 年 11 月 6 日，http：//www. gongyishibao. com/html/gongyizixun/15241. html

③ 桂萍、黄学贤：《论服务型政府语境下的政社互动》，载《云南行政学院学报》2013 年第 4 期，第 34—38 页。

④ 《太仓政社互动十年迎来“能动善治”3.0 时期》，载《公益时报》2018 年 11 月 6 日，http：//www. gongyishibao. com/html/gongyizixun/15241. html。

通过上述三个例子，我们发现中国社区治理现代化的路径主要也是中央提出政策价值目标，指导地方各级政府进行政策工具的试验创新，然后中央再组织专家进行总结、规范和推广，最后纳入中央正式文件法规，成为一项成熟定型的制度。

（二）社区治理体制的不断完善和成熟

我国从20世纪50年代建立的农村人民公社体制和城市街居体制，基本上是为了进行统一集中管理，服务于国家的集中命令性计划经济模式。但是从20世纪80年代开始，随着知青返城和人口高峰到来，原来的计划经济模式下单位制解决就业和提供服务已经无法适应当时的社会压力。以北京市为例，1977年北京市待业人口增加到5.2万人，待业率上升到1.9%。这对于计划经济时期包分配的就业体制已经是空前的压力。然而，当时国民经济结构是偏重工业和机械制造业，难以吸收和接纳新增劳动人口。同时，因为国家长期主导的经济方针是“重生产、轻生活”，事关城市居民的日常生活的轻工业和服务业又缺乏供应。于是，1981年中共中央、国务院通过了《关于广开门路、搞活经济、解决城镇就业问题的若干决定》，要求大力扶持城镇集体经济和个体经济的发展，为城镇居民就业开辟了广阔的门路。以北京市为例，1979——1982年，全市待业人口安置情况中，主要以生产联社、劳动服务公司等街道集体经济组织安置就业为主。1982年通过街道集体经济组织安置的待业人口占总数的45%，而全民所有制单位才占32%，预算内集体所有制安置比例为23%①。

在整个20世纪80年代，除了农村实行家庭联产承包责任制，推行了村民自治制度，城市社区治理体制改革主要是动员社会力量投入到社会福利服务当中。民政部在1983年召开的第八次全国民政会议上提出了“社会福利社会办”的基本思路。1987年，民政部在武汉召开试点会议，提倡利用蓬勃兴起的社区经济实体，为社会福利提供资金，号召全国城市试点，通过街居组织举办社区服务。1989年在杭州召开会议，民政部进一步推广交流试点经验，推动社区服务工作。整个20世纪80年代，社区服务都是坚持福利属性，集中在老人服务、残疾人服务、精神康复、幼儿照顾等领域。只是面临资金紧缺和福

---

① 雷洁琼主编：《转型中的城市基层社区组织——北京市基层社区组织与社区发展研究》，北京大学出版社2001年版，157页。

利扩张的矛盾，一些地方开始探求以经营性服务和有偿服务来弥补福利服务的资金不足①。1993 年民政部联合其他部委发布了一个《关于加快发展社区服务业的意见》，明确了城市社区服务是第三产业，走产业化、法制化、规范化发展道路。从此，城市社区服务日益转向了经营性，偏离了福利属性。尽管民政部意识到了这个问题，在 1995 年颁布了《社区服务示范城区标准》，重新强调社区服务的福利性宗旨和坚持社会效益为主，但是因为国家财政并不提供资金支持，而是依靠各个社区服务中心、社区服务站自己开展经营性项目，弥补福利性项目资金缺口，这就难免在工作中出现借福利之名行经营性活动之实的现象。2000 年民政部颁布了《关于加快社会福利社会化的意见》，进一步导致福利供应主体和资金结构的多元化，具体来言，就是利用市场机制促进社会服务的多元化发展。

到 20 世纪 90 年代后期，国企改革进入攻坚阶段，下岗分流、减员增效是当时国企改革的主要手段，下岗失业职工无法通过市场再就业，都进入社区实行属地化管理和救助，因此 2000 年 11 月中共中央办公厅、国务院办公厅转发了民政部《关于在全国推进城市社区建设的意见》，标志着我国城市社区管理体制进入新阶段。这个文件明确提出了在加强社区党组织和自治组织建设时，逐步建立专兼职结合的社区工作者队伍，从此开创了政府街道办事处公开招聘专职社区工作者的先河。各地政府都纷纷招聘专职社区工作者，然后派出到各个社区经过“民主”程序选举，进入社区居委会，担任职业化的居委会干部。居委会干部的专职化一定程度上满足了社区工作者的权力追求和利益需要，实际上这是新中国成立后街居体制下持久的街居空间动力②。

党的十八大前夕，中央提出要加强创新社会管理，党的十八届三中全会提出加强和创新社会治理。党的十九大召开前夕，2017 年 6 月中共中央、国务院联合发布了《关于加强和完善城乡社区治理的意见》，这是社区治理体制的最高级别文件，是对改革开放 40 年社区治理经验的总结和未来社区体制机制完善的规划，相关规定也进入党的十九大报告和十九届四中全会决定。党的十九大提出要打造共建共治共享的社会治理格局，完善党委领导、政府负责、社

① 阎明复：《坚持为人民谋福利的宗旨，把社会服务推向新的发展阶段——社区服务十年回顾与未来展望》，载《内地与香港社会福利发展第四次研讨会论文》，1997 年。

② 朱健刚：《国家、权力与街区空间——当代中国街区权力研究导论》，载《中国社会科学季刊》（香港）1999 年夏季卷总第 26 期，第 171—193 页；秋季卷总第 27 期，第 181—194 页。

会协同、公众参与、法治保障的社会治理体制，加强社区治理体系建设，推动社会治理重心向基层下移，发挥社会组织作用，实现政府治理和社会调节、居民自治良性互动。党的十九届四中全会进一步提出要坚持和完善共建共治共享的社会治理制度，必须加强和创新社会治理，完善党委领导、政府负责、民主协商、社会协同、公众参与、法治保障、科技支撑的社会治理体系，建设人人有责、人人尽责、人人享有的社会治理共同体。完善群众参与基层社会治理的制度化渠道。健全党组织领导的自治、法治、德治相结合的城乡基层治理体系，健全社区管理和服务机制，推行网格化管理和服务，发挥群团组织、社会组织作用，发挥行业协会商会自律功能，实现政府治理和社会调节、居民自治良性互动，夯实基层社会治理基础。加快推进市域社会治理现代化。推动社会治理和服务重心向基层下移，把更多资源下沉到基层，更好提供精准化、精细化服务。党的二十大把完善社会治理体系纳入总体国家安全观，提出“健全共建共治共享的社会治理制度，提升社会治理效能，在社会基层坚持和发展新时代‘枫桥经验’，完善正确处理新形势下人民内部矛盾机制，加强和改进人民信访工作，畅通和规范群众诉求表达、利益协调、权益保障通道，完善网格化管理、精细化服务、信息化支撑的基层治理平台，健全城乡社区治理体系，及时把矛盾纠纷化解在基层、化解在萌芽状态。加快推进市域社会治理现代化，提高市域社会治理能力。强化社会治安整体防控，推进扫黑除恶常态化，依法严惩群众反映强烈的各类违法犯罪活动。发展壮大群防群治力量，营造见义勇为社会氛围，建设人人有责、人人尽责、人人享有的社会治理共同体。”这些论述标志着我国社会治理和基层社区治理体系的基本成熟和定型。

总之，我国社区治理现代化的路径是中国特色的政策学习和适应机制过程，是在中央指导下不断通过地方各级政府的探索试验，再经过中央有关部门肯定，然后在全国推广的演进过程，最后上升为顶层设计，是中国共产党的认识能力、执政能力不断成熟和完善的过程。

第二章　社区治理体制机制

社区治理体系和治理能力现代化是新时代的一个重大命题，是社区各个主体、各种机制、各种要素的整合状态，是国家治理体系和治理能力现代化的重要组成部分。2017 年，中共中央和国务院发布《关于加强和完善城乡社区治理的意见》（中发〔2017〕13 号）文件，第一次对我国的社区治理体系做出了“四大主体”“六大能力”的总体部署。同年，党的十九大进一步明确提出“加强社区治理体系建设，推动社会治理重心向基层下移，发挥社会组织作用，实现政府治理和社会调节、居民自治良性互动”。2019 年 10 月，党的十九届四中全会正式提出“建设人人有责、人人尽责、人人享有的社会治理共同体”的新命题。从地方实践对顶层设计的回应来看，党组织全面领导，基层政府主导的多方参与、共同治理的城乡社区治理体系基本成型。新时期要进一步打造现代化的社区治理体制机制，主要在全面实现党领导下的社区治理，有效发挥基层政府的主导作用，保障基层群众性自治组织的基础作用，进一步激发社会力量的协同作用。本章围绕党全面领导的社区治理、政府主导的社区治理、基层群众自治和多方协同共治，分四个小节重点论述如何建设现代化的社区治理体制机制。

第一节　党全面领导的社区治理

党的十八大以来，加强基层党组织的建设、巩固党的执政基础被作为贯穿社会治理和基层建设的主线。2015 年《中共中央办公厅、国务院办公厅印发〈关于深入推进农村社区建设试点工作的指导意见〉》和 2017 年《中共中央、国务院关于加强和完善城乡社区治理的意见》（以下简称 13 号文件）等文件，着重强调要充分发挥基层党组织的领导核心作用，并明确完善城乡社区治理的首要原则是“坚持党的领导，固本强基”。2019 年 1 月，《中共中央关于加强党的政治建设的意见》明确提出要确保党的政治引领社区治理，必须着眼于党把方向、谋大局、定政策、促改革，强化战略思维、创新思维、辩证思维、法治思维、底线思维，正确制定和坚决执行党的路线方针政策，不断增强党的政治领导力、思想引领力、群众组织力、社会号召力。同年 5 月，中央办公厅印发的《关于加强和改进城市基层党的建设工作的意见》，更是明确“加强和改进城市基层党建工作的重要性紧迫性”，“要把城市基层党组织建设成为宣传党的主张、贯彻党的决定、领导基层治理、团结动员群众、推动改革发展的坚强战斗堡垒。”10 月，党的十九届四中全会更加明确提出要“健全党组织领导的自治、法治、德治相结合的城乡基层治理体系”，“推进城乡社区基层党组织建设，切实发挥基层党组织领导核心作用，带领群众坚定不移贯彻党的理论和路线方针政策，确保城乡社区治理始终保持正确政治方向”。

从全国各地城乡社区治理的实践来看，基层党建做得好的地方，社区治理效果往往也比较好。近年来，不少地方纷纷探索社区大党委制，发挥区域化党建对社区的支持作用，推出“党支部书记与（村）居委会主任一肩挑”、社区党建、红色物业、党支部建在小区里等探索，通过党的组织动员、资源链接、服务链接等机制，引领社区治理①。党建引领社区治理体制机制的成效更加明显，党组织在城乡社区治理的作用更加突出。还有些城市在党建引领下，直接将社区发展与社区治理职能划归各级党委，并在党委部门专门成立“社区发展治理委员会”，以“党委—社区制”应对日益变化的治理要求②。

一、党领导社区治理：内涵与要求

党的十八大以来，党组织领导的社区治理格局日益得到重视。2015 年，中办国办印发《关于深入推进农村社区建设试点工作的指导意见》，要求“完善在村党组织领导下、以村民自治为基础的农村社区治理机制”。中共中央和国务院发布的《关于加强和完善城乡社区治理的意见》，对发挥基层党组织在

① 吴晓林：《党建引领与社区治理体系建设：十八大以来城乡社区治理的实践走向》，载《上海行政学院学报》2020 年第 3 期。

② 张翼：《全面建成小康社会视野下的社区转型与治理效能改进》，载《社会学研究》2020 年 6 月。

城乡社区治理中的领导核心作用进行了顶层设计。2018 年 10 月开始实施的《中国共产党支部工作条例（试行）》规定“社区党支部全面领导隶属本社区的各类组织和各项工作”。2019 年 5 月，中共中央办公厅印发《关于加强和改进城市基层党的建设工作的意见》，再次强调“城市基层党组织是党在城市全部工作和战斗力的基础”，要求增强街道社区党组织政治功能和战斗力。10 月，党的十九届四中全会再次明确“党是领导一切的……要提升基层党组织的组织力”。

在上述顶层设计的引导下，社区党建作为一项政治任务，在社区工作中的重要性明显增强，全国各地都把社区党建作为社区建设的重要内容。一些地方纷纷探索社区大党委制、发挥区域化党建对社区的支持作用，通过党的组织动员、资源链接、服务链接等机制，实现党建对社区治理的引领。事实也证明，凡是社区党建做得好的地方，社区层面的共建共治共享做得也会比较好，社区治理效能相对好。学术界普遍强调要把基层党建逻辑与社区治理逻辑有机结合起来，实现基层党建与社区治理的“精准对接”。通过识别当下社区治理的主要问题和面临挑战，在此基础上探讨基层党组织的组织优势如何发挥，以真正促进社区治理的不断创新完善。关于基层党组织在基层社会治理中领导核心作用的实现机制和路径研究，不少学者观察到区域化大党建和网格覆盖成为基层党建的趋势，也是发挥基层党组织作用的载体。孙柏瑛、邓顺平认为应对基层党组织的发展困境，可以通过“组织嵌入、体制吸纳、价值引领”等方式，构建以党组织为核心的有机整合机制，力求实现提升治理能力，增强基层治理合法性的目标①。也有学者提出党建引领机制的两个维度，一是提升组织力，通过基层党组织催化群众合作，提高社区自主治理能力；二是强化领导力，通过基层党组织优化治理体系协作效率，提高社区问题解决能力②。在社区治理中，党建引领呈现出结构化特质，对社区治理的结构、议题、绩效、过程等能够产生实质性影响，成为党的政治建设的制度优势。

但是，从实践来看，地方的大多探索是中央要求发起的，缺乏与社会需求的互动链接，实践中面临一些困境。例如，部分社区存在“闭门搞党建”，缺

① 孙柏瑛、邓顺平：《以执政党为核心的基层社会治理机制研究》，载《教学与研究》2015 年第 1 期。

② 王德福：《催化合作与优化协作：党建引领社区治理现代的实现机制》，载《云南行政学院学报》2019 年第 3 期。

乏与社会的互动联系，难以解决社区实际问题。在未来的社区治理中，党如何发挥领导力，在社区治理的价值理念整合、政策体系整合、治理主体整合等方面发挥作用，如何领导其他主体，发挥领导而非“包办”作用，党如何领导社区的治理等问题都亟须进一步明确。对此，2019 年 1 月 31 日，《中共中央关于加强党的政治建设的意见》明确提出强调党组织的政治功能，具体要求：第一，党的基层组织要着力提升组织力，突出政治功能，强化政治引领，下大气力解决软弱涣散问题。第二，党支部要担负起直接教育党员、管理党员、监督党员和组织群众、宣传群众、凝聚群众、服务群众的职责，发挥好战斗堡垒作用。第三，党的各级纪委要进一步强化党内监督专责机关的职能定位，全面监督执纪问责，坚决维护党章党规党纪的严肃性和权威性。该文件明确了党全面领导社区治理，进一步把党的群众路线贯彻落实在社区，通过党引领社区治理与服务，全面实现政治领导、主体整合、组织动员等领导功能的实现，保障党的核心领导功能贯穿于社区治理全过程。从实践来看，党组织领导核心角色不是悬浮搁置而是以协调者、组织者、监督者、创新者等多元化角色融入具体社区治理事务之中。总之，以“领导者”为核心，以“协调者”等为具体支撑的“一核多元”角色结构构成了党组织在社区治理中的鲜明角色特点①。

（一）增强党的政治领导

坚持党的领导是我国社区治理体系建设中的核心和特色，是基层治理体系和能力现代化建设的重要原则。习近平总书记强调，基层党组织“要强化政治引领，发挥党的群众工作优势和党员先锋模范作用，引领基层各类组织自觉贯彻党的主张，确保基层治理正确方向”②。基层党组织要“领导基层治理”，政党的社会功能在“对社会加以控制”方面体现为社会引领和组织动员，前者是从意识形态领域的控制，后者是实体形态的控制。2018 年 11 月 25 日颁布的《中国共产党支部工作条例（试行）》，对社区党支部重点任务的要求也明确规定，即全面领导隶属本社区的各类组织和各项工作，围绕巩固党在城市执政基础、增进群众福祉开展工作，领导基层社会治理，组织

① 聂继凯、张宇：《整合与下沉：国内社区治理多元主体合作研究的未来走向》，载《云南民族大学学报》2021 年 3 月第 2 期。

② 2018 年 7 月 3 日至 4 日，习近平在全国组织工作会议上的讲话。

整合辖区资源，服务社区群众、维护和谐稳定、建设美好家园。该文件对基层党组织建设提出了明确要求，重点是提升组织力，突出政治功能，构建党组织统一领导、各类组织积极协同、广大群众广泛参与的基层治理体系。

近年来学术界非常重视阐释党在社区治理中的政治引领作用，如林尚立等人认为党的基层组织必须回到政党化的功能定位，党促进基层社区发育和成长，不可能也不应该用行政资源来推动，而应该用党自身所拥有的政治资源来推动①。王浦劬等认为在基层秩序供给和绩效提升中，执政党领导的行动性治理对科层治理机制的失灵会形成纠偏，能够在短时间内通过高度的组织动员，集中释放超强力量突破执行梗阻，畅通治理过程，达成治理目标②。

从社区治理实践来看，党的政治引领落地主要通过一系列改革来促进：一是加强党对城乡社区治理工作的领导，推进城乡社区基层党组织建设，切实发挥基层党组织领导核心作用，带领群众坚定不移贯彻党的理论和路线方针政策，确保城乡社区治理始终保持正确政治方向。二是推动管理和服务力量下沉，引导基层党组织强化政治功能，聚焦主业主责，推动街道（乡镇）党（工）委把工作重心转移到基层党组织建设上来，转移到做好公共服务、公共管理、公共安全工作上来，转移到为经济社会发展提供良好公共环境上来。三是推进“一肩挑”，切实加强社区组织的政治功能，强化社区治理中的党委领导功能，确保社区党组织的领导核心地位，强化党的政治引领在社区治理各个环节中的实现。

（二）强化党的组织整合

科层制的政府体系不可避免地产生“条块分割”，从而产生众多的缝隙，这会导致基层治理存在不少短板，甚至“治理空白”。对此，中国特色的党政结构实现了经由党对政府体系的有机融入和统筹协同，在价值取向上体现为执政党意识形态的主导性，在组织形态上形成了以党组织为执政领导权的立体网络结构；在治理特性上，基层党组织一方面有效覆盖了政府科层体系无法触及的空间，另一方面因其党员的社会属性，可以有机衔接“国家”与“社会”，

---

① 林尚立、赵宇峰：《中国发展的政治基础—以人民民主为中心的考察》，载《学术月刊》2012年第5期，第17-27页。

② 王浦劬、汤彬：《当代中国治理的党政结构和功能机制分析》，载《中国社会科学》2019年第9期。

从而实现国家与社会的“整体性治理”①。对此，党建引领下的主体整合落实到社区，从战略上强调把加强基层党的建设、巩固党的执政基础作为贯穿社会治理和基层建设的主线，在行动上落实为各级党委和政府要把城乡社区治理工作纳入重要议事日程，完善党委统一领导，政府发挥主导作用，有关部门和群团组织密切配合，社会力量广泛参与的城乡社区治理工作格局。

面对市场体制下中国共产党对资源支配的有限性，对社会的再整合不能简单依托于强制性支配，而是在支配基础上需形成赋权、互惠和协商等多样化的整合方式②。一是加强和改进街道（乡镇）、城乡社区党组织对社区各类组织和各项工作的领导，确保党的路线方针政策在城乡社区全面贯彻落实。例如上海市委明确要求，街道党工委在辖区内发挥领导核心作用，主要履行“八项职能”，即加强党的建设、统筹社区发展、组织公共服务、实施综合管理、监督专业管理、动员社会参与、指导基层自治、维护社区平安。取消街道党工委的招商引资职能，推动街道党工委聚焦主责、突出主业，把工作重心转移到基层党组织建设上来。二是继续推进街道（乡镇）、城乡社区与驻社区单位共建互补，深入拓展区域化党建。扩大城市新兴领域党建工作覆盖，推进商务楼宇、各类园区、商圈市场、网络媒体等的党建覆盖。三是探索推动党组织对物业服务企业的政治整合。推进在业主委员会中建立党组织，符合条件的社区“两委”成员通过法定程序兼任业主委员会成员。通过发展党员、引导物业服务企业积极招聘党员员工、选派党建指导员等方式，加强社区物业党建联建，延伸党的工作手臂。建立党建引领下的社区居民委员会、业主委员会、物业服务企业协调运行机制，充分调动居民参与积极性，形成社区治理合力。

（三）强化党的群众动员

中国共产党在民主革命时期、社会主义建设时期均发挥了一个政治组织的强大组织动员能力。中国共产党作为政治组织，在社会中最核心的功能既不是行政管理，也不是推动发展，而是组织动员③。特别是在社会原子化日益严重的城市社区中，党的组织和动员能力，对于提升基层社会的组织化水平、强化

---

① 王浦劬、汤彬：《当代中国治理的党政结构和功能机制分析》，载《中国社会科学》2019年第9期。

② 唐文玉：《政党整合治理：当代中国基层治理的模式诠释》，载《浙江社会科学》2020年第3期。

③ 李威利：《城市社区党建指导手册》，上海人民出版社2019年版，第44页。

居民的参与意识、提高社区治理的精准化水平有着重要的价值。动员群众参与基层治理的过程，一方面，可以通过多种路径和渠道的监督，制衡政府科层体制的层级弊端、任务和配套资源不够精准的问题，避免制度惯性和制度刚性在基层治理中的反应迟缓和治理失灵；另一方面，受益于发达的基层组织网络，可以激发群众在治理网络中的活力，形成网络化的联动，提升基层政府的行动力和治理有效性。

通过党委、党工委、党总支、党支部等严密的基层党组织体系，党可以把自身的治理体系延伸到最偏远、最基层的地方，从而实现对社会群体以及分散化个体的再组织化。并通过健全社区党组织领导基层群众性自治组织开展工作的相关制度，依法组织居民开展自治，及时帮助解决基层群众自治中存在的困难和问题。

（四）强化党的服务引领

近年来，学术界普遍观察到党组织从单纯强调管控功能向强化并拓展服务功能，以回应群众服务需求为方向的转换①。刘伟更直接地认为政党对基层社会治理的影响已经从“嵌入吸纳制”向“服务引领制”转型，“嵌入式引领”向“兜底式服务”转变②，“一核多元”的治理格局向“一核多能”的服务创新发展。“服务引领制”强调执政党更多地以服务为核心，以满足基层社会公共服务需求为出发点，在服务中引领基层社会健康发展，提升基层社会治理绩效③。加强社区服务型党组织建设，着力提升服务能力和水平，更好地服务改革、服务发展、服务民生、服务群众、服务党员。“服务引领制”强调执政党把忘却或忽略的服务社会的核心功能给找回来，通过精英—大众整合、服务吸引和存量管理等几种方式，实现以服务提升执政党基层社会治理绩效的目标。

“从管理党员到服务社会”，即依托对党员群体的良好管理，通过党员群体的集体有效服务行动来实现政党服务社会之功能，是中国共产党从“嵌入吸纳制”走向“服务引领制”，并借由“服务引领制”全面提升执政党基层社

① 孙柏瑛：《十年来基层社会治理中党组织的行动路线》，载《中国行政管理》2014 年第 8 期。

② 蒋源：《吸纳式服务：基层党组织在社会治理转型中的一个过渡机制》，载《社会主义研究》2016 年第 5 期，第 107—115 页。

③ 刘伟：《从“嵌入吸纳制”到“服务引领制”：中国共产党基层社会治理的体制转型与路径选择》，载《行政论坛》2017 年第 5 期，第 38—44 页。

会治理绩效的核心命题。“服务引领制”的运作机理是在服务中引领，即以服务提升执政党基层社会治理绩效的基本过程，一是执政党回归服务基层社会的本位，在服务基层社会中争取得到社会各方面的支持。这就要求执政党的组织和成员真正地走入基层社会，与群众建立起密切联系，了解群众公共服务需求，并通过好的服务来争取真诚的支持和心悦诚服的追随。二是执政党更多地利用其先进性思想与理论，通过主动地宣传教育，引导人们全面认识当代中国，把社会力量引导至符合历史发展规律的正确方向。三是执政党强化政治功能，以相对超然的姿态，指导和监督政府等公共机构开展有效的公共管理行为，推动群众公共服务需求的满足，提升基层社会的健康发展水平。四是在政党服务、引领和推动基层社会健康发展的过程中，执政党基层治理绩效自然而然地形成和扩展①。

二、党全面领导社区治理的实现机制

党的十九大强调，“党政军民学、东西南北中，党是领导一切的”。党的基层组织在社会各个领域、各个方面均有“全覆盖、广分布”的特征。这一特点，使得党组织能够发挥联动不同部门、社会多方力量参与社区治理的功能。例如通过党建带群建，党组织通过给群团组织派任务、提要求，促进党组织和群团组织资源共用、功能衔接。健全社会组织参与治理机制，培育公益性、服务性、互助性社会组织和群众活动团队，引领各类社会组织专业规范运作、依法依规办事。推动党的建设有关要求写入社会组织章程，善于使党组织推荐的人选通过法定程序成为社会组织负责人，善于使党组织意图成为社会组织参与治理的行动，支持党组织健全的社会组织有序承接政府转移职能和有关服务项目。

在国家治理的大背景下，中国共产党需要积极探索和实践新的领导理念和领导方式：一是作为联结国家和社会的桥梁，党组织积极做到组织群众政治参与和政党主动参与社会的双向结合，通过组织群众参与政治生活，充分听取民众的利益诉求，通过其基层组织和广大党员，主动参与社会各种公共活动，并在这个过程中动员、组织和整合社会。二是尊重和把握社会组织和社会运动的内在规律，积极培育社会力量，领导并支持社会组织的健康发展。三是党对社

① 刘伟：《从“嵌入吸纳制”到“服务引领制”：中国共产党基层社会治理的体制转型与路径选择》，载《行政论坛》2017年第5期，第38—44页。

会的领导从传统的行政化强制干预，转向通过服务社会、服务民众的形式，进一步巩固党领导社会的群众基础。党的群众路线深刻地体现了与社会治理理念的内在契合性，成为党得以顺利领导推进基层社会治理的先天优势和客观保证。

（一）党建引领机制

党建引领表现为作为整体代表的政党嵌入于国家权力结构之中，与此同时又没有脱离于社会。党建引领社会治理，是社会赋权的演进规律。社会治理共同体的目标是一个制度整合的体系，集中了党、各级政府、社会力量以及社会公众等能动性力量，在制度框架内形成良性互动的治理机制，即“人人有责、人人尽责、人人享有的治理共同体”。在社区党组织领导下，以社区居民委员会和居务监督委员会为基础，完善协同联动的社区治理架构。强化党组织领导把关作用，规范社区“两委”换届选举，防止不符合标准条件的人选进入班子。全面推行社区党组织书记通过法定程序担任社区居民委员会主任、“两委”班子成员交叉任职。依法依规稳妥开展非户籍常住居民和党员参加社区“两委”换届试点，拓展外来人口参与社区治理途径。

中国共产党作为领导一切的核心力量，是超越于国家和社会的，既领导国家又领导社会。那么政党是如何对基层自治力量产生影响的呢？学界较为主流的研究主要用“吸纳—嵌入”框架，分析党组织领导基层居民自治的方式，主要通过组织覆盖与资源整合、动员公职党员和老年党员、创制公共规则、供给公共服务等方式来实现。体制吸纳则表现为代议性吸纳、商议性吸纳、机构性吸纳、精英性吸纳，以及吸纳社会资源和利益诉求等形式。

政党嵌入基层治理主要是采取“党组织嵌入”“党员（公职人员）嵌入”和“规则性嵌入”等形式，充分挖掘体制内的政治资源，将其嵌入基层社会中去代表民意，理性和有序促进党引领社会，具体表现在：从自上而下强化纵向组织系统向横向组织嵌入、覆盖、整合的转换；从政治动员和意识形态的方式向居间利益调适、代表利益的方式的转换；从控制手段向应用多种组织管理技术的转换。实现党的领导与居民自治的良性互动，最重要的是把联系群众的工作方法，渐进性地拓展到基层公共事务管理、基础设施等公共产品供给、社区治理、政治监督和民生改善等领域。在基层治理中，群众工作法就是将群众纳入治理主体构成，丰富居民自治制度，以社区党建联席会议、社区共建联席会议等制度化途径，有效吸收“议论纷纷”的社区居民意见，以恳谈会、听证会、社区议事会、周会等制度吸纳的方式，促进群众进入“议事”轨道。

（二）服务连接机制

以党群服务中心为载体，充分发挥党组织连接多种服务的优势。从各地实践来看，地方政府纷纷根据《关于加强和改进城市基层党的建设工作的意见》文件要求，即根据综合区位特点、人群特征、服务半径等因素，整合党建、政务和社会服务等各种资源，在社区统筹建设布局合理、功能完备、互联互通的党群服务中心，打造党员和群众的共同园地。不少地方还重点依托街道、社区综合服务设施建好街道、社区党群服务中心（站点），区（县、市、旗）有关部门要把服务窗口下移到街道、社区，推行“一站式”服务和“最多跑一次”改革，让党员群众在家门口就能找到组织，享受便利服务。同时，依托楼宇、园区、商圈、市场或较大的企业，建设特色鲜明、功能聚焦的区域性党群服务中心（站点）。加强规范化建设，配备专职工作人员，完善工作保障和运行机制，真正把各类党群服务中心建设成为党领导城市治理的坚强阵地和服务党员群众的温馨家园。

对于雨后春笋般建起来的党群服务中心，曹海军认为，它们主要围绕“凝聚党心，服务群众”的宗旨，持续强化社区党委“同心圆”的政治引领功能和“连心桥”的服务群众功能，共同筑造了“一核多元”和“一核多能”的社区治理和服务创新的全新架构①。还有不少研究者关注到党群服务中心建设的意义、作用发挥的机理以及带来的社会影响。如在建设意义方面，刘建军认为，党建引领基层治理的策略包括平台引领、主体引领、行动引领等，其中平台引领的主要形式之一就是建立和运营党群服务中心②。阵地拓展机制，即依托、充实和增强各类有形的党建活动中心、社区文体中心等阵地，这是基层党组织引领公共文化建设的重要机制之一③。在作用机理方面，现有研究指

---

① 曹海军：《党建引领下的社区治理和服务创新》，载《政治学研究》2018 年第 1 期，第 95—98 页。

② 刘建军：《党建引领缔造中国基层治理的政治逻辑》，载《社会科学报》2016 年 12 月 29 日。

③ 唐亚林、刘伟：《党建引领：新时代基层公共文化建设的政治逻辑、实现机制与新型空间》，载《毛泽东邓小平理论研究》2018 年第 6 期，第 21—27 页，107 页。

出，城市党群服务中心的作用机理主要体现在为基层党组织开展整合资源①、授权赋能②、催化合作③、再造社区空间④乃至整顿基层党组织⑤等活动提供空间设施上的支持。在社会影响方面，叶敏分析上海市J区N街道楼宇党建经验发现，基层政权通过党建服务中心等平台积极开展丰富的服务活动，最大限度地回应楼宇白领群体、白领党员和企业的需求，增加了楼宇党组织对党员、白领、企业的“黏性”，同时提升了支部对楼宇的社区嵌入性⑥。刘伟等人更是认为党领导下城市治理的价值是要追求治理与生活一体化，城市党群服务中心同时呈现思想政治建设阵地和生活家园两种空间形态。因而，可以说城市社区治理的党建引领首先是通过“以治理组织生活”来实现的，即通过关心党员群众的生活需要，组织并帮助党员群众形成一种有社会关联、有情感温度、有共同体精神的城市生活方式，从而引领党员群众共同和有效地应对现代城市发展与治理中的各种危机与问题⑦。

（三）技术支撑机制

城市基层党建网格化是网格化社会治理新形势下城市基层党建工作理论和实践的创新。从各地实践来看，主要做法是根据地域、居民、驻区单位、党组织和党员等情况，调整优化网格设置，整合党建、综治、城管等各类网格。将党支部或党小组建在网格上，选优配强党支部书记或党小组组长，建强专兼职网格员队伍，随时随地了解群众需求和困难。加强网格资源配置，把公共

---

① 汪仲启：《整体性党建：破解城市楼宇党建困境的有效方式：以上海市N街道楼宇党建为例》，载《理论视野》2019年第1期，第77—81页。

② 姜晓萍、田昭：《授权赋能：党建引领城市社区治理的新样本》，载《中共中央党校（国家行政学院）学报》2019年第23期，第64—71页。

③ 王德福：《催化合作与优化协作：党建引领社区治理现代化的实现机制》，载《云南行政学院学报》2019年第3期，第13—20页。

④ 李锦峰：《“楼宇社区”：商务楼宇党建的观念重塑与空间再造：基于上海市淮海中路街道楼宇党建的经验分析》，载《探索》2019年第1期，第101—107页。

⑤ 林清新、陈家喜：《提升组织力：城市社区党建的战略着力点：基于深圳市宝安区的个案研究》，载《理论视野》2019年第2期，第67—72页。

⑥ 叶敏：《巩固薄弱地带：城市楼宇上的政党建设策略：对上海J区N街道“支部建在楼上”经验的政治社会学分析》，载《华中科技大学学报（社会科学版）》2019年第1期，第118—126页。

⑦ 刘伟、尹露：《治理与生活一体化：城市党群服务中心空间生产逻辑研究》，载《城市观察》2020年第2期，第134—142页。

服务、社会服务、市场服务、志愿服务下沉到网格，精准投送到千家万户。建立街道社区党员干部包联网格、走访群众制度，打通联系服务群众“最后一公里”。

一是区域化共驻共建共管。城市基层党建网格化体现了区域化党建的要求，为建设区域化党建提供了重要平台和载体。对基层党建工作而言，网格化治理模式是把网格内各级各类党组织有机整合起来，以党组织为纽带，把网格内各种社会治理主体凝聚整合起来，把网格内不同身份和类别的党员组织动员起来，把封闭式的单位党建变成开放式的区域性党建，真正实现网格内社会治理的共建共治以及网格内党建工作的共驻共建共管，从而提升城市基层党建的工作合力。

二是工作协同与资源共享。把网格化治理的协调性机制应用到城市基层党建工作中，就要求党建工作领导方式从封闭的行政管理方式转变为协调整合和指导服务，工作运行机制从纵向隶属行政关系转变为纵横交错的协调和合作关系。实施城市基层党建网格化便于把党建模块添加进社会治理网格化信息管理系统，有利于整合党建、治安、城管、消防、环保、社区服务等各种服务管理资源，加强横向协作、资源共享和信息互通。实施城市基层党建网格化既可以实现管理手段和工具的共享，又可以实现管理力量和成果的共享。

三是载体工具信息化、智能化。提高社会治理智能化水平是党的十九大提出的新要求。利用智能设备、信息网络和大数据手段创新社会治理，逐渐成为提升社会治理效率和服务水平的必然选择。源自信息网格技术理论的网格化治理模式是社会治理信息化和智能化的生动实践。信息化和智能化是网格化治理的内在要求和重要技术支撑。实施城市基层党建网格化的目标之一就是把党建工作纳入社会治理网格化信息管理系统，促使党建工作和社会治理工作的有机对接，体现了信息化党建、智慧党建和“互联网+”党建的时代新要求。

四是手段方式精准化、精细化。把社会治理区域细化到比社区还小的单元网格，网格员“责任田”变小，便于实现巡查和处置的全覆盖和无缝隙。社会治理网格化信息管理系统可以对网格内的人、地、事、物、组织等对各类数据信息进行智能化汇总和分析，并可以依据分析结果，针对办理事件的时限和质量等指标进行考核排名，便于形成事事有考核、人人有考核以及责任追究机制。城市基层党建网格化是提升党建工作精准化、精细化的有效手段和方式①。

（四）群众工作机制

群众路线是中国共产党的根本工作路线，是党联系群众、组织群众和动员群众的根本途径，党的各项工作最终要通过党的群众路线来实现。《中国共产党党章》指出“党在自己的工作中实行群众路线，一切为了群众，一切依靠群众，从群众中来，到群众中去，把党的正确主张变为群众的自觉行动。”从某种程度上说，人民群众对中国共产党领导的认同和支持，来自党对群众路线的实践，来自党通过群众路线为维护和实现人民群众利益所做出的努力。在国家治理体系和治理能力现代化的进程中，党的群众路线深刻地体现了与社区治理理念的内在契合性，成为党得以顺利领导推进基层社会治理的先天优势和客观保证。它们的内在契合性表现为以下几个方面：

一是强调党与人民群众的紧密联系。社会治理在基层的实现，要依靠党与其他治理主体，尤其是人民群众的密切联系与互动，依靠党组织和党员融入社会发挥作用，这与党一直坚持的群众路线是一致的。邓小平同志就曾指出，“要大力加强党的组织，党员同群众的联系。如果哪个党组织严重脱离群众而不能坚决改正，那就丧失了力量的源泉，就一定要失败，就会被人民抛弃。”

二是强调党要调动和发挥人民群众的积极性和主动性。参与与共治是基层社会治理的基本特征，人民群众是参与治理的重要主体之一，基层社会治理要达到“善治”的目标离不开人民群众对社会事务的管理。群众路线和基层社会治理都意味着尊重人民群众的主体地位，把人民群众作为国家和社会建设的依靠力量。实践党的群众路线，发挥群众在基层社会治理创新中的主体作用，有利于调动人民群众参与基层社会治理的积极性和主动性。

三是就工作方法而言，作为贯彻群众路线的基本方法，“从群众中来，到群众中去”体现了从个别到一般，再从一般到个别的马克思主义辩证哲学逻辑，即党要把人民群众积累的实践经验，提出的要求以及分散的意见反映并经过分析和综合集成，再到群众的实践中去贯彻实施，用其指导群众的具体实践活动，并在实践中接受检验。这与基层社会治理中，党通过参与治理主体多元

① 张恺：《共建共治共享社会治理视角下城市基层党建网格化问题研究》，载《山东行政学院学报》2019年第6期。

互动、发扬基层民主、畅通基层民意表达渠道、倾听与综合群众的利益诉求表达是不谋而合的，与治理理念中双向信息互动与权力流动是一致的①。

三、“一元多方”治理结构的形塑

通过党的领导建构“一元多方”的社区治理结构，即一元是党的领导，多方包括属地政府方、社会组织方、志愿服务团体方、居民自治组织方、属地企业方等②。结合研究和实践来看，党组织在社区治理中的领导核心地位已被普遍认可，同时，党建引领社区治理的重要主题也就成为党组织如何引领多元利益诉求、聚合力量、整合碎片化结构，在打造共建共治共享基层治理结构中发挥不可替代的功能和作用。在理论研究与实践创新的互相回应中，党在社区治理中日益扮演了“元治理③”角色，并以组织化为主线，构建了“一元多方”运行机制。通过社区党支部/党委会书记兼任居委会主任与集体经济组织负责人的方式，强化了党的领导，在基层社会建构起一元多方的领导体系④。“一元”，指的是“党组织的元治理”，即以社区党委的核心领导；“多元”即“多元共治主体”，参与社区治理和服务的居委会、社会组织、辖区单位、市场主体等多元主体。这其中，党处于中心枢纽地位，发挥着党建引领的领导功能。党组织作为社区治理和服务的主心骨，在社区治理中发挥着“一元多方”与“一核多能”的治理核心作用和多重服务功能⑤。

1. 党领导的“元治理”

构建“一元多方”社区治理体系，关键是基层党委要把握好“元治理”的“元”地位，完善以党委为“一元”领导核心的组织架构和制度体系。党居于社区治理体系的领导核心地位，要全面实现对社区治理的领导力，需要承

---

① 林尚立：《党的执政能力建设》，重庆出版社 2009 年版，第 97 页。《邓小平文选（第 2 卷）》，人民出版社 1994 年版，第 368 页。

② 张翼：《全面建成小康社会视野下的社区转型与社区治理效能改进》，载《社会学研究》2020 年第 6 期。

③ “元治理”的概念是英国著名政治理论家杰索普提出的，他认为：虽然治理机制可能获得了特定的技术、经济、政治和意识形态职能，但国家（政府）还是要保留自己对治理机制开启、关闭、调整和另行建制的权力。借用这一个概念，党组织的元治理是指党对社区治理机制开启、关闭、调整等各种权力。

④ 张翼：《全面建成小康社会视野下的社区转型与社区治理效能改进》，载《社会学研究》2020 年第 6 期。

⑤ 曹海军：《党建引领下的社区治理和服务创新》，载《政治学研究》2018 年第 1 期，第 95—98 页。

担五个方面的角色定位和职能责任，并运用多样的、复合的治理工具和策略履行其职能[①]：

一是基层社会治理领域的组织嵌入者。现有的社区治理中，党采取了组织化嵌入、公职党员嵌入、服务合作嵌入等多种方式触及基层社会。党的组织系统通过组织设置下沉并全覆盖现实的和虚拟的社会空间，组织挑选合适的人选进入基层社会治理领域担任领导职务；通过增强对新经济组织和新社会组织的服务职责的功能转型，促成多主体的合作。

二是精英吸纳与社会资源的动员者。党通过行之有效的制度设计和方法策略，将精英人士纳入体制中来，并进而以吸纳为基础，动员、汇集各类社会资本、整合社会资源，服务于社区治理的需要。

三是多元利益协调与整合者。面对日益分散和多元的利益矛盾纠纷调解，党运用各种共商组织平台、协商议事机制讨论公共问题，达成共识。党在多方听取意见的基础上，整合各种利益诉求，协调各种公共矛盾，并努力推动公共政策落地。

四是公共事务参与的倡导者。党通过倡导公共治理议题，推动利益相关人参与政策的制定和执行。在多方参与过程中，党作为倡导者，可以提议创制公共生活的重点政策议题，搭建治理平台，推动议事规则形成，促成有效的公共参与工具应用。

五是文化价值观的引领者。党的价值引领提供政党自身推崇的价值标准引导公众的价值判断，以期形成社会的价值共识，进而动员、整合社会群体朝着既定目标行动。

2. 多方主体的“协同治理”

充分发挥党委政府在整合社会资源、协调主体关系中的作用，充分调动各主体积极性，协调党委和政府各部门之间的关系，优化结构、提高效率。在“一元多方”的框架下，打造多方共治的治理格局，要求明确集体公共行动的责任以及规则，为不同主体的参与建立制度化的保障。为加强基层党组织的领导，各地开始推行社区党支部/党委书记通过合法选举兼任居委会主任的做法，进一步集中了居委会的权力结构，使来自科层结构的他治主体——“书记”和

① 孙柏瑛：《共建共治共享：新时代社会治理的中国方案》，载《中国之治》，中国人民大学出版社 2020 年版，第 130—132 页。

社区自治的民选主体——“主任”结合为一体①，以便将自上而下的科层组织意志与来自居民的多样化服务诉求融会贯通，从而达到党领导下的多方共治。

一是要完善党委的组织构架并优化运行机制，进一步建立社会治理“一元核心”领导机制。针对党组织“纵强横弱”的现状，纵向完善组织资源配置体系，发挥党组织凝聚力、党员先锋作用和群众向心力，横向健全组织资源配置格局。同时优化长效联络机制，促进党组织、党员、群众有效互联。政党领导、政府负责是共治制度的关键，领导和负责意味着有所为，有所不为，要给市场组织、社会组织、自治组织让渡集体行动的空间。整合机构，建立“主体多元、多级融合”的工作架构，促进协同治理主体互联互通，使治理层次向扁平化、融合式发展，构建以政府为核心的“多中心”工作架构。在治理过程中，党和政府要与多方主体共同商议，积极吸引多方主体参与，促成多种合作机制形成。

二是要有效运用多元主体治理力量的优势。改变运动式治理的模式，向多元主体合作共治转型。一方面继续发挥党组织的动员和说服优势来激励多元主体参与治理，另一方面则要充分评估不同治理主体介入社区治理的优势及其不足，综合运用市场、社会、政府不同的机制优势，建立制度化的参与途径，促成多元主体分享治理资源，共享治理成果。“十四五规划”中明确提出发挥群团组织和社会组织在社会治理中的作用，畅通和规范市场主体、新社会阶层、社会工作者和志愿者等参与社会治理的途径，全面激发基层社会治理活力。培育规范化行业协会商会、公益慈善组织、城乡社区社会组织，加强财政补助、政府购买服务、税收优惠、人才保障等政策支持和事中事后监管。支持和发展社会工作服务机构和志愿服务组织，壮大志愿者队伍，搭建更多志愿服务平台，健全志愿服务体系。

第二节　基层政府主导社区治理的体制机制

美国著名的社会理论家福山曾经指出：“国家建构也许比治理更重要，一个强有力的国家也许比自组织治理更重要，尤其对于广大的第三世界国家而

① 张翼：《全面建成小康社会视野下的社区转型与社区治理效能改进》，载《社会学研究》2020年第6期。

言。”在社区治理实践中，政党、行政、组织和能人等权威力量需要以适当的方式体现在场，而不是简单的抢场或退场，政治在于引导，行政在于服务，社会组织在于专业，社区在于居民自治①。就中国实践而言，没有党组织的领导和政府的主导，社区有效治理的目标是很难达成。推进国家治理体系现代化，提高国家治理能力，目的就是要提高政府的治理能力，特别是提高基层政府“主导”社区治理的能力。在基层党委的领导下，基层政府主导作用的合理发挥是社区协同治理良性运行的关键。

在当代中国，政府主导下的社会治理共同体，是由政府、社会组织（社区和非营利组织）、市场（私人部门）和公民等多元治理主体共同组成的，它们通过对话、协商、谈判、合作等集体选择和集体行动，形成资源共享、彼此依赖、互惠合作的机制与组织结构，以实现共同的治理目标。也就是说，社会公共事务共同治理的过程就是以政府服务为主导、以社区自治和市场经济为基础、以非营利组织为中介、动员公民积极参与的互动过程，从而达到优化公共服务、提升治理公共性、推进民主在公共治理中的实现。基层政府主导下的社区治理，核心是要增进社会协同和激发公众参与，政府的行为目标和行为策略应该是形成协同治理的基本行动，即融合协商、整合优化、双向互动、协同合作，在激发和培育的过程中尊重社会力量的自治权利，在各类社区公共事务中最大限度吸纳和整合各自不同的合理需求，对于不同社区公共事务形成相对稳定的协同行动模式。

一、基层政府主导社区治理的内涵

按照党的十八届三中全会要求，政府在治理框架下或者说在治理共同体建构中，应该注重强化公共事务治理的顶层设计，着力破解体制机制层面的突出问题，发挥目标凝聚能力、资源整合能力、责任控制能力，做公共事务治理的重要组织者、推动者、参与者、服务者。2017年，中共中央、国务院《关于加强和完善城乡社区治理的意见》，明确有效发挥基层政府主导作用，包括制定区县职能部门、街道办事处（乡镇政府）在社区方面的权责清单，依法厘清街道办事处（乡镇政府）和基层群众性自治组织权责边界，明确基层群众性自治组织承担的社区工作事项清单以及协助政府的社区工作事项清单；基层

① 李宁、罗梁波等：《国家的高地、社会的篱笆和社区的围墙——基于社区治理资源配置的一项学术史梳理》，载《甘肃行政学院学报》2020年第4期。

政府要切实履行城乡社区治理主导职责，加强对城乡社区治理的政策支持、财力物力保障和能力建设指导，加强对基层群众性自治组织建设的规范指导，不断提高依法指导城乡社区治理的能力和水平。2020 年 10 月，《中共中央关于制定国民经济和社会发展第十四个五年规划和二〇三五年远景目标的建议》进一步明确提出依法厘清基层政府与基层群众性自治组织的权责边界，制定县市（区）职能部门、乡镇（街道）在城乡社区治理方面的权责清单制度，实行工作事项准入制度，减轻基层特别是村级组织负担。加强基层群众性自治组织规范化建设，合理确定其功能、规模和事务范围。加强基层群众自治机制建设，完善村（居）民议事会、理事会、监督委员会等自治载体，健全村（居）民参与社会治理的组织形式和制度化渠道。

学界对此持续关注，认为政府主导型城市社区治理模式，是指城市政府通过公共财政制度和设立相应的治理机构，承担制定城市社区发展规划、筹集社区服务资源和供给等基本社区服务的职责，主导社区治理权力的运行与治理资源的配置；同时，积极引导社区自治机构、社区居民和非政府组织以及社区经济组织等主体参与城市社区治理，运用市场机制供给社区服务①。政府在社区服务中的作用主要有制定社区服务政策、明确社区服务目标、拉动公民参与社区服务、建立社区服务的合作关系、作为社区服务责任的主体等②。

（一）强化制度供给

多数观点认为制度供给是政府的主要责任，也是政府在社区治理中发挥主导作用的着力点。一方面，强化基层政府对社区治理进行系统性、引导性和规范性的制度安排，创造有利于社区多方主体协同互动的外部环境，为协同治理体系的良性运行起到引领和保障作用；另一方面，强化制度安排的包容性、开放性和博弈性，以社会化的方式激发社会主体活力，积累社会资本，增强制度供给的多元化，提高制度供给质量。

（二）协调多方利益

只有协调好政府行政职能和社会主体的自治职能协作互补，才能满足社区

① 王芳、李和中：《城市社区治理模式的现实选择》，载《中国行政管理》2008 年第 4 期。

② 于燕燕：《政府在社区服务中的作用》，载《北京社会科学》2006 年第一季。

良性发展与有序善治需要。进一步完善居（村）委会的特别法人资格，实行社区党支部/党委书记兼任社区居委会主任和社区经济组织管理者制度，有意识地整合社区资源，健全社区治理的财务体系，形成透明公开的财务制度，规范财务管理。厘清政府购买服务、社区自治服务和市场化生成服务的关系，有效化解业主委员会、物业管理公司、房屋实际租户等矛盾冲突。在有条件的地方，还需要扶持社区发展基金会，吸收社会资金参与社区治理。只有发展壮大社区发展基金，才能降低社区治理对地方财政的强依赖关系，厚植居民自治的经济基础。

（三）优化服务供给

政府社会职能的转变意在要求政府向基层提供最基本、最广泛的公共服务。这就要求政府在社区治理实践中做好两方面的工作：一是政府要将不该由自己管或是管不了的社会事务或服务职能剥离出来，通过政府向社会力量购买服务的方式转移政府的社会管理和服务功能，以创新政府社会管理实践；二是政府要及时解决社会发展中出现的新问题，如群体性事件、城市新贫困等问题。正如克莱默和萨拉蒙所说，在公共服务供给中政社关系的理想形态是“合作伙伴”（collaborative），强调政府、社会和公民责任共担、共同决策，而不是政府单方责任和自上而下的决策执行，政府应从政府管理转向服务和治理，主动制定社区发展规划，完善社区组织建设和制度建设，加强基层社区服务，以便解决单位制解体后转移出来的社会职能及社会事务①。政府可通过方便登记、购买社会服务或委托社会服务、慈善服务以及免税政策和制度化的监管渠道，鼓励非营利性组织的发育和成长。

（四）加强社会协同

提升社会“治理共同体”中的政府治理能力，核心是转变政府职能，关键是要正确处理政府和社会的关系，强化政府社会管理和公共服务的职能，更好发挥政府主导作用，同时积极培育和发展社会组织，拓宽社会组织和公民参与社会治理的渠道，引导社会各方面积极有效地参与社会管理服务，从而改变政府在社会管理领域包揽过多的制度安排，实现政府治理和社会参与良性互

① 杨君、徐永祥等：《社区治理共同体的建设何以可能？———迈向经验解释的城市社区治理模式》，载《福建论坛（人文社会科学版）》2014 年第 10 期。

动。在当前“社会协同”能力较弱的客观情况下，被行政科层扶持的“强治理”模式是必要的。但在“强治理”模式中，既要防止居委会治理责任的无限化，防止治理成本的无限上涨，更要扶持社会组织在“社会协同”中提升治理能力，逐渐改变自治的“弱治理”状况。

（五）保障社区运转

根据各级党委和政府要把城乡社区治理工作纳入重要议事日程，完善党委和政府统一领导，有关部门和群团组织密切配合，社会力量广泛参与的城乡社区治理工作格局。完善中央层面城乡社区治理工作协调机制，地方各级党委和政府要建立健全相应工作机制，抓好统筹指导、组织协调、资源整合和督促检查。各省（自治区、直辖市）党委和政府要建立研究决定城乡社区治理工作重大事项制度，定期研究城乡社区治理工作。市县党委书记要认真履行第一责任人职责，街道党工委书记、乡镇党委书记要履行好直接责任人职责。要把城乡社区治理工作纳入地方党政领导班子和领导干部政绩考核指标体系，纳入市县乡党委书记抓基层党建工作述职评议考核。逐步建立以社区居民满意度为主要衡量标准的社区治理评价体系和评价结果公开机制。地方政府是社区基本运转所需人财物的保障主体，为社区治理注资，组织专职社区工作者招聘、社区办公服务场所物资保障等是基层政府的重要职责。

二、政府主导的实现机制

过去，在“GDP”主导的传统发展观影响下，各级政府尤其注重经济领域的建设与发展，在“层层加码”① 和“锦标赛”激励模式②的作用下，地方政府更看重经济绩效，在民生与社会治理领域却疏于投入，因而导致了经济与社会发展的不协调。党的十八大以来，国家逐步调整经济社会发展模式，不断推动政府职能转变，强化各级政府尤其是基层政府在公共服务、公共管理、公共安全领域的全面履责。在这一宏观政策的指引下，各级地方政府开始深入探索以政府职能转变为核心的社会治理创新，地方社会治理模式开始发生重要转变。比如，2014 年上海市进行的“创新社会治理，加强基层建设”的改革实践，取消了城市街道办事处的经济职能，促使基层管理重心全面转移至公共服

① 荣敬本：《从压力型体制向民主合作型体制的转变》，中央编译局出版社 1998 年版。

② 周黎安：《中国地方官员的晋升锦标赛模式研究》，载《经济研究》2007 年第 7 期。

务、公共管理与公共安全领域，进而全面推动基层政府探索精细化的城市治理新路子；厦门市以“美丽厦门，共同缔造”为主旨，探索了基层政府提供公共产品的新模式和政社互动新机制。在中央政策引领和地方实践回应的基础上，政府主导社区治理的实现机制逐步凸显出来。

（一）明晰政社权责边界

清晰明确的责任边界是社区治理现代化的基础与前提，在近年来诸多文件中都可以看到“厘清基层政府与基层群众性自治组织的权责边界”，“制定县（区）职能部门、乡镇（街道）在城乡社区治理方面的权责清单制度”，“加强基层群众性自治组织规范化建设，合理确定其功能、规模和事务范围”等诸多表述。从中央和国家三令五申发文说明，政府主导并不意味着政府包办，而是要明确建立政府在社区治理中该做什么，不该做什么的一种规定。从各地实践来看，清单制和准入制等做法都是对这一问题的回应。

清单制通过在其形式和内容中体现出的参与性、公开性、可视化、集成化打造出府际分权、内部限权和外部赋权的界权结构。清单制的清晰化分权、制度化分权和开放式分权形成了较为实质性和具体性的行政清单分权，吸纳了现代国家建设中的央地关系发展压力、内部控权压力和多方主体自主发展压力，为多方力量生长让渡了制度化空间，为形成多方主体参与治理提供了可能，同时使技术治理的“界权—治理”机制为突破威权体制的内卷化发展和以“行政引导治理”超越“行政吸纳政治”提供了可能。如2010年3月江苏省太仓市人民政府发出了《关于公布基层群众自治组织协助政府工作事项和基层群众自治组织依法履行职责事项的通知》，并把两份“清单”作为《通知》的附件予以公布，为厘清政府与社区权责边界提供了重要探索。

（二）权力下放与资源下沉

政府可以将社区范围内的具体事务交由社区进行治理，将社区建设的部分权限下放至基层的社区，由社区结合居民的利益诉求进行管理，这有助于调动居民参与社区治理的热情，推动公共服务更加为公众服务。党的十九大提出：“加强社区治理体系建设，推动社会治理重心向基层下移”。党的十九届三中全会、四中全会都有相应论述。党的十九届五中全会又进一步强调：“推动社会治理重心向基层下移，向基层放权赋能”。由此可见，重心下移提升基层治理水平已经成为社会治理现代化的重要要求之一。那么，在城市基层治理的实践中，政府下沉治理重心到基层、到社区也已成为一个重要的特征。“十四五”规划要求进一步健全社区管理和服务机制。推动社会治理和服务重心下移、资源下沉，提高城乡社区精准化、精细化服务管理能力。推进审批权限和公共服务事项向基层延伸，构建网格化管理、精细化服务、信息化支撑、开放共享的基层管理服务平台，推动就业社保、养老托育、扶残助残、医疗卫生、家政服务、物流商超、治安执法、纠纷调处、心理援助等便民服务场景有机集成和精准对接。完善城市社区居委会职能，督促业委会和物业服务企业履行职责，改进社区物业服务管理。

在治理重心下移的实践中，政府逐步将管理、服务、资源下沉到街道、社区，通过赋予基层更多的权限和政府购买社会服务、培育社区社会组织的方式，以更好地回应民众多元化的利益诉求。通过信息化手段，发挥链接、传播与共享信息的优势，有效实现了政府各职能部门任务下沉至社区单元网格，有利于动态管理与精细化管理，给社区治理带来了便捷与高效，有利于社区治理系统化与规范化，缓解了基层政府应对社区治理的压力①。社区治理的重心要下沉到小区，小区治理改革的方向在于非本地户籍人口（包括流动人口）有权参与治理，在于吸纳租户居民参与民主协商的各个过程，防止社会隔离现象的发生②。

（三）购买服务与赋能社区

政府通过市场购买服务、社会通过社区参与多主体的合作治理、市场竞争实现各方资源的有效配置。对那些治理能力较弱、治理体系尚不健全、留有历史问题的社区和物业小区，当地财政部门（或主管单位）应予适当支持，通过购买社会服务的方式培育小区治理能力，夯实基层治理基础，建立社区与区域内党政机关和企事业单位之间的协调机制，形成治理成本分摊机制③。从地方实践来看，政府通过项目化购买服务进入社区已经成为一个普遍的选择，如

---

① 陈友华、夏梦凡：《社区治理现代化：概念、问题与路径选择》，载《学习与探索》2020年第6期。

② 张翼：《全面建成小康社会视野下的社区转型与社区治理效能改进》，载《社会学研究》2020年第6期。

③ 张翼：《全面建成小康社会视野下的社区转型与社区治理效能改进》，载《社会学研究》2020年第6期。

陈家建等人研究发现项目制深入到了基层社会，村/社区层面的项目覆盖面超过一半，项目资源直接影响社区的公共服务，关系到基层治理的成效[①]。在项目制技术治理运作中，对科层、市场和社会的引导型嵌入和控制型嵌入，分别吸纳了现代国家建设中的发展压力和秩序压力。

赋权增能，核心是为了撬动社区的自主性，拓展城乡居民的自治空间。不断赋权社区居民自治系统，以自下而上的政策倡导，把居民组织起来，让社区有效运转起来。基于居民的“在社区”，对社区利益和自我利益相关性的强意识，可以充分运用协商、协同，与政府和其他主体一起共建“我们的家园”。

三、打造政社良性互动治理新格局

在党委领导、政府主导下的基层治理实践中，充分发挥社会和民众的力量，平等协商地参与社区治理和社区和谐环境营造之中，是政府主导城市基层治理的一大特色[②]。党的十九届四中全会再次强调要打造“政府治理和社会调节、居民自治良性互动，夯实基层社会治理基础”，所谓社区治理，是在自治的基础上依靠多元主体进行的合作共治。但在现有格局下，来自政府支持的“强他治”特征主要凸现了居委会的官方作用，却没有完全调动居民群众参与的积极性[③]。对此，如何构建政府主导下的群众自治机制，如何构建政府与社区组织、社会组织之间的合作共治机制，即如何构建政府治理与社会调节、居民组织良性互动，有待进一步探讨。

正如不少学者所言，从历史来看，我国政府与社会之间的合作而非对抗是基本的发展趋势，但这种趋势并不意味着合作可以自然而然形成，而是越来越依赖思想观念的变革、制度体系的建设和微观机制的跟进。推动政府与社会关系朝着良性互动的方向演进，则需要进行如下策略性选择：一是通过政府向社会赋权，来激发社会自主性的成长，从而重新平衡地方政府与社会的关系；二是通过吸纳社会多元力量，使政府与社会的互动走上更加制度化的轨道；三是

---

① 陈家建、巩阅瑄：《项目制的“双重效应”研究—基于城乡社区项目的数据分析》，载《社会学研究》2021 年第 2 期。

② 任克强：《政府主导城市基层治理模式的现代转向》，载《南京社会科学》2021 年第 3 期。

③ 张翼：《全面建成小康社会视野下的社区转型与社区治理效能改进》，载《社会学研究》2020 年第 6 期。

通过探索政府对社会的合理嵌入机制，使社会从依附性自治走向有嵌入的自治①。从我国社区发展治理的实践来看，要打造政府与居民自治之间的良性互动关系，则需要进行以下几方面的探索：

一是要处理好顶层设计与基层执行的关系。主要是指把党中央、国务院有关社区治理的文件精神与各地城乡社区实际有机地结合起来，既要维护中央的权威，又要注重基层的首创精神。坚持用“政党治理”统率基层“社会治理”，把党的领导贯穿到社区治理全环节、全过程中去。

二是要处理好政府治理与社区治理的关系。主要是指把调动基层政府积极性和城乡社区居民积极性这“两个积极性”有效地结合起来，构建“政社”和谐稳定、长治久安的社区治理共同体。

三是处理好基层社会治理与村（居）民自治的关系。主要是指把“治理基层社会”“基层社会治理”“村（居）民自治”三者之间联系与区别明晰起来。通过“政社互动”逐步还权于民、还权于社区，扩大基层村（居）民政治参与，推进政治社会化，使基层群众自治充满生机与活力。

第三节 基层群众自治机制

改革开放以来，中国社会发生了前所未有的变化。经济增长和社会转型给中国社会的空间结构、组织架构与运行机制带来了急剧的变化。尤其是单位制的解体，以及随之而来的社会流动性、多样性的增大，使得社会治理所面临的复杂性与不确定性日益增加，以至于传统的社会治理在管理理念、手段、体制和机制等方面已显得捉襟见肘。因此，必须从整体性、全局性、根本性出发，创新社会治理体制机制，改进社会治理方法。

党的十九届四中全会提出要“把我国制度优势更好转化为国家治理效能”。基层群众自治制度是中国的基本政治制度，是我国人民基于历史传统并结合时代需要所创造出来的，用以应对基层治理难题的制度实践。自 1982 年《中华人民共和国宪法》第一次将“基层群众性自治”载入国家根本大法，群众自治开展至今，涌现出了许多鲜活案例、经验做法，也暴露了一些问题，有

① 汪锦军：《政社良性互动的生成机制：中央政府、地方政府与社会自治的互动演进逻辑》，载《浙江大学学报》2017 年第 6 期。

必要在梳理基层群众自治发展历程的基础上，反思这项制度在运行过程中的得失，以逐步完善其运行机制。

一、基层群众自治的发展与内涵

在我国，基层社会自我管理、自我服务有着深厚的历史传统。传统中国的治理结构由两个不同部分组成：上层的官制系统和基层的地方管制系统。前者由皇权控制，后者则由族长或乡绅控制。这种治理的基本特点是两种情况的结合，即通过科举巩固的文化及意识形态统一，以及基层社会的分治体系。所谓分治体系，是指由分散于社会基层的多个权力中心实施治理，其中最主要的是乡绅，他们不具有官方身份，生活在基层自己所属的族群中间，拥有土地、资产和人际声望，在局部地方承担司法、执法和伦理教化角色。皇权不下县，而是通过绅权，即地方权威治理地方社会，呈现“上下分治”的状态①。这意味着，在传统中国，国家只取得了地方的象征性承认，而从未谋求对地方社会真正的、具有挑战意味的管辖权②，也未能实际推行统一的治理规则，而是任由地方根据惯例掌断。

尽管“上下分治”是适应传统中国国家治理能力的必然选择，也一定程度上维护了皇权统治与地方社会的基本稳定，但是却难以应对近代中国社会不断出现的战乱与动荡。迫于战争的压力，国家不得不重塑地方权威和秩序规则，并将基层社会的治理纳入现代国家权威管制体系之中，以增强对基层资源的动员和组织能力，保证征兵、征税的顺利进行。近代以来国家通过一系列机构设置和官员委任，变地方权威为国家设在基层的政权分支，将地方权威纳入国家治理体系，使其成为服务于国家目标的组织机构。国家为了政权建设而在基层社会推行的机构正规化、职员官僚化，虽然在一定程度上增强了国家对基层社会的汲取能力，但却侵蚀了传统的权威和合法性基础，传统绅士阶层从乡村事务中隐退，取而代之的是凭借社会动荡之机篡取权力的土豪、劣绅，国家和基层社会间的关系逐渐恶化，甚至出现了断裂。

中国共产党建立政权之后，出于快速工业化和新政权在基层社会中重建权威的需要，通过“国家与社会一体化”改造，基层社会再次甚至更深入地被纳入国家权威体系之中。传统的地方权威结构被拆除，所有社会成员被纳入

---

① 张静：《社会治理：组织、观念与方法》，商务印书馆 2019 年版。

② Shue，*The Reach of the State Sketches of the Chinses Body Politic*，Stanford University Press，1988.

“行政单位”体制之中。在城市，这些“行政单位”主要是指党政机关、事业单位、企业组织以及街道和居委会。新中国成立后，中国共产党参照革命根据地建设经验，开始了对城市社会秩序的大规模重组，将社会上几乎所有的事业单位和企业组织都纳入了国家体系，形成了以党政机关和企事业单位为主体的“单位社会”，吸收了城市中绝大多数人口。而那些未被纳入单位体制之中的城市居民，则受街道和居委会的管理。街居组织处于国家行政末端，管辖的事务几乎涵盖了基层生活的所有方面，包括宣传党和政府的各项政策和法规，开展治安保卫、民事调解、公共卫生、公用事业、优抚救济等。街居制和单位制共同保证了国家权威向城市基层社会的延伸。在农村，“行政单位”体制则是指人民公社、生产大队和生产队。在“行政单位”体制（城市的单位制和街居制；农村的人民公社制度）中，社会成员不仅能够获得生活资料，而且与国家正式制度取得联系，分享公共资源的分配。单位对其成员负有全面“责任”，在公共制度和社会成员之间，基层单位实际充当着连接、协调、应责、庇护和代表的组织角色①。由此，“行政单位”体制重塑了社会成员之间的联结方式和资源获得方式，并且对社会成员具有强有力的动员、支配能力②。

改革开放以后，中国社会的流动性日益增大，无论城市抑或乡村，越来越多的人离开“单位”，并被产生于市场环境的新型工作组织所吸纳。基层社会所围绕的以单位制度和人民公社制度为核心的社会管理运行机制走向消解并逐渐失去效用，而那些新型工作组织则由于在角色和功能上与传统的“单位”相去甚远，难以形成替代。基层社会治理出现了极其复杂的“重层结构”，即政府行政性力量与社会自治性力量相互渗透、互动并同时作用于基层社会③。对于国家治理而言，由于长期运行的单位制和人民公社制度，中国社会并未发育完全，因此，在新旧制度交替的过程中呈现出了“一放就乱、一收就死”的尴尬局面。而对基层社会而言，单位制和人民公社制度的解体对社区的秩序、公共服务的供给和人民生活带来了不小的冲击和压力，以至于基层社会不得不自发探索出一套路径以暂时性地替代旧有制度，填补权力真空。在这一背

---

① 张静：《社会治理：组织、观念与方法》，商务印书馆 2019 年版。

② 周庆智：《重构乡村社会：国家视角或社会视角》，载《甘肃社会科学》2020 年第 1 期。

③ 田毅鹏、薛文龙：《“后单位社会”基层社会治理及运行机制研究》，载《学术研究》2015 年第 2 期。

景下，1987 年和 1989 年间先后通过了《中华人民共和国村民委员会组织法（试行）》和《中华人民共和国城市居民委员会组织法》。之后，在 1998 年，第九届全国人民代表大会常务委员会第五次会议中对《中华人民共和国村民委员会组织法》进行了修订，去掉了“试行”二字，《中华人民共和国村民委员会组织法》正式施行，标志着我国基层民主的普遍实施。党的十九大进一步强调：“巩固基层政权，完善基层民主制度，保障人民知情权、参与权、表达权、监督权。”2021 年中共中央、国务院发布的《关于加强基层治理体系和治理能力现代化建设的意见》进一步将健全基层群众自治制度定位为推动政府治理同社会调节、居民自治良性互动，进而作为加强基层治理体系和治理能力现代化建设的重点。

二、基层群众自治的实现路径

从以上对基层群众自治体制发展历程的梳理中可以看出，基层群众自治机制的形成与发展是国家与社会双向互动的结果。基层群众自治不但需要满足国家的治理需求，更需要满足基层社会自身参与治理的愿望。具体来看，实现路径包含两方面内容：一是理念层面，即基层群众在程序化、法治化与规范化的治理框架下，在党的领导下，发挥主动性与积极性，参与社区治理，实现社区的民主选举、民主监督、民主决策和民主管理，最终达到维护基层社会秩序、培育社区精神、夯实国家治理体系基础的目的。二是技术层面，包括基层群众自治的动力、条件、单元、内容、方式、支撑。特别值得注意的是，随着科技的不断发展以及人们生活方式的转变，互联网、大数据、人工智能、云计算等现代科技手段，不断进入城乡社区居民自治的实践，为其提供了支撑，也为创新群众自治模式提供了新的可能。

（一）基层群众自治机制的理念

《中共中央　国务院关于加强和完善城乡社区治理的意见》中明确指出，加强和完善城乡社区治理，必须要坚持党的领导，加强党对城乡社区治理工作的领导，切实发挥基层党组织的领导核心作用；基层政府要切实履行城乡社区治理主导职责，加强对基层群众性自治组织建设的指导规范，不断提高依法指导城乡社区治理的能力和水平。这意味着，在基层群众自治机制运行过程中，应该注重民主元素和权威元素的平衡。

改革开放以来，城乡社区居民通过民主选举、民主管理、民主决策、民主监督进行自我管理、自我教育和自我服务，已逐渐成为替代单位制和人民公社制度的基层社会治理手段，一定程度上维护了基层社会的秩序，履行了社会服务的功能，但在“四个民主”运转的过程中，也暴露出了诸如贿选、议而不决、监督无力等一些问题，说明对于基层社会的良好运转而言，民主参与和权威的树立同样重要。基层群众自治在追求民主的同时，也应注重权威的树立，只有将基层群众自主、自发的行为纳入法治化、规范化的轨道上，使基层社会在党领导下实现自治、法治、德治相融合，才能更好地促进基层群众自治的实现。

（二）基层群众自治机制运行的技术性条件

徐勇和贺磊认为，居民自治要满足地域相近、利益相关、规模适度、文化相连和便于自治五个条件，并探索了多层次、多样式、多类型的居民自治实现形式①。邓大才讨论了这些要素与自治的相关性，认为利益相关是自治形成的首要条件，地域相近是自治形成的自然条件和空间基础，文化相连是自治形成的思想基础和联系纽带，规模适度是自治形成的组织基础，群众自愿是自治形成的主体基础②。

利益相关是基层群众自治的内在动力，两者存在明显的正相关关系，即经济利益相关性越大，自治的动力就越强。卢梭认为，“个别利益的一致才使得社会的建立成为可能。正是这些不同利益的共同之点，才形成了社会的联系……因此，治理社会就应当完全根据这种共同的利益”。对于中国基层社会而言，正如马克思所认为的，“公社的存在本身自然而然会带来地方自治”，在“农业公社”中，土地是“共同体的基础”，“公有制以及公有制所造成的各种社会联系，使公社基础稳固”，以产权为核心的相关利益是自治的经济基础，只要是产权共有，就会存在很强的利益相关性，就有可能形成共同体及社会自治。这种利益相关性表现为，一方面，基层群众需要通过集体行动、共同合作维护共有产权以及随之产生的利益；另一方面，则需要通过政治性的手

① 徐勇、贺磊：《培育自治：居民自治有效实现形式探索》，载《东南学术》2014 年第 5 期。

② 邓大才：《村民自治有效实现的条件研究——从村民自治的社会基础视角来考察》，载《政治学研究》2014 年第 6 期。

段，例如协商、投票等手段制定利益分配的方案。现实中可以看到，改革开放后，基层群众自治模式或创新往往起源于对社区共有财产的关注。例如，浙江武义后陈村的民主监督实践、城市社区中居民对业委会账目的监督等，皆是如此。从这个意义上说，以共有产权为基础的共同体和具有共同利益的村落共同体能够持久，利益相关程度越高，共同体越持久，居民自治的动力越足。

地域相近是基层群众自治的空间基础。社区和村庄首先是一个社会联系与地理联系互构的单位。正如柏拉图和亚里士多德所言，自治的单元不宜过大，否则无法实施直接的民主。实证研究也表明，组织规模与自治效率、自治效能与自治效力都有明显的相关性。自治规模越小，居民自治的可能性就越大。我国有在相近地域开展自治的传统。从实践来看，地域因素主要从两个方面影响自治的实现：一方面，相近的地势、地形等地理条件形成了人民生产、生活的共同空间和外部环境，人民于地势、地形相互依存、相互依赖。正如孟德斯鸠所认为的，政体形式与国家的自然条件相关，山民难以被征服，所以适合较为宽和的平民政体，而岛民所生活的地域狭小，不易形成压迫和暴政，因此政体中的自由和民主成分较多。共同空间和环境包含了一定的共同利益，而居民对共同利益的分配与守护必然会形成不同的联结方式，从而为自治提供了条件。另一方面，相近地域为人们形成村落提供了有利条件。地势、地形等自然条件与村落互构，从而形成了特定的空间聚集、聚落区域，进而形成了特定的自然和人文边界，以及人们对区域的认同感，为居民自治的运行提供了前提。

文化相似性和相连性是影响基层群众自治的重要因素。首先，文化为村民自治提供了坚实的社会基础。正如普特南的经典研究所揭示的，民主机制的顺利运转与一个社会的文化传统息息相关①。作为一种混合文化、平衡文化和参与文化的公民文化，有利于维持民主制度的稳定。在这种文化影响下的公民对政治过程有一定的认识，并能够利用各种参与机会积极影响政治事务②。这种对公共事务的积极性是基层群众自治运转起来的重要因素。其次，文化又是村庄共同体能够形成的纽带，为村民自治提供了心理基础。正如玛丽·道格拉斯在讨论集体行动的起源和维持时所强调的，经济利益不足以完全解释人们的集

---

① ［美］帕特南、西德尼·维巴：《使民主运转起来：现代意大利的公民传统》，王列、赖海榕译，江西人民出版社 2001 年版。

② ［美］阿尔蒙德、西德尼·维巴：《公民文化：五个国家的政治态度和民主制度》，张明澎译，商务印书馆 2014 年版。

体行动，而“共同意识”，即社会成员共享的道德价值观念，则是维系社会整合的重要机制。这一共同意识可以制约个人利益与集体利益的冲突，协调人们间的合作，诱发人们社会性行为①。相连的文化有利于凝聚村民共识、为村民自治提供活动场景并提供整合机制。在共同体内，成员受相似文化的影响，彼此情感相通、习俗相同、信仰相继，因而更容易形成行为约束规范，以维持共同体的正常运转。事实上，在乡土文化下，村民愿意接受乡规民约的规范，也愿意按照乡规民约参与村庄治理，与共享的文化传统与思维方式密不可分。

三、进一步发挥群众自治的基础作用

尽管基层社会（主要指社区）同时作为国家治理单元与公民社会微观基础的双重属性满足了国家治理社会的基本需要，但其内部也不可避免地存在张力，为基层群众自治机制的运行带来了问题。

1. 群众自治的成本与效益难以平衡

历史经验表明，民主作为一种治理手段，尽管好处多多，但也存在效率低下、成本过高等问题。中国的基层群众自治是政府宏观设计和基层群众由解决问题出发进行实践探索相结合的产物。从国家治理的角度而言，面对日趋多元化、复杂化的社会，在社区和村庄治理中引入群众自治，不仅可以分担政府的治理压力、提升政府治理的质量，还可以培育公共精神，从而形成政府和社会间的良性互动。然而，在自治实践中，由于基层群众自治的相关机制尚不完善，尤其是居民表达渠道和决策机制之间的不平衡性，民意输出、搜集和处理能力相对较弱，居民自治效率低下、效果不良的情况时有出现。在基层协商议事过程中，由于某些居民固守个人利益，通过协商往往难以形成共识，而又由于缺乏相应的决策，议而不决的现象时有出现。例如，在老旧小区改造、加装电梯等事务上，就常出现因个别居民不赞成而致使最终难以形成共识。

2. 社区内部利益分化下居民参与的公平性或难保证

虽然群众自治强调居民的共同参与，但居民并非一个均质的整体，其内部在参与能力、资源禀赋等方面存在差异。在社区中，精英群体往往自我意识强烈，行动能力突出，拥有更多的权威性资源，从而在城市社区中享有绝对权

① ［英］玛丽·道格拉斯、西德尼·维巴：《制度如何思考》，张晨曲译，经济管理出版社 2013 年版。

威。他们类似于传统乡绅，不仅能够发挥能动性带领社区居民采取集体行动，还会运用一定的组织媒介和技巧进行意愿表达，甚至是维权抗争。尽管如此，仍有部分学者指出，依赖于精英居民的自治具有不确定性，因为精英们或许会为了自身利益，采取各种手段不断地巩固其在社区中的权力地位，从而既可能会产生少数精英排斥大众参与的寡头统治，造成弱者更弱，又可能会使精英内部围绕权力竞争形成派性政治，从而引发权力滥用，最终破坏社区自治秩序。

3. 群众自治的内容尚不明确

一般而言，群众自治内容包括事件性的维权抗争与常态化的琐碎事务，前者指的是居民联合起来维护集体权益等集体行动，包括从物业公司收回公共收益和固“邻避”设施而开展的邻避运动等；后者指的是发生在密集交互的社区空间中的日常生活事务，包括基础设施的维护、公共空间秩序的维持以及居民间矛盾纠纷的化解等。社区作为基层群众生活的主要场所，以及进行自我管理、自我教育、自我服务与自我监督，培育自主治理能力与动力的重要场域，后者的重要性远远大于前者。然而，由于社区同时作为国家治理的单元，社区居委会和村委会往往需要承担不同条线传递下来的任务，以至于常常忽略了更重要的群众自治内容应当是居民自主地解决社区生活中的微观事务。因此，在这种张力下，尽管政策文件已经对居（村）民自治的内容做出了原则上的规定，但在实际的自治过程中，何事需要自治、需如何自治等关键问题上仍然不是很明确。

4. 社区行政化与群众自治动力弱化

“上面千条线，下面一根针”，一直以来，受制于治理资源与考核压力，作为引导、组织基层群众自治主要机构的城市社区居委会和农村村委会往往需要承担繁重的行政任务，其行政化倾向颇受学界和实务界诟病。从行政与民主互斥的视角来看，行政力量与民主之间存在着此消彼长的关联，它们同时存在并互相排斥①。科层组织的权力无论是公有的还是私有的，都会对公民控制自己生活的能力构成巨大的威胁②。在中国的基层治理实践中，尽管社区居委会成员直选，社区居民代表大会等新的组织形式出现了，但由于社区作为国家治

① 吴帅：《议程控制：基层协商中的行政与民主——基于安徽省天长市的实证调查》，载《广西大学学报（哲学社会科学版）》2020年第42卷。

② ［美］布劳、梅耶：《现代社会中的科层制》马戎等译，学林出版社2001年版。

理单元的特殊角色，居委会的行政性质实际上并没有改变①。从这个意义上来说，居委会和村委会的这一倾向很可能阻碍其组织、动员、引导群众功能的发挥，进而对居民和村民自治的发展造成障碍。这样一来，居委会、居民和积极分子形成的组织结构权力只能靠人情来维系，基层动员机制极为脆弱；居民只是碍于情面和自身利益而被动地参与社区事务，象征性地表现出对居委会的服从和支持。更为严重的是，居民的主体性地位受到削弱，丧失了自治的意愿和动力。因此，我们可以看到一种尴尬的现象：社区居委会因忙于行政事务而无暇顾及自治事务，社区居民因忙于私人事务而不愿参与社区事务。

第四节　多方协同共治机制

一、多方协同共治的涵义

党的十八大以来，在以习近平同志为核心的党中央坚强领导下，尽管从总体上看，一些社会治理难题得到有效破解，我国社会治理体系不断完善，社会安全稳定形势持续向好，人民生命财产安全得到有效维护，广大人民群众的获得感和幸福感不断增强。但随着我国新型工业化、信息化、城镇化、农业现代化快速发展，经济结构深刻变革、利益格局深刻调整、思想观念深刻变化、社会结构深刻变动，社会治理面临的形势环境变化之快、改革发展稳定任务之重、矛盾风险挑战之多前所未有。

一方面，随着我国的主要矛盾从“人民日益增长的物质文化需要”转变为“人民日益增长的美好生活的需要”，经济发展已不再是衡量政府工作的唯一指标，而民生领域的短板、收入分配差距、精神文化建设、治理主体参与度、人民对政策的认可度、政府公信力、社会组织的影响力反而成为衡量治理是否有效的关键。治理目标和内容的复杂性、模糊性和不确定性，使得科层组织遭到挑战。另一方面，随着民主实践的发展，居民群众的参与意识也不断提高，对于社会事务及相关治理活动也由积极配合转向主动参与。这种主动性不

---

① 何艳玲、蔡禾：《中国城市基层自治组织的“内卷化”及其成因》，载《中山大学学报(社会科学版)》2005年第5期。

仅体现在管理监督方面，也体现在个人享受公共服务便利的同时，能够进行自我管理、自我服务，在行政事项办理过程中不再完全依赖于工作人员和行政机构，而是有效及时地表达诉求，依据公开渠道获取信息，实现自我参与和自我服务能力的提升；还体现在尝试通过积极培育和发展社会组织，凝结各方力量，整合各方资源，自主自发地对人居环境、社会设施和公共服务进行完善，以满足居民的个性化需求。这方面的变化意味着，随着社会多元化程度和复杂性日益增加，无论是国家、市场还是被许多人寄予厚望的公民社会都无法单独承担基层社会的治理任务①，中国基层社会治理正不可避免地从单一主体管理向多方协同共治转变。

在这一背景下，党的十九大从推进制度建设的角度提出了打造共建共治共享的社会治理格局的思路和要求，强调要加强社会治理体制机制建设，完善党委领导、政府负责、社会协同、公众参与、法治保障的社会治理体制，提高社会治理社会化、法治化、智能化、专业化水平。《中共中央　国务院关于加强基层治理体系和治理能力现代化建设的意见》中进一步指出，要“建立健全基层治理体制机制，推动政府治理同社会调节、居民自治良性互动……坚持共建共治共享，建设人人有责、人人尽责、人人享有的基层治理共同体”。

这种协同共治的理念渊源于20世纪80年代“新公共管理运动”中关于协作式管理的讨论及20世纪80年代末、90年代初的治理理论。我国关于“协同治理”的研究起始于20世纪90年代中期，强调社会管理由政府单一管理向市场经济体制下多元主体治理机制相互作用、替代和补充的治理结构过渡，之后，在2007年到2012年出现了明显的研究热潮，逐渐步入理论发展和成熟期，2013年之后开启了本土化的探索②。在中国化、本土化探究的过程中，研究者意识到，协同共治的本土化过程需要考虑中国特定的体制框架，即中国的国家与社会关系不是西方意义上的国家与社会分立制衡关系，而是合作关系，同时，中国的执政党是作为整体代表的政党嵌入于国家权力结构之中，与此同时又没有脱离社会，因此需要将执政党带进来③。从这个角度上而言，中国社区中的协同共治是指在党的领导和政府的主导下，通过构建制度化的参与渠道

---

① 杨雪冬：《全球化、风险社会与复合治理》，载《马克思主义与现实》2004年第4期。

② 鹿斌、周定财：《国内协同治理问题研究述评与展望》，载《行政论坛》2014年第21卷。

③ 景跃进：《将政党带进来——国家与社会关系范畴的反思与重构》，载《探索与争鸣》2019年第8期。

和参与平台，培育多方社会主体参与社会治理与社会服务，从而建设人人有责、人人尽责、人人共享的社会治理共同体①。

二、多方协同共治的实现路径

社区是基层社会治理中的基本单元，也是政府、市场和社会三方主体互动的场域。随着市场经济的发展和社会转型的加速，社会利益逐渐分化，在基层社会中，除了原有的居委会和村委会，还涌现出许多新型的、代表不同利益、具有不同功能的组织，例如物业公司、社会组织、业委会、居（村）务监督委员会等。对于社区而言，这些主体的参与不但能够缓解社区治理长期以来的资源短缺问题、分担治理压力，还能够满足社区居民多样化、个性化、专业化的服务需要。尽管如此，由于不同主体所掌控的资源、权力和所处的社会地位是有差异的，且不同的利益主体都有追求自身利益的天然动机，社区层面的多方协同共治归根结底是社区不同利益主体进行的一次集体的理性选择行为。若各方地位平等，所有参与主体都要当领导，谁也不愿意屈服于他人的领导，则可能出现两种情况：一是民主的无效率。在社区治理过程中遇到各种问题时争论不休，耗费过多的时间与精力，且很难给出一个明确的解决方案，造成民主制度的运转效率低下。二是有组织的不负责任。治理一旦出现问题，很容易出现各方推诿，越位、缺位与错位现象严重，无法实现有效合作，各参与主体角色迷失②。因此，要实现社区多方共治，不但需要激活社区内主体参与治理的热情，提高参与治理的能力，还需要注重树立并维护权威，以维持治理的合法性与效率，避免无序参与所造成的混乱和内耗。具体而言，包含以下几个方面：

（一）落实党的领导，保证多方协同共治的秩序

尽管多方协同共治能够有效分解治理压力，培育公共精神、激发社会活力，但由于不同主体出于谋求生存而互相争夺利益、倾轧，也容易造成基层社会秩序混乱。因此，多方协同共治需要树立权威。具体而言，一是要充分发挥

① 陈建胜：《协同共治：社区多方主体的合作共治》，载浙江省民政厅编：《浙江样本》，浙江大学出版社 2020 年版。

② 陈天祥、杨婷：《城市社区治理：角色迷失及其根源——以 H 市为例》，载《中国人民大学学报》2011 年第 3 期。

各级党委在社会治理中总揽全局、协调各方的领导核心作用，同时强化各级政府抓好社会治理的责任制。中国共产党领导是中国特色社会主义最本质的特征和最大的制度优势。社区治理相关政策文件中多次强调，加强和创新社会治理，必须加强和改善各级党委对社会治理的领导，切实发挥基层党组织的领导核心作用，带领群众坚定不移贯彻党的理论和路线方针政策，确保城乡社区治理始终保持正确方向。在社区治理中建立并维护党的权威，有利于将各部门、各条线的资源链接到基层，同时实现资源分配、管理的顶层设计、整体规划和统筹协调。二是要增强社区依法办事的能力，将社区多方主体的行为纳入规范化、程序化的轨道，将法律权威资源与社区传统权威资源结合起来，将国家法律和社区公约有效衔接，使之更适应基层社会的具体情况，并运用法治思维和法治方式化解矛盾、破解难题、促进和谐，通过社会治理的制度化、规范化、程序化明确预期、稳定信心、激发活力，为社区多方主体自治提供保障。

（二）激发多方主体活力，提升社会参与水平

长期以来，基层治理面临资源不足、人力短缺、治理任务繁重、治理内容庞杂的双重压力；同时，随着社会日益多元化，居民对个性化、专业化服务的需求越来越强，传统的居委会、村委会等基层治理主体在满足居民需求，协调多方力量等方面力不从心，对基层社会有效治理提出了新的挑战。多方主体协同共治不仅能够弥补基层治理在人力物力方面的不足，而且，其内部所蕴含的多样性、专业性也能够对传统治理主体的普惠性、公共性形成有效补充，从而推动社区治理走向善治。

在制度上，多方协同共治的实现首先需要创新社会治理思路，激发治理主体的积极性，扩大开放公共服务市场，通过政府购买服务、健全激励补偿机制等办法，鼓励和引导企事业单位、社会组织、人民群众积极参与社会治理。同时，注重社会组织培育和引导，择优汰劣，通过建立健全枢纽型社会组织、社会组织孵化机构，完善社区组织发现居民需求、统筹设计服务项目、支持社会组织承接、引导专业社会工作团队参与的工作体系，提高社区治理主体的参与水平，推动社会组织明确权责、规范自律、依法自治、发挥作用。

（三）厘清多方主体权责边界，避免有组织的不负责任

清晰地界定社区治理主体的权责边界，建立预防为主的全过程监督机制

和奖罚分明的事后追责制度，是社区多方协同共治畅通运行的保障。党的十九大在健全人民当家做主制度体系，发展社会主义民主政治中特别提到，要深化依法治国实践。中共中央国务院颁布的《关于加强和完善城乡社区治理的意见》也明确提出，要“加快城乡社区治理法治建设步伐，加快修订城市居民委员会组织法、村民委员会组织法等法律法规，研究制定社区治理相关行政法规，增强社区依法办事能力”，以划分社区治理各主体间的权责边界，建立健全社会治理领域权力清单制度和责任追究制度，形成权责明晰、奖惩分明、分工负责、齐抓共管的社会治理责任链条，推动形成上下贯通的社区治理制度体系。2017 年出台的《关于建立健全村务监督委员会的指导意见》更是详细规定了针对村民自治主体和过程的监督主体、职责权限和监督内容，无疑对社区多方主体的协同共治提供了更为细化的法治保障。

三、多方协同共治的进一步思考

（一）多方协同共治的制度规范尚待完善

法治是社会治理走向秩序化、规范化的进步标志，法律法规是规范社会主体行为的重要途径，也是各主体行动的日常规范准则。因此，社会治理创新，强调的不只是治理理念和技术手段的新发展，更要求在一个日趋完善的框架内构建科学有效、符合社会价值的制度体系[①]。然而，由于相较于快速变化、日益复杂的社会，法律法规的制定往往具有滞后性、简单性、片面性，所以在新兴的社会治理领域中往往会出现法制空白和法制不健全的情况。加之长期以来“属地责任”和“兜底责任”等提法和治理惯性，对于新问题、新主体难以找到相关的法律条文进行规范和解释，各主体间的权责边界划分不明确，社区多方共治中搭便车、集体不负责任的情况时有发生。例如，针对当前居民小区的物业公司管理而言，虽然国家出台了《中华人民共和国民法典》《物业管理条例》，但规范过于笼统、操作性差，且滞后性明显，在现实中往往难以用来调解物业、居委会和业委会之间的纠纷。加之，业委会的组织性质在法律上并未被明确定性，对于其财务、行为的监管和激励往往无从下手。另外，社会组织

---

① 刘婳、李诚：《新中国 70 年社会治理的演进逻辑、时代特征及提升路径》，载《学术探索》2019 年 8 月。

参与社区治理方面的法律法规体系庞杂，对社区社会组织的权责边界划分不明确，这不仅造成很多希望组建社会组织贡献社区治理的机构和个人望而却步，也使得某些个人和机构假借社会组织之名骗取社会资本，为社区多方共治机制的形成与运行增加了障碍。

（二）社区多方共治的文化尚待培育

治理绩效的高低，除了与制度设计相关，还受到文化因素的影响。不同的文化传统，包括习俗、规则等会塑造不同的治理过程，影响治理绩效。《中共中央　国务院关于加强和完善城乡社区治理的意见》明确指出，要“强化社区文化的引领能力。以培育和践行社会主义核心价值观为根本，大力弘扬中华优秀传统文化，培育心口相传的社区精神，增强居民群众的社区认同感、归属感、责任感和荣誉感。将社会主义核心价值观融入居民公约、村规民约，内化为居民群众的道德情感，外化为服务社会的自觉行动。重视发挥道德教化作用，建立健全社区道德评议机制，发现和宣传社区道德模范、好人好事，大力褒奖善行义举，用身边事教育身边人，引导社区居民崇德向善”。

但在现实的治理中，社区的文化建设工作尚未得到充分重视，多方共治过程中尚存在议事规则、习惯、文化等软因素不成熟的情况。单位制与人民公社制度解体后，单一的行政手段难以满足基层治理的客观要求，众人的事只能由众人商量着办。因此，在治理过程中各类矛盾、争议和资源分配问题都必须依靠协商解决，议事协商是社区多方共治的基础。然而，相较于西方较为成熟的议事规则，在中国社区治理中，议事规则尚不成熟，社区内多方主体对议事还感到陌生，对议事的规则、技巧与习惯较为欠缺，还存在政府主导多引导少、社区事务多沟通少、公众想法多参与少、社会组织数量多支持少等情况，以至于多方主体间的资源分配、争议往往需要依靠行政力量的调解，从而不利于形成组织间的信任，一定程度上损害了社区多方共治的基础。

（三）社区多方共治主体间协作机制尚待完善

社区协同共治模式强调的是治理主体的多元性和平等性、治理方式的协商性和整合性，以及治理过程的系统性和回应性，根本在于通过体制机制的不断完善，使社区治理各主体在平等协商、互惠互利的基础上，以信任合作为原则来达到善治的目的①。在社区协同共治的模式下，政府应当重视参与主体的多元化和能力培养，激发社会力量在党领导下实现自主治理，并通过制度化安排来弥补弱势群体在参与中的不利地位；同时，还应认识到，政府不应依靠行政命令而应通过协商对话的方式，使社区治理主体通过竞争、妥协、对话来达成对公共利益边界的确定，促进公共利益最大化，并构建衔接机制和平台，使得各治理主体能够在不同时空和行动领域内相互依存、产生功能联系，以最终形成社区层面的整体性治理。

然而，在中国基层治理实践过程中，一方面，通过项目制的方式输送资源、完成治理任务已成为政府治理社区的重要手段。各项目之间尽管存在逻辑联系，但由于各个项目在内容、理念与运行方式等方面存在差异，往往难以在实际的基层治理过程中实现整合。而参与社区治理的多方主体如若从项目之中获得治理资源，则必须按照项目化的逻辑行事，以至于治理过程难以连续和稳定。另一方面，基层治理主体，如居委会、村委会等自身往往难以创造治理资源，常陷入权力小责任重，资源少事务多，所以不得不依靠各条线输送的人力物力进行治理。然而由于各条线的事务在逻辑和理念方面存在差异，条线之间也难有业务往来，当下沉资源和任务到基层时，社区内不同治理主体在承接资源、完成任务的过程中，无形中使得本以“块块”为原则的基层治理演变为各“条线”在基层的脚，从而阻碍了社区多方协同共治机制的形成，加剧了基层治理碎片化趋势，进而为凝合社会、市场和政府力量参与社区治理、形成治理合力造成了障碍。

---

① 付春华：《城市社区多主体协同治理模式研究——基于“共建共治共享”理念》，载《城市学刊》2020 年第 41 卷。

第三章　社区治理的参与主体

党的二十大报告将“建设人人有责、人人尽责、人人享有的社会治理共同体”，作为完善社会治理体系、维护国家安全和社会稳定的重要支撑。作为社会治理的重要组成部分，持续推动社区治理体系的现代化水平，显然是推动社会治理现代化的关键。改革开放以来，持续推进的城镇化进程导致了社区人口结构的异质化，市场经济体制的确立引发了社区空间结构的异质化，单位制的解体则推动了社区组织结构的异质化。而社区异质性增强的背后，则是其内嵌的利益关系网络的异质化。在优化现代社区治理体系的过程中，应本着帕累托改进的原则，兼顾不同类型参与主体的多元利益诉求，避免零和博弈，最终构建具有凝聚力和包容性的多元社会整合机制，进而为新时代基层治理水平的持续提升奠定基础。

第一节　社区治理的主要参与主体及其角色定位

在目前的社区治理结构中，存在着多个利益诉求重心差异明显的参与主体。因此，分析社区的治理结构与过程，首先需要明确各参与主体间的权力结构、资源配置状况，进而在此基础上进一步探讨各参与主体围绕权利获取、资源配置、权力行使等活动展开的互动行为。在当前的社区治理结构中，主要参与主体包括社区党组织、基层政府、社区自治组织、社区居民、社会组织和驻社区单位等社会主体，以及以物业公司为代表的市场主体①。需要说明的是，考虑到第二章已经涉及了基层党组织、基层政府、社区自治组织等相关内容，

① 本章所用的一手数据，如无专门指出，则均来自由民政部政策研究中心组织的2020年度“社区治理现状综合调查问卷”。

为避免重复，本章对上述社区治理参与主体的分析将尽可能围绕“社区参与”问题展开。

一、全面动员各类党员：社区党组织领导和深度参与社区治理的关键

党的十八大以来，贯穿于各行业、各领域的党建得到了空前的重视，成为各级党组织的核心工作之一。虽然中央对社区党建工作高度重视，但在传统的“组织内党建”模式下[①]，相比事业单位、国企等其他党建工作的重点领域，社区范围内的各级党组织，典型如社区党委、以楼栋为单位的党支部等，对社区党员，尤其是在职党员缺乏约束力，也缺乏必要的资源调动能力，从而严重制约了社区党组织领导和参与社区治理的深度和广度。面对困境，各地推出了很多创新举措，有效提升了社区党组织在社区治理中的全面领导地位，提升了参与的深度与广度，尤其是社区党组织和党员直接服务群众的能力和积极性。归纳而言，各地的创新举措主要体现为两个层面：一是突破以“条条”为主的传统“组织内党建”，要求在职党员向工作单位党组织和社区党组织“双报到”，突出社区党组织对在职党员的“属地管理”；二是提升服务，将社区党组织从社区服务的后台推向前台，强调其服务主体地位，提高了社区回应、服务群众的能力，巩固了党执政的社会基础。

一定程度上可以说，以党的十八大为主要分水岭，社区党建在实施的力度、机制、目标取向等方面，都开始出现明显的变化。期间，社区党组织经历了一个全方位增权赋能的过程。同时，也需要看到的是，社区党组织的权威不仅来自上级党组织，同样也来源于群众的拥戴。按照新版党章明确规定，基层党组织担负教育、管理、监督党员，宣传、凝聚、服务群众的职责。换言之，社区党组织既是社区治理的领导核心，也是社区服务的“龙头”。因此，社区

---

① “组织内党建”亦称为“单位制党建”，是中国共产党把“支部建在连上”的传统党建原则延续运用于“单位制社会”的特殊社会形态中而形成的基层党建模式。“组织内党建”的基本要义是强调以“条条为主”，主要在组织（单位）内部建立党组织和开展党的工作。在传统的“组织内党建”模式下，中共党员只能加入其所在工作单位的党组织。由于在事业单位和国企中，组织的领导者绝大多数为中共党员。这就使得党组织可以通过强化对党员的管理，在组织内部的资源分配中居于主导地位，具有了强大的动员能力。然而在社区，虽然很多居民也是中共党员，但由于他们的“组织关系”不在社区党组织，社区党委对他们的约束力十分有限。而且，社区党组织的工作重心长期被定位于党务工作，也缺乏联系和服务居民的必要资源和动力。参见唐文玉：《从单位制党建到区域化党建——区域化党建的生成逻辑与理论内涵》，载《浙江社会科学》2014年第4期。

作为党和政府联系群众、服务群众的“最后一公里”，期待夯实社区党组织的凝聚力和向心力，需要开发社区党建的多重功能，着眼于居民的切身利益，整合多方资源，服务群众需求。这就要求强调党组织在社区服务中的主体地位：不仅是让人民群众感受到党的领导，更要感受到党的服务。

在全面提升社区党组织引领作用和服务群众能力的过程中，党员无疑是激活党组织的关键细胞，是社区工作得以开展的中坚力量。因此，如何加强社区党建工作，切实发挥好广大党员的先锋模范作用，就成为社区党建面临的一项重要课题。从治理资源的视角来看，对党员进行动员意味着从向外寻求资源转向向内寻求，实现了在不增加治理资源的情况下提高治理绩效。目前来看，社区党员群体的内部结构愈发呈现出多元化色彩。其中一个重要的特征是社区离退休党员、流动党员、下岗职工党员、退伍军人党员等群体的数量不断增多。这些党员参与社区党组织活动的积极性普遍不高，社区党组织也缺乏足够的影响力和凝聚力，在人员配置、管理方式等方面已经难以适应新的形势，党员“双报到”机制也无法有效覆盖到这些群体。基于以上背景，各地社区党组织逐渐探索出分类管理的手段，将党员社区报到机制进一步细化，实现了对不同类型党员的有效凝聚、管理与动员。

第一，对直属党员进行全面动员。社区党委直属党员是指由社区党委直接管理的党员，在动员的过程中具有组织严密和效率高的优势，是基层党组织开展党务工作、联系群众的生力军。在完善社区党建的过程中，需要首先发挥这类群体的带头作用，采取一种加压式的全面动员：一方面，创新并改进直属党员的教育形式，丰富并完善组织生活，锻炼直属党员的工作能力；另一方面，强化党建目标管理。由党组织与所属党员签订责任书，广泛开展党员责任区，并进行定期检查，进而强化其党纪意识和组织观念①。

第二，对在职党员进行显性动员。长期以来，在职党员是以单位党组织管理为主，他们无须参加社区党建活动，也缺乏参与的主动性，在社区中处于一种“隐身”的状态。这类群体人数多、素质高，理应是社区党员的中坚力量②。通过建立各种规章制度和配套机制，切实赋予社区对在职党员的考核

① 祁程：《基层社会建设新视角：探索基层党员发挥作用的运行机制》，载《哈尔滨市委党校学报》2011 年第 5 期。

② 高同星：《关于发挥城市社区“隐身”党员作用的思考》，载《政治学研究》2012 年第 1 期。

权，明确规定党员应定期参加社区的党组织活动和志愿活动，并对所在单位进行定期反馈，进而强化其责任意识与服务意识。

第三，对离退休党员进行引导式动员。这一群体的管理与动员需要分为两个方面：一方面，针对离退休党员群体年龄偏大、学习不便的问题，可以采取更加灵活多样的方式。例如通过建立离退休党小组开展就近学习和休闲活动，或者与高校、中学等组织积极对接，采取志愿教学的形式。另一方面，离退休党员由于空闲时间多，社会责任感强，在社区治理中参与度更高。可以通过引导式动员的方式，设立党员责任区，鼓励老党员利用长期积累的领导才能、工作经验和社会关系，继续发挥余热。

第四，加强对流动党员的动态管理。流动党员主要包括外出务工经商或失业党员、学生党员、复退军人党员等多个群体，构成复杂，管理难度大。因此，需要对这类群体实行规范的管理和灵活的教育，实行从“党员找组织”向“组织找党员”的转变。在设立流动党员支部的基础上，既要对这类群体进行统一要求，无差别对待；也要根据他们的职业特点分类编组，因地制宜，坚持做到“教育引导，帮扶并重”，最终实现“学习不断档，思想不掉队，组织不断线”①，通过有吸引力的活动和回应性服务增强他们对社区党组织的归属感。

二、推动治理重心下移：基层政府参与社区治理的机制保障

在我国的社区治理结构中，基层政府在城镇地区通常是指乡镇或街道办事处，在农村地区则通常是指乡镇政府。当然，需要说明的是，虽然从法律意义上讲，街道办事处仅仅是市辖区政府的派出机构，但从实际的管理过程来看，街道办事处已经在很大程度上被作为城市地区的基层政府，即所谓城市的“两级政府、三级管理”。随着社区事务的日渐繁重和属地管理的强化，无论是作为一级完整政权建制的乡镇政府，还是在法律层面仅是区县级政府派出机构的街道办事处，近年来在社区治理中承担的职责均是越来越重。尤其是在强调各层级政府机构“上下对口”，工作压力层层传导的背景下，无论是作为“块块”的乡镇政府，还是在实践中已经演变成为一个“块块”的街道办事处，相当多的工作是在完成上级“条条”部门交办的任务。而且，由于基层“条块”矛盾依旧存在，无论是乡镇还是街道办事处，其对于“条”上的各种

① 周全绍：《党员在居住地发挥作用机制初探》，载《上海党史与党建》2010年第6期。

资源通常无权调配，导致社区治理中的权责失衡现象非常突出，经常处在“管而不理，想管没理”的局面。在此政策环境下，部分基层政府也习惯于跟风行事：即区县级政府和职能部门将行政事务下压至街镇，街镇则借助于自身对于社区治理资源的全面掌控，最终将相关责任和事务进一步发包给社区，成为社区工作沉重而繁琐的重要根源。

（一）基层政府在社区事务中的具体参与情况

作为重要的参与主体，基层政府在社区治理中扮演的角色大致可以归纳为对社区治理工作的组织保障与引导、对社区服务的支持与投入、指导社区自治工作、对社区治理的监督管理等四个方面，并进一步具体反映为改善社区办公设施、推动社区信息化建设、增加社区工作经费、改善社区干部待遇、推动三社联动、指导和推动社区网格化管理，改善人居环境，提供和参与法律服务、救助扶贫、慈善事业、便民服务等社区服务工作，推动共驻共建共享社区建设、指导监督选举、指导监督公约自治章程、推进民主协商等社区自治工作，以及监督物业管理、开展维稳综治、指导监督资产处置、指导社区经济发展事务等其他监督管理工作。

从综合问卷调查数据来看，当前基层政府对于社区治理事务的整体参与度非常高，共性也比较突出（参见图3.1）。但是相比较而言，无论是在城镇还是农村，基层政府在增加社区工作经费、改善社区干部待遇等领域，参与度还有待提升。在城镇地区，分别有47.5%和55.1%的受访社区认为基层政府对于增加社区工作经费、改善社区干部待遇两项工作“没有参与”或“有些参与”，相应的比重在农村地区分别是51.3%和56.2%。此外，在已经基本普及物业服务的城镇社区，有43.8%的受访者认为基层政府在监督物业管理方面“没有参与”或“有些参与”。这种情况的出现，与基层政府面临的权责失衡问题，存在较大的联系。一方面，在城镇地区，街道办作为市辖区政府的派出机构，并不是独立的财政主体，因此对于增加社区工作经费、改善社区干部待遇等工作，很多时候会显得“有心无力”。乡镇政府虽然是一级完整的政权建制，但由于自身财力的限制，特别是很多地区已经实施多年的“乡财县管”政策，导致其事实上也丧失了独立的财政权，以至事实上面临着与城镇街道办事处同样的难题。另一方面，在城镇地区，虽然由物业管理引发的各类问题已成为社区矛盾纠纷的主要诱发点，但在目前的体制环境下，监督物业管理的主要责任主体却是区县一级的政府部门，街镇和社区虽然处于物业纠纷的第一线，却普遍缺乏必要的执法权，处境比较尴尬。

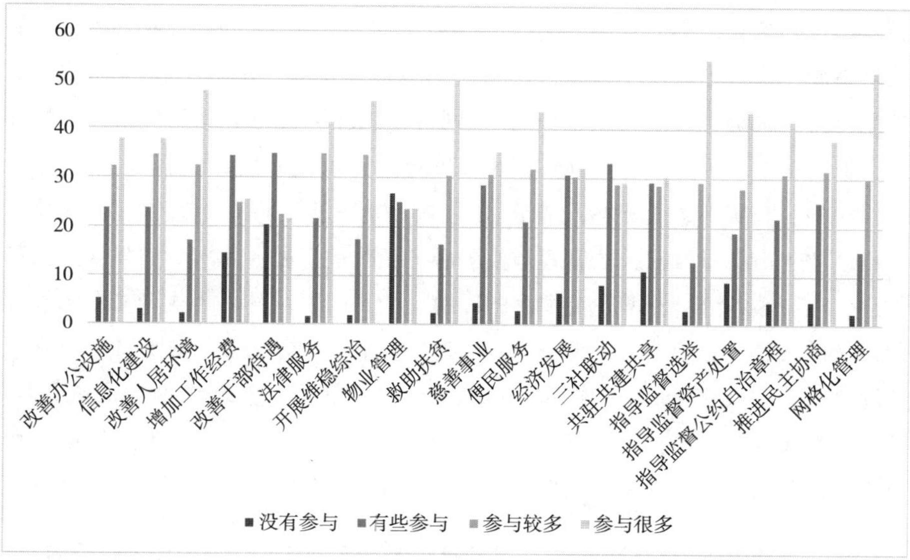

图 3.1　基层政府参与社区治理事务的主要类型（%）

（二）提升基层政府参与社区治理效能的主要途径

目前，各界对基层政府权责失衡的现状已经达成了基本的共识，实践中的各类创新也主要聚焦于此，典型如“吹哨报到”机制、执法权全面向街镇下沉和网格化管理。其中，“吹哨报到”的基本思路是借助于“区域化党建”等途径，采取“街乡吹哨，部门报到”等实践创新形式，使得街镇可以调动区县一级各种“条条”部门的资源，集中解决各类民生问题，属于调节基层权责失衡问题的重要措施。权力下沉则是通过将区县一级职能部门的人事权、执法权、考评权等重要权力下沉至街镇一级，从而达到充实街镇权力、提升基层执法办事能力的目标，一定程度上代表了构建简约高效基层管理体制的长期改革方向。网格化管理则是以互联网技术为依托，通过将管理区域划分成网格，设置网格员、网格长，进而构建起及时、高效的问题反馈机制，缓解基层政府和社区的工作压力。

目前，在国内的很多大中城市，由于市辖区所辖人口规模普遍偏大，甚至出现了一些百万人口级别的市辖区，从而使得一些市辖区事实上已经达到了一个中等城市的规模，“两级政府、三级管理”的纵向管理体制已经事实成型，市辖区政府已经难以避免地成为“管政府的政府”。因此长远来看，只有通过完善街道办事处的职责配置，厘清“条块”关系，才有可能根本上优化基层管理体制，推进基层治理现代化。期待理顺基层治理中的“条块”矛盾，从理想化角度来讲应该是“吹哨报到”、网格化管理和权力下沉三种路径搭配使用，取长补短，逐步推进：首先，区县政府应下沉部分权力至街镇，尤其是行政执法权，充实街镇的职权配置，通过主动缓解基层治理中存在的“条块”矛盾，便于街镇日常化执法管理与便民服务工作的开展；其次，加强党建引领作用，在街镇遇到自身职责范围内难以解决的、需要区县一个或者多个职能部门协调的问题时，可发挥街道大党委的“吹哨”功能，便于重要事件与紧急情况之下各层级、各部门的快速响应联动，以此加强“条块”的协作；最后，还需要充分发挥信息技术在基层社会治理中的作用，以减轻街镇和社区的工作负担，提升信息传递效率，发挥好网格化管理的预警和桥梁作用。

三、平衡行政与自治属性：提升社区自治组织参与效能的策略导向

在城镇地区，社区自治组织是指社区居民委员会（以下简称居委会）。在农村地区，通常是指村民居委会（以下简称村委会）。无论在城镇还是农村，社区自治组织都是社区治理工作的一线引导者和关键参与者。当然，在一些城镇地区，典型如“城中村”，依然保留着村委会建制。而在一些农村地区，社区自治组织已经实现了由村委会向居委会的转型。需要指出的是，现阶段无论是居委会还是村委会，其角色定位都表现出两重性：既是社区行政性工作的主要承接者，也是社区自治的承载主体。

从法律意义上看，无论是居委会还是村委会，均为城乡居民的基层群众性自治组织。即通过赋予社会成员一定的自治空间、场域和组织载体，动员居民利用自身资源和力量，自主处理公共事务，强调组织的自治性、社会性和公益性。党的十九大和十九届五中全会，多次强调了坚持基层群众自治制度的重要性，将其作为坚持人民当家作主的重要组成部分，强调打造共建共治共享的社会治理格局。

在实际运行过程中，居委会和村委会在社区治理领域长期扮演的都是双重代理人的角色：一方面，居委会和村委会是国家在城乡基层社会的代理人，负

责向居民传达国家的方针政策，履行社会整合与组织动员的功能，尤其是随着近年来不断强化属地责任，使得行政事务开始向社区大量下沉；另一方面，作为群众自治组织，居委会和村委会都有义务负责向国家反映社区居民的意见和诉求，履行中介协调、自我服务、组织居民自治的功能。因此，居委会和村委会既协助政府进行社会管理和提供公共服务，又组织居民开展民主自治和互助服务。与此同时，社区的自治状况实际上是由日常工作中所包含的上述两种事务及相关权力之间的比重决定的。从问卷调查数据来看，社区两委以及社区监委会、居民代表会议等居民自治组织载体，依然是城乡居民参与社区公共事务的主导渠道（参见图 3. 2）。

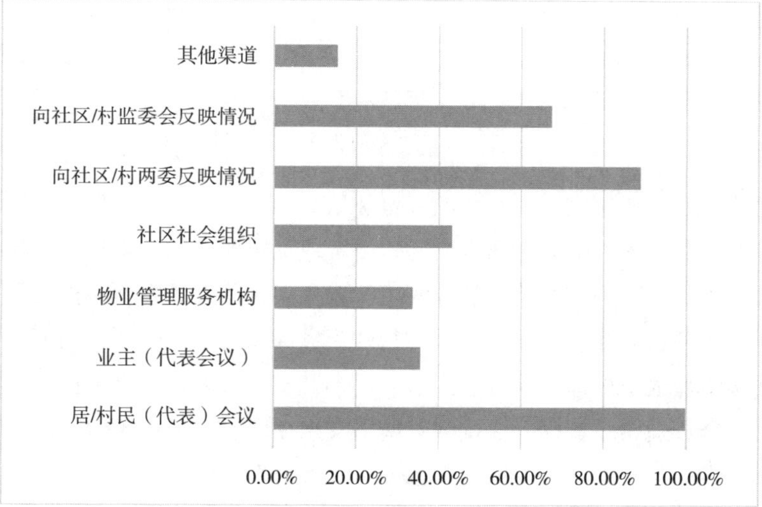

图 3. 2　社区居民参与社区公共事务的主要渠道

然而，当前居委会和村委会的实际运行状态表明，由于对政府资源的高度依赖性，使得其双重角色正面临一定的失衡：应然角色类的社区自治功能萎缩，而实然角色类的行政化组织功能加强，面临着自身角色的冲突。有学者将我国目前多数社区的治理结构成为漏斗形①。如图 3. 3 所示，在既有的权力结构与资源配置下，如果基层政府向社区施加的行政压力（实线）多于居民的需求程度（虚线），居委会和村委会将更专注于完成行政任务。相反，若基层

① 吴晓林：《中国的城市社区更趋向治理了吗：一个结构—过程的分析框架》，载《华中科技大学学报》（社会科学版）2015 年第 6 期。

政府向社区施加的行政压力（虚线）少于居民的需求程度（实线），居委会和村委会将更专注于履行自治组织的服务与管理职能。

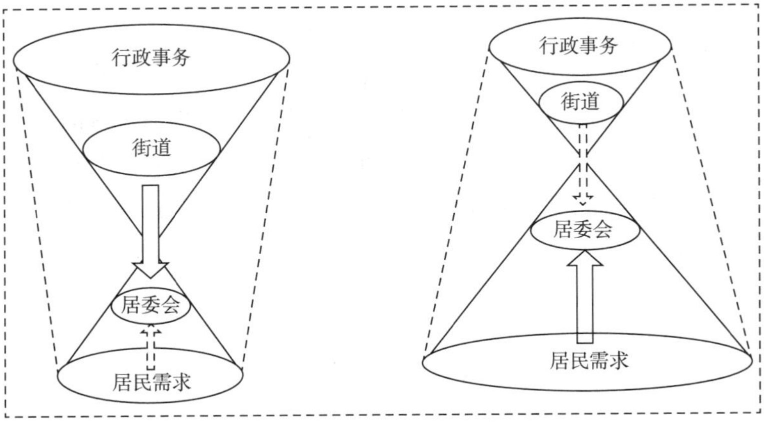

图 3.3　社区治理的漏斗形结构

总之，由于传统官本位观念的残留和居委会、村委会成员理性人的行为模式，以及当基层政府拥有对居委会和村委会成员事实上的人事权、任免权、考评考核、工资、福利、办公经费等资源配置权利，使得居委会和村委会成员更倾向于将自身行政化，以享受更多的行政权力和获得最大收益。当下，居委会和村委会工作人员的津贴、办公经费、活动开支等普遍都是经由街镇下拨，居委会和村委会通常没有财务支配权，所需支出项目往往需由街镇批准，可见街镇对居委会和村委会的"指导"为虚、"命令"为实。

另一个值得注意的现象是，在近几年的基层治理实践中，属地管理的明显强化，使得社区面临着更大的压力和全新的难题，进一步加剧了居委会和村委会的行政化倾向。作为与垂直管理相对应的一种管理体制，属地管理的主要特点是不考虑"条块"分割等我国行政管理体制的基本特点，而是以特定的空间作为划分管理范围的依据，特定的管理主体在其辖域内对几乎所有的公共事务负责①。客观而言，属地管理原则有利于缓解"九龙治水"等体制弊病引发的部门纠纷扯皮等问题。特别是在非常时期，有利于各个职能部门齐心协力，最大程度地调动各种资源。例如在近期抗击新型冠状肺炎的全民战役

① 尹振东：《垂直管理与属地管理：行政管理体制的选择》，载《经济研究》2011 年第 4 期。

中，坚决贯彻属地管理原则的社区工作人员就发挥了非常重要的作用。然而，在不同于非常时期的日常工作中，属地管理的全面强化，往往会造成责任被层层划分、下压，社区等基层单位最终无法避免地成为最主要的执行者和“背锅者”①，最终使得居委会和村委会的工作精力主要集中于各类自上而下的行政事务，不仅会加剧社区服务供给与居民需求的脱节，也会干扰居民自治的展开。

当然，社区的行政化倾向虽然引发了很多问题，但这并不意味着社区发展的目标在于“去行政化”。向居民传达国家的路线方针政策，履行社会整合与组织动员的功能，始终是社区工作中至关重要的组成部分。无论采用什么样的管理体制，应当发挥的作用是通过协同管理解决现实问题，是合理发挥各职能部门的作用，而非单纯地强调属地责任。明确居委会和村委会的工作重心及属性，在基层政府之间构建更为合理的关系，才能真正解决现实问题。

四、自治性参与：提升社区居民参与效能的着力点

在社区治理的各类参与主体中，社区居民无疑是最重要、最广泛的主体。积极而富有成效的居民参与不仅是提升社区治理效能的基础，也是推动基层治理能力现代化的基本目标②。近年来，随着社区自治工作的持续推进，尤其是社区协商民主的普及，居民的社区公共事务参与有了明显的提升。城乡居民围绕社区公共设施建设、规划与发展、公共环境卫生、规章制度制定、脱贫救助和福利、邻里纠纷治安维稳、公益资金使用分配、征地拆迁补偿、集体经济发展经营等重要的社区公共事务，展开了广泛的协商式参与（参见图 3.4）。

关于居民社区公共参与社区治理的互动关系，可以从社区事务的来源（自上而下的行政性事务和自下而上的自治事务）和居民参与程度（参与意愿和参与效果）两个维度出发，考察社区的自治程度和居民的参与情况。

一方面，如果社区事务主要源于自上而下的行政性事务，那么无论居民参与程度如何，参与的实际效果都不会很理想。例如，在部分社区，社区两委的日常工作基本上都是围绕政府的政策和意愿进行，居委会的行政化倾向非常严

---

① 杨凡：《属地管理原则“变形”的表现、根源及其矫治》，载《领导科学》2020 年第 2 期。

② 赵聚军、张雪莉：《城市基层治理中的居民参与与基层管理体制优化——基于四个异质性小区的调查》，载《中国行政管理》2019 年第 3 期。

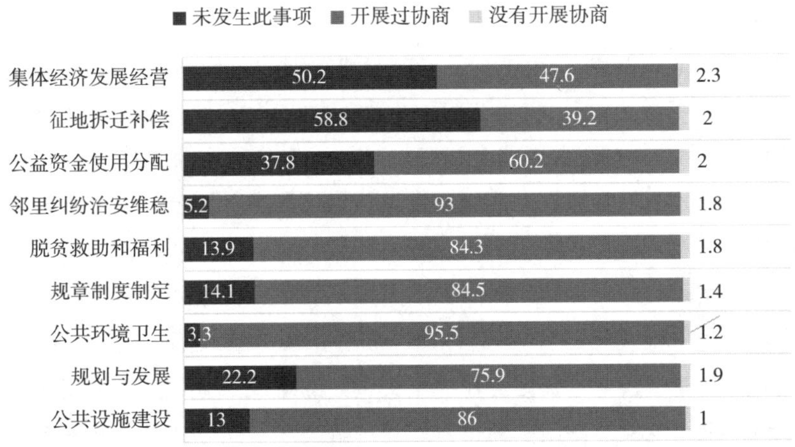

图 3.4　社区公共事务协商的主要类型（%）

重。这种情况下，由于社区居民缺少参与社区事务管理和决策的机会，所以参与意识薄弱、参与能力难以提高。与之形成对比的是，有一些社区的日常工作同样也主要是围绕着政府的委托事务展开，更多的是遵照上级政府的相关政策、指示来进行，行使的权利基本上也是“代理权力”。但与第一类社区不同，社区居民参与社区公共事务积极性比较高，对于基层政府和社区两委发起的社区事务都愿意或被动参与进去。但是，由于这种参与主要是围绕政府的意愿和议题来进行的，而不是出于自身的期望和要求，因而很多情况下会出现参与议题与居民实际诉求相脱节，且容易陷入轰轰烈烈走过场。

另一方面，即使社区事务主要源于自下而上的自治事务，居民参与的程度也可能存在一定的差异。在部分治理良好的社区，社区两委有关社区的公共事务主要是在自治的基础上展开的，而非政府干预的结果。同时，社区居民参与的积极性很高，参与的效果也很好。社区居民积极参与社区自治的同时也能享受这种参与给自己和家庭带来的实际收益，可以说这种类型的自治才是理想意义上的社区自治。但与之形成对照的是，在部分社区，虽然社区两委的工作重心已经由遵照上级政府意愿转变为关注社区内部的公共事务上，而且社区自治事务在日常工作中占据很大的比重。然而，尽管自治组织已经有了一定的自治自主权，社区内的居民对于社区的日常公共事务的参与意愿却不高，不愿意积极配合自治组织展开社区公共事务的管理，只有在自身权利受到侵犯时参与热情才会高涨。

此外，作为城镇社区业主维权和履行业主权利的重要社会组织，业主委员会普及程度也越来越高。在受访的城镇社区，已经有56.4%的社区建立了社区业主委员会。在目前的社区治理结构中，由于居委会普遍的行政化态势，业委会成为社区居民履行其权利的重要组织载体。从法律层面上讲，业主委员会是业主大会的执行机构。业委会参与社区管理，既是业主与政府、居委会、物业服务机构等社区治理主体沟通的一个有效平台，也是监督物业公司服务的主要载体，在社区治理中的作用十分突出：一方面，业委会通过组织与物业服务公司的对话交流，将业主的需求集中地反映给物业管理公司，对其提出明确的要求；另一方面，业委会也有权督促个别业主的不按时缴纳物业费等不合理行为，达到共同治理小区的目的。从现实中的很多案例来看，通过业主委员会的协调，业主与物业公司之间更容易达成互相谅解与合作的双赢格局。需要指出的是，业委会不同于居委会，业委会成员是在社区有产权的人，即只有业主或其妻子（业主的孩子和父母不可以）才可以参选，而居委会是居住在这个社区的自然人，不论是否有产权，都可以参选。

五、提供个性化便民服务：社区社会组织参与社区治理的基本途径

治理的本质在于不单纯依赖政府的权力资源，而是市场、社会组织等多元主体的共同参与，最大限度增进公共利益①。社区治理同样离不开协作网络的构建。在构建社区治理协作网络的过程中，包括各类社区社会组织在内的社会主体，无疑是重要的组成部分。

现代社区社会组织最早出现于19世纪后期出现的社区睦邻运动。改革开放以来，社区社会组织开始在我国生根萌芽。在当下的社区治理中，社区社会组织开始发挥重要的作用，尤其是在社区个性化便民服务中扮演了重要的角色。一个典型的表现就是，在本次问卷调查所涉及的城乡社区中，71.7%的社区在2019年里，曾经有社会组织开展过活动或社区服务。

具体来看，各类社区社会组织围绕志愿服务和公益慈善、养老托幼、群众性文体活动、群众性治安调解、婚丧嫁娶、专业社工服务、其他专业技术服务等社区服务，提供了大量形式多样的个性化社区便民服务。从本次问卷调查的情况来看，绝大多数社区都对社区社会组织在社区治理中的作用给出了积极的

---

① Gerry Stoker, "Governance as Theory: Five Propositions", *International Social Science Journal*. Vol. 50, No. 155, 1998, 17-28.

评价（参见图 3.5）。

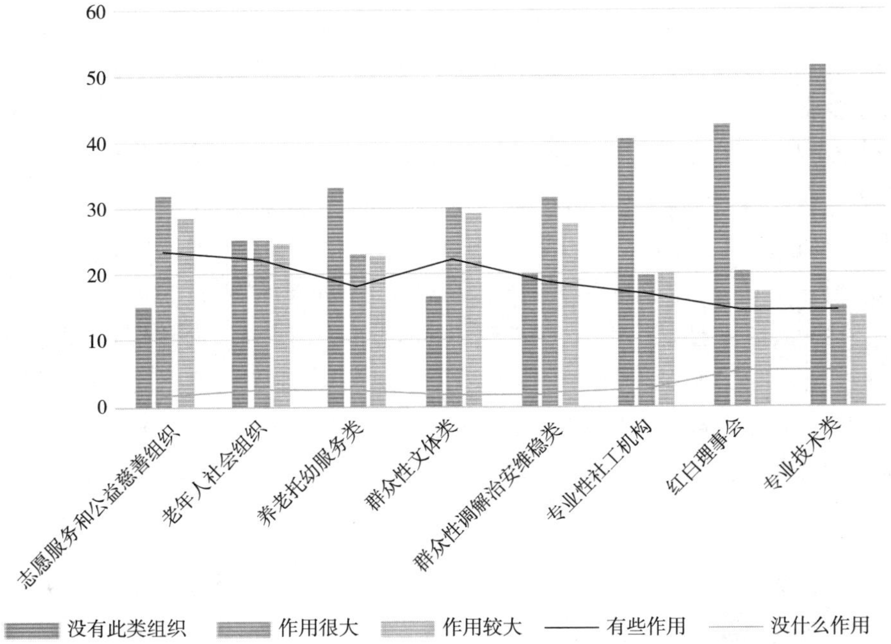

图 3.5　社会组织在社区治理服务中的作用（%）

当然，由于发展时间较短，我国的社区社会组织依然在专业化水平、社会认可度、资金来源、服务对象、功能的均衡发挥等方面存在一些这样那样的问题。相对于数量的快速增长，组织自身发展质量的提升依然任重道远。具体来看，可以归纳为以下几个方面。

一是专业化水平有待提升。专业化水平不但直接影响社区社会组织提供社区服务的能力和质量，也在一定程度上决定了其发展前景。由于起步较晚，我国的社区社会组织目前普遍专业化水平不高，并集中反映为工作人员素质不高、专业性不强、人员流动性较大等方面。归纳而言，制约社区社会组织提升专业化水平的因素可总结为两个层面：内部层面，社区社会组织普遍对政府过度依赖，缺少竞争意识，提升自身专业水平的内部动力不足；外部层面，由于活动范围有限，很难引起较大范围的关注，从而导致社区社会组织通常难以吸引街域以外的专业资源。虽然很多社区社会组织也比较注重与街域外的专业社会组织展开合作与资源对接，但却普遍苦于缺乏有效的渠道和平台，实际运行中主要依靠一些私人社会关系，效果普遍不够理想。

二是资金来源单一且不稳定。一般而言，社区社会组织的资金来源主要包括三个方面：①政府的资助或项目资金；②募捐收入；③会费和其他经营性收入。由于法律法规对社会组织接受捐款的限制十分严格，多数社区社会组织基本不具备受捐资格，再加上自身经营性收入十分有限，因此资金的来源有限，且不稳定。上述状况又会造成社区社会组织的活动开展率较低，服务质量难以保障，居民参与热情逐渐降低也就在所难免。

三是服务对象有限、代表性不足。普遍来看，现阶段社区社会组织主要的功能定位是提供更具针对性和个性化的社区服务。然而，改革开放以来特别是“房改”以来我国社区类型的日益异质化，不同类型居民群体的服务需求差异化愈发明显，但目前很多社区社会组织的服务对象还是主要集中于老年人，尤其是贫困老年居民，具体的服务和活动类型也主要是一些文娱活动，一定程度上难以避免地陷入了“吹拉弹唱”的老旧套路。

四是组织功能的非均衡发挥问题。参与社区服务和社区社会管理是社区社会组织具有的两大基本功能。从实践来看，社区社会组织参与社区建设的基本途径是参与社区服务的供给，助推社区服务的“最后一公里”，多数未能参与到基层社会管理之中。这种局面的出现，一方面与社区社会组织自身的“草根性”、缺乏参与社会管理的能力有关；另一方面，也与其缺乏在社会管理方面的合法性有关，即基层政府普遍将其定位为政府的服务助手。实际上，社区社会组织扎根社区，成员多属于社区公共活动的积极参与者，因此在化解社区矛盾纠纷、加强基层政府与居民的沟通等方面，都具有一定的优势。

五是部分基层政府对社区社会组织的过度引导和扶持。社区社会组织的健康有序发展，当然离不开政府的积极引导与扶持，但如果对其过度“引导与扶持”，就可能损害社区社会组织的健康成长与可持续发展。现实中不乏一些表面上看组织良好、发展有序的社区社会组织，一旦离开政府的扶持，很快就显现出无法自立的“巨婴”本质，更像是一个个的小型兴趣俱乐部，自我成长潜力严重不足。

六、撬动外部资源：驻社区单位参与社区治理的角色定位

除了社区社会组织，驻社区单位也是社区治理中重要的社会主体，更

是社区治理外部资源的重要供给者。鉴于此，各地在创新社区治理的实践中，开始积极探索与各类驻社区单位的合作共建活动。其中，比较常见的共建类型包括社区与驻社区高校的合作共建、社区与驻社区党政机关和企事业单位的合作共建等类型。从合作共建的主要内容来看，主要是驻社区单位发挥自身的资源优势，围绕社区所需的各类服务需求，提供各类资源和专业服务。

总体来看，各种类型的社区共建活动，取得了一定的成效，有效撬动了外部资源，一定程度上发挥了驻社区单位在社区治理中的积极作用，但也存在一些常见的问题，典型如：驻社区单位对共建活动的认同感不强、热情不高，合作力度也有待提升；驻社区单位成员主动参与共建活动的意识薄弱，党员先锋模范作用的发挥存在明显不足；共建活动内容单一，缺乏深层次合作；共建活动的机制保障不足，稳定性差①。

社区与驻社区单位开展的各类共建活动，既可以利用基于人情的地方性互动网络等非正式因素，也可以充分借用原有的行政组织网络②。已有的研究表明，在各类社区共建活动中，各类政府机关和事业单位处于关键地位，是社区外部资源的主要或潜在贡献者。同时，政府机关和事业单位也正是完善党建工作的重点对象③。因此，在党全面领导社区治理的时代背景下，要克服社区共建活动存在的诸多问题，关键在于社区党委搭建各类组织平台，推进各方力量的有效衔接与对接。具体来看，以社区党建为契机，通过对社区党组织进行制度化赋权，由社区党委整合包括驻社区单位在内的多方资源，充当社区公共服务的供需对接者，统合各类组织，从而有效提升社区服务供给的效能。而且，党建引领社会共治不只是依赖制度推进，同样形成了一套互惠互赖的关系。例如，我们在调研中发现，一些地方通过积极打造区域化党建品牌，搭建专业化的服务平台，与驻社区的医院、学校等辖区内单位的党团组织签订共建协议，推动建立志愿服务、法律援助、健康服务、民生服务、社团自治等多种类型的社区共建平台，形成法律咨询、健康直通车等惠民项目，便利了社区居民的日常生活。

---

① 朱婷婷：《优势视角下城市社区单位共建方式的研究》，载《南方论丛》2016年第2期。

② 刘威：《街区邻里政治的动员路径与二重维度——以社区居委会为中心的分析》，载《浙江社会科学》2010年第4期。

③ 赵聚军、王智睿：《部门整合与“条块”整合：新时代社区党建的双重逻辑》，载《政治学研究》2020年第4期。

然而我们在调研中也发现，对各类驻社区单位的动员，主要依托的是一种弱联系。对于一些更加复杂的问题，尤其是需要上级党政职能部门牵头解决的问题，党建联盟便显得有心无力。可见，社区共建活动的深入推进，离不开体制、机制改革的配合。鉴于此，为了完善更高层次的社区共建合作机制，在社区层面通过推动诸如党建引领下的“吹哨报到”等创新机制，则有助于克服这一问题，推动横向层面的资源整合。在社区层面推动“吹哨报到”机制的出发点在于解决社区治理中的“条块”分割与权责失衡问题，以便更好地处理基层剩余事务。在早期，“条块”整合更多是依靠上级党政部门的协调，而社区党建为此提供了更具持续性的激励：即通过打造区域化大党建平台，由社区党委负责组织建设与社会动员，便利了对各类驻社区机关事业单位的横向整合。“吹哨报到”机制之所以能够在一定程度上缓解“条块”矛盾等体制性弊病，根本原因在于党领导一切的权威地位，也是我国的制度优势在基层治理中的显现。中国共产党不仅可以嵌入社会组织，同样可以实现对机关事业单位和经济组织的有效引导，党建的覆盖范围更加广泛，组织动员的效率更高。

当然，社区与驻社区单位的共建活动也应该尊重各共建主体的发展要求，避免单纯将驻社区单位视为资源贡献者的“社区主体思维”，在坚持党建引领的前提下，着力构建社区两委与驻社区单位之间的平等、协同关系。同时，也应积极培养共建主体的责任意识和参与能力，充分利用共建交流平台和交流网络，形成协商、互助的共建氛围。

七、提高市场化程度：提升物业服务质量的关键举措

在当前的社区治理体系中，各类市场主体同样不可或缺。在各类市场主体中，物业服务机构是与居民利益关系最为密切和直接的市场主体。伴随着物业服务在城市社区的普及，社区居民与物业服务机构的矛盾日益增多，并逐渐成为社区治理中最为突出的难点之一。特别是近年来，物业纠纷矛盾不断升级，出现了大量物业公司弃管、业主维权乃至抗争事件。

从应然的视角来看，物业服务机构与业主之间应该是一种简单的市场契约关系：业主是选择物业服务的消费者，物业公司是提供服务的经营者，双方是服务与被服务的关系。然而，相对于居民，由于物业管理公司通常占有资本、时间、组织和资源的全方位优势，是一个组织严密的小集团；业主虽然人数众

多，却因为种种原因难以有效地组织聚合，类似于一个组织涣散、搭便车现象严重的大集团。在这种情况下，居民与物业公司的关系更多呈现为一种非均衡关系。从社区物业服务和管理暴露出的种种问题来看，物业公司作为组织、资源和行动能力全面占优的一方，应当负有主要责任。同时，部分居民对物业服务的要求过高，以至于脱离了正常的市场交易底线，也是造成困难局面的原因之一。

第一，前期物业公司的服务质量不高，是引发矛盾纠纷的起点。目前，由开发商下属的前期物业服务公司作为小区物业服务机构的情况依然非常普遍。但相较于由业主自主选择的物业服务公司，由开发商指定的前期物业公司由于与开发商之间千丝万缕的联系，从物业公司的选定到物业服务的展开，物业公司和业主之间存在严重的信息不对称，本质上不属于平等的市场交易行为，导致很多业主将前期物业服务企业视为开发商的代言人。尤其是当遭遇房屋质量、配套设施等开发建设遗留问题时，很多业主认为应当由前期物业服务企业来解决，因此更容易引发业主与物业服务机构的矛盾。

第二，开发商的遗留问题也是诱发物业矛盾纠纷的重要原因。住宅小区的物业服务是建立在已经形成并投入使用的房屋和设施基础上的服务，房屋和配套公共设施的交付质量，会直接影响后续的物业服务水平。现阶段，开发商的遗留问题对物业服务水平的制约，主要体现为以下三个方面：一是规划设计缺陷或施工质量不合格等引发的房屋质量和配套设施不足等问题。对于此类问题，相当部分业主都不会通过正常渠道和开发商交涉维权，而是与物业公司交涉，而物业公司通常又会把责任直接推给开发商，从而引发矛盾纠纷。二是部分开发商为了促销，往往会做出一些不切实际的物业服务宣传，但实际却很难完全兑现，引发业主的不满。三是部分开发商不认真履行房屋和配套设施的保修责任，将问题压给物业公司，物业成为其逃避保修责任的“挡箭牌”和“替罪羊”。

第三，更换物业服务公司困难进一步加深了业主与物业公司的矛盾。虽然从法律上讲，业主与物业服务企业之间只是单纯的市场契约关系，但是按照国务院《物业管理条例》的规定，住宅小区解聘原有物业服务机构和选聘新的物业服务机构均需要首先召开业主大会并成立业委会，由业主投票决定相关事宜。实践中，由于各方面的限制，业主大会的召开往往非常困难，业主委员会在住宅小区的成立情况也不够普遍，因此解聘前期物业公司往往比较困难。相对于解聘原物业公司而新聘物业公司，实践中续聘原物业公司的程序则相对简单：如果存在业委会，可在物业服务合同到期前三个月组织召开业主大会就物业服务合同续聘或解聘进行表决，决定续聘或解聘；如果没有业主委员会，物业服务合同是开发商和物业公司签的合同，在没有业委会签订新的物业服务合同前一般情况是顺延，直到业主委员会新签订物业服务合同止。在这种情况下，由于很多小区未能成立业主委员会或业主委员会因各种原因未能选聘出新的物业服务企业，导致前期物业服务时间期限延长，即使业主存在不满，也很难解聘。从问卷调查来看，受访社区中主要由业主大会及其业委会选聘的占比只有36.8%，其他则为开发商、街镇政府、社区两委及其他方式选聘。

第四，部分居民对物业服务存在不切实际的要求，也是引发矛盾纠纷的原因之一。例如，部分业主片面地以为，物业公司是自己请来的“管家”和“佣人”，随意拓宽物业管理的外延和内涵。此外，由于开发商在前期开发小区时，遗留下了诸如房屋质量不过关、配套设施不健全等问题，导致业主在使用过程中出现了一系列问题。有些问题，物业公司本身并不能很好解决，而开发商又百般推卸责任，部分业主就以物业公司为发泄对象，将拒绝交纳物业费作为挽回损失的手段。从问卷调查数据来看，受访社区的物业费收缴率为78.6%，说明物业费收缴难的问题依然比较突出。

综合调研情况来看，绝大多数居民在遇到包括物业问题在内的各类纠纷矛盾时，首先选择或者想到的问题反映对象是社区两委或基层政府。这说明基层政府与社区两委，在处理社区矛盾纠纷时仍具有非常明显的权威地位。然而现实中，基层政府及其外延组织似乎普遍重视不够。从问卷调查反映的情况来看，43.8%的受访城镇社区认为基层政府在监督物业管理方面“没有参与”或“有些参与”。

党的十九大明确强调要“加强社区治理体系建设，推动社会治理重心向基层下移”。“推动治理重心下移，使基层有人有权有物”就成为当前基层管理体制改革的一个基本方向。鉴于此，相应的改革措施应主要围绕完善基层政权权责配置，让街道和社区工作人员有动力、有责任投入到物业纠纷调解工作中去。目前来看，随着一些地方已经开始试点将物业管理监督权限由区县一级下放至街镇，从而为基层政府和社区两委有效调节社区物业纠纷创造了体制上的可能。

第二节　社区治理各主体互动模式的社区间异同

社区权力结构是指社区治理各主体之间相对稳定的权力关系，即由谁以及通过什么样的方式实施权力①。在社区治理实践中，如果权力结构和资源配置出现了失衡，就会导致各主体获取资源的能力和持有资源量有所差异，进而引发各主体之间或主体内部的利益博弈和关系调适。住房改革以来，收入水平、政策因素等开始成为影响居民住宅选择的主要因素，从而导致社区的异质化不断提升。这一过程中，各类社区治理主体的角色定位和互动方式亦产生了明显的社区间差异。考虑到城镇社区与涉农社区的差异，本节内容将社区类型首先区分为城镇社区与农村社区。其中，城镇社区具体包括商品房社区、老旧社区、廉租房社区、“准单位制”社区、“村改居”社区和国际社区六种类型。

一、商品房社区

1978 年以来，特别是 20 世纪 90 年代的“房改”以来，伴随着井喷式的地产开发，商品房逐渐成为城镇住房市场的主体，商品房社区随之成为城镇最主要的社区类型。与老旧社区、“准单位制”社区、廉租房等其他类型的城镇社区相比，商品房的住户可能来自不同的地域，乃至于不同的国家，也可能来自不同的行业，甚至是季节性居住，从而导致社区居民的邻里关系普遍不够紧密，呈现为典型的陌生人社区。与传统的熟人社会以血缘和地缘作为主要的社会联系纽带不同，陌生人社会多是建立在利益和法律基础上的。尽管这在某种程度上与现代社会的社会关系网络更加契合，但却也给现代社区共同体的构建带来了极大的困难，社会整合度普遍较低。商品房社区在居民构成、权力分布和社区服务供给等层面的新特点，必然对其内嵌的利益关系网络和社区治理各主体互动模式产生深刻的影响。

第一，对于基层政府和社区两委而言，其利益诉求主要表现为社区的稳定和谐与治理绩效。随着改革开放以来市场经济的深入发展，特别是国企改革导

---

① 石发勇：《城市社区民主建设与制度性约束：上海市居委会改革个案研究》，载《社会》2005 年第 2 期。

致单位制的逐步解体，导致“单位”分离出来的政府职能和服务职能需要由新的组织来承接。在这种情况下，1991年民政部提出“社区建设”概念，旨在构建独立于企业和事业单位的社会服务网络和福利保障体制，将其作为新型社会组织去承接原本主要由单位组织和政府提供的部分管理与服务职能。由于社会结构重组和体制转轨，社会矛盾加剧，维稳任务加重，社区建设的另一个重要目标在于“加强基层政权建设”，维护社会稳定。随着公权力的“重心下移”，一方面街道办事处作为城市基层政权组织，在运行机制和组织体制上都获得了实质性的权力，同时“官民二重性”亦开始成为居委会典型的组织特性。居委会作为法律上的自治组织与实际运行中的准行政组织，代理政府的各项服务性事务，如帮困、优抚、社会保障等，行政化色彩日渐浓厚，实际上成为政府在社区层面的代表。

第二，作为单纯的市场主体，以物业公司为代表的市场主体的利益诉求比较简单，居于核心的就是经营利润。对于物业公司而言，尽管从表面看来，其并不掌管社区管理事务，仅仅依据合同提供相关物业服务。但在实际运行过程中，由于物业公司才是商品房社区重要公共设施的直接管理者和主要维护者，同时他们还管理公共盈利收益，社区居民虽然在名义上是社区公共事务的管理者和决策者，但他们在每一个环节都离不开物业公司①。因此，对于商品房住宅小区而言，物业服务质量是社区管理的水平和质量的集中体现，物业公司因此成为社区治理的核心参与主体。

第三，业主和居民以及作为其利益代言人的业主委员会，同样是商品房社区治理中的重要参与主体。作为一个法律概念，业主是指在一个建筑区划内或者所有建筑物内拥有一个或者一个以上专有建筑物房屋或者空间的所有权人。业主可以是法人、自然人和其他组织，可以是本国公民及组织，也可以是外国公民及组织。在现实生活中提及业主，通常是指城市私有产权住宅的自然所有人。从时间上看，业主这个称谓实际上随着住房商品化改革之后才开始逐渐普及的。当前，随着国内大中城市住房价格持续处于高位，“房子”不仅是保障城市居民生活质量的主要物质载体，也是多数人最为重要的资产。因此，维护住宅小区优良的生活环境、促进房屋的保值升值，已成为城市居民最为关注的事务之一。此外，在当前的商品房社区治理结构中，业委会已成为业主和居民

① 徐金燕、陆自荣：《城市社区自治组织在社区管理发展中的困境及其破解》，载《湖南科技大学学报》（社会科学版）2011年第4期。

履行其权利的主要组织载体。从实践来看，通过业主委员会的协调，业主与物业公司之间通常更容易达成合作双赢格局。

需要说明的是，社区社会组织和驻社区单位虽然也可以归为社区治理主体中的社会主体，但他们更多的是站在外部参与者的视角，助力社区治理，聚焦于外部资源的引入和提供拾遗补缺性质的社区服务。在社区治理的利益互动和博弈过程中，社区社会组织和驻社区单位作为“外来人”，影响通常比较有限。

作为社区治理最直接的利益相关者和应然的核心参与主体，商品房社区居民的基本利益诉求主要表现为社区生活环境、社区服务质量以及与之紧密相关的房屋保值升值问题。其中，房屋的保值升值问题与居住环境和质量之间又存在着一种交互影响的关系。而影响业主核心利益最主要的社区服务，诸如卫生绿化、社区安全等，均主要来自市场化经营的物业服务机构，社区两委能够提供的诸如社区文化活动、医疗卫生、居家养老等各种社会服务，对于以中青年人居多的商品房社区居民而言，因为与社区居民的实际需求存在普遍的脱节问题，因而并不是很被看重。在这种情况下，党政力量因为缺乏有效的“抓手”，很难单独主导社区社会整合过程，社区治理各参与主体之间的互动关系相对呈现出更多的扁平化特征。

综上，在商品房社区治理中，各方的利益诉求存在一定的差异，甚至冲突，从而导致各主体的互动过程实际上也是一个利益博弈的过程。特别是在社区重要公共设施维护和服务供给方面，物业服务机构通常发挥着主导作用。与之相伴而行的，则是近年来商品房社区物业矛盾纠纷的不断增多、升级，乃至于出现了大量物业公司弃管、业主维权乃至抗争事件，从而导致物业服务问题逐渐成为商品房社区治理的核心问题。考虑到物业服务质量对商品房社区业主核心利益关切的重要影响，业主（居民）与物业公司的关系问题就成为影响商品房社区利益关系网络和社区治理主体互动模式的重要因素。特别是在那些存在较为激烈物业矛盾纠纷的商品房社区，社区治理模式的成型则在较大程度上取决于党政力量调节居民与物业矛盾的态度和成效。

目前，国内学术界对社区治理模式的研究主要是从国家与社会关系的视角切入的。在社区治理模式的背后，实际上反映的是社区治理各主体之间互动模式的差异。考虑到我国目前的整体社会环境以及国家与社会关系的基本态势，理想的社区治理模式应该在平衡政府、社会和市场三方利益的基础上，调动各方的力量，共同参与到社区治理中，即所谓多元共治模式。实践中，商品房社区比较常见的社区治理模式可以划分为政府主导模式、合作治理模式和社区自治模式三种基本类型①，而每一种社区治理模式的形成都建立在特定的社区利益关系网络和社会整合模式基础之上。

二、老旧社区

在近年来的社区治理研究热潮中，城镇老旧社区作为一种独特的类型，也开始受到广泛的关注。一方面，与当前占据主导地位的商品房社区不同，多数城镇老旧社区由于建成时间较早，无论是房屋本身还是配套设施，普遍面临严重的老化。另一方面，老旧小区普遍没有引进专业的物业公司，很多老旧社区的物业服务是由街镇政府牵头引进的“准物业”公司负责，仅提供保洁等最基本的托底物业服务。这些“准物业”公司虽然收费相对较低（通常由政府主要承担或者给予一定的补贴），但只能提供保洁等兜底性的准物业服务，导致居民能够享有的物业服务质量相比于商品房社区明显偏低。此外，由于老旧社区居民的老龄化程度普遍较高，对于养老、医疗、文娱等社区服务的要求也明显更高。

没有聘请专业的物业公司并不意味着在老旧社区居民不需要相应的服务。相反，由于老旧社区普遍存在房屋设施陈旧、公共空间缺乏专业规划等突出问题，相应的社区服务需求反而更加强烈。此外，很多老旧社区由于开放式的空间布局而引发的居民对于社区安全的关注等问题，也较之商品房社区更为强烈。上述这些本应主要由物业公司具体负责的事务，现实中大部分都转移给了社区两委承担，这无疑大大增加了工作负担。在商品房社区，居民遭遇社区公共问题时，通常是先了解该问题的职责范围是属于物业或者社区两委，但老旧社区由于物业服务的严重缺陷和自组织能力的不足，导致居民只要出现问题，最常见的反应就是求助于社区两委。

在居民的公共参与方面，老旧社区居民更乐于通过公共参与提出各种复杂多元的利益诉求，这在推动社区治理的同时也客观上增加了社区两委的工作负担。商品房社区和老旧社区在居民构成等方面的差异，使得两种类型小区的居民在社区公共参与方面也呈现出明显的区别。在商品房社区，居民整体年龄通

---

① 魏娜：《我国城市小区治理模式：发展演变与制度创新》，载《中国人民大学学报》2003年第1期；卢汉龙：《中国城市小区的治理模式》，载《上海行政学院学报》2004年第1期。

常更为年轻化，日常工作较为忙碌且物业服务本身较为专业和完善，使得居民与社区两委之间的关系较少，对于社区公共活动的参与程度较低。而在老旧社区，由于居民年龄结构偏大，闲暇时间较多，再加上居民的流动性偏低，很多居民之间属于原同事关系，带有较强的“熟人社会”特点。老旧社区居民结构方面呈现出的上述特点，使得社区两委的社会动员更为便利，居民社区活动的参与积极性明显更高。老旧社区居民更高的公共参与热情，显然有利于社区两委更好地倾听和回应居民的诉求。然而，这种较高的参与度随之而来的往往是形形色色、复杂多样的利益诉求，这就在客观上进一步加重了社区两委的工作负担。尤其社区书记作为社区工作的第一负责人，需要随时随地准备处理居民提出的各类诉求。

此外，老旧社区的社区两委已经普遍开始陷入有限权力与无限责任的悖论之中。虽然《居民委员会组织法》详细地规定了居委会应当遵守的规范和履行的责任，但却几乎没有任何关于居委会职权的规定。这样明显的权责不对称，导致在解决诸多社区治理难题时的两难局面：既要解决问题对上下两个层面负责，又没有足够的法律支撑采取应对措施，沟通协调成为唯一能采取的方案。遗憾的是，如果仅仅依靠沟通，对于问题的解决能起到的作用往往十分有限。在近几年的基层治理实践中，属地管理的明显强化，不但无助于老旧社区上述典型难题的解决，反而进一步加剧了社区服务供给与居民实际需求的脱节，干扰了居民自治的推进，已经演变为推进老旧社区减负增效、提升治理水平的新难题。

基层社会治理体系一定程度上可以被视为调节各种利益关系的框架结构，其有效发挥作用的关键之一，就是根据社区内嵌的利益关系网络，寻找合适的整合点与整合手段，否则就难以形成持续的激励机制。对于很多老旧社区来说，其社会整合的基本特点，是以社区服务供给等纵向利益输出手段为主要“抓手”，以社区两委为主要载体，维持着自上而下的管控型社会动员与整合，社区治理各主体之间的互动关系具有较强的非均衡性。具体来看，在很多老旧社区原产权单位退出社区治理后，准物业服务公司难以满足居民需要，多数社区服务须依靠街道办和社区两委，从而构成了维系管控型社会整合的物质基础。在这一过程中，街道利用行政手段下派“任务”，整合各种资源，并由社区两委负责具体的落实，以实现对社区治理的总体把控。与此同时，市场主体和社会主体没有发挥应有的作用，居民的主动性也没有得到充分发挥。总之，由于基层政府和社区两委掌握着社会资源优势，并以行政手段进行资源配置，为社区居民提供了大量的社区服务，使得居民对政府的依赖性较强，从而形成单一的利益依附链条，成为维系政府主导治理社区整合和治理模式的社会基础。

三、廉租房社区

除了收入、职业等市场化因素，公共政策因素也加快了城镇社区类型的异质化进程。这一点在廉租房社区表现得最为明显。在现有的各类保障性住房中，廉租房显然已经成为主要类型。具体来看，廉租房社区是根据国家住房保障政策及相关规定，由政府统一规划设计，享有一定政策优惠及建设标准，专门向城市中低收入群体提供带有保障性质的住房所形成的社区①。近年来，为致力于解决中低收入群体的住房问题，政府全面介入以廉租房为主的保障性住房建设和管理，承担了保障房建设者、管理者和后期服务者的角色。由于廉租房带有福利性特点，在保障房财政投入、提供建设用地、融资、建设、制定标准、申报分配、审批入住资格、后期物业运营管理等环节，都由政府统一负责，并提供租金和税收方面的补贴。由于廉租房对承租居民资格的严格限制，导致其居民构成相对商品房等其他类型的社区，具有比较独特的属性。具体来看，廉租房社区居民在自身构成和社区公共参与方面表现出几个较为鲜明的特点。

一是居民构成的贫弱性。正常情况下，廉租房社区主要是政府提供给城市中弱势群体的住房，居民多为收入偏低群体，组成人员复杂、特殊群体集中、精神面貌较差，是积贫积弱者生活共同体。而且，相比较商品房社区，廉租房社区普遍存在选址偏远、集中连片和配套设施滞后等规划布局特点。这种空间布局长远来看，有可能造成社区居民的居住空间和社会地位的双重边缘化，引发或加剧社会分层标签化、贫困的聚集与再生产、纵向社会流动不畅等问题。而且，考虑到住房具有长久的使用寿命，不同社会群体在城市的居住空间格局一旦形成，往往很难短期内改变，久之易形成特定的地缘文化，乃至于固化为群体的空间身份标签。长期来看，有可能导致廉租房社区的居民偏离主流社会价值观，从被标签化走向整体被边缘化。

二是居民严重依赖政府。在廉租房社区，政府性力量通过申请资格确定、

---

① 武田艳、何芳：《保障性社区公共服务设施供给研究：以上海市宝山“四高”小区为例》，载《生态经济》2011 年第 9 期。

房屋补贴等方式，掌握着社区社会整合的主导地位。一方面，由于廉租房只能提供给满足特定条件的中低收入者，居民需要按照租赁面积向政府缴纳租金。另一方面，廉租房的租金主要通过政府直接补贴显现出价格优势，而社区性公共服务等也主要由政府提供，居民对政府的依赖较强。正因为居民的利益诉求与房屋产权并不直接相关，而是主要反映为由政府承担相当责任的房屋租金补贴，以及物业服务、社区性公共服务等，使得社区居民因为严重依赖于政府政策及资源支持。与之相适应，基层政府和社区两委推动的各项工作，往往也能得到居民及时的响应。

三是居民参与的被动性。就居民参与而言，由于需要通过社区两委、街道等主体提供的租金补贴、物业服务、公共基础设施等服务才能保证日常生活的运转，这就使得居民对由相关主体发起的社区活动虽然有着较高的参与热情和参与率，但多是为了配合政府工作，避免利益被剥夺。此外，廉租房社区的居民主体都是迁移而至，并非土生土长的本地居民。因为居民的社会身份多样化、来源地域差异化，社区居民之间以前并没有共同生活的经历，因而居民之间的社会资本不太高，所以他们的社区归属感也非常弱。在这样的情况下，社区两委的行政性质与职能显然比较凸显，其对于社区自治的指挥领导作用就超过了其应然的指导地位，因而也会对当地社区居民的参与动力与意愿产生负面影响。

总之，正是因为政府根据相关政策，直接决定廉租房社区居民的入住资格，给予入住居民较大比例的住房租金补贴，并提供大量的社区服务，导致居民对政府的依赖性较强。一定程度上看，廉租房的社区结构与计划经济年代的单位大院比较类似，只不过对居民实施管理和社会整合的主体由单位转变为了房屋的权属部门和所在地的基层政府和社区两委。和单位大院类似，社区工作的行政化色彩非常浓厚，政府中心主义凸显。在这种情况下，廉租房社区的治理模式总体上属于自上而下的政府主导模式。

就此来看，有效激发廉租房社区居民参与社区治理的意愿、动力与能力，对避免廉租房社区沦为贫民区至关重要①。在廉租房社区中，如何在社区治理中更多地引入居民参与的元素，是一个值得深入分析的问题。这就要求充分发挥社区两委的作用，服务功能与管理职能并重。具体来看，社区两委要加强自身的居民自组织特性，以提供社区服务及交流平台为第一目标，充分调动社区

---

① 邓锋：《公租房小区的特征及治理》，载《城市问题》2012 年第 8 期。

居民参与社区活动的意愿与能力。同时，社区两委在提供社区居民沟通交流渠道、保障与其他社区交流等方面也要积极发挥作用。

四、“准单位制”社区

梳理从新中国成立到改革开放之前的中国城市基层管理体制，无疑绕不开单位制。在计划经济时代，单位是政府在城市基层进行资源分配和社会整合的主要组织载体①。与之相适应，大量的城市居民亦居住在各类“单位大院”中，居住空间具有较高的同质性。单位制的长期存在，对中国社会的政治、经济、文化产生了巨大的影响，反映在基层社会，就是在城市基层建立起了以各类单位为中心的管理体制。在当时，单位制是一项整合社会资源的制度创新，能够适应高度集中的政治体制和计划经济体制，具有一定的历史特殊性，保证了社会秩序的稳定，提高了经济运行效率，“改变了中国分散零乱的格局，创造了在一个超大型社会进行有效治理的范例”②。尤其是 20 世纪中叶在“单位办社会”的时期得到快速发展，人们甚至提出设想，随着社会主义改造的顺利完成，我国城市居民的方方面面都将纳入单位组织的轨道，由单位解决社区居民的全部问题，为其提供全方位的服务。

在单位—街居制的城市基层管理模式中，单位在社区中处于核心位置，单位作为政府的神经末梢。在这一阶段，政府是社区管理的唯一主体，其他主体难以参加到社区管理的活动中来。政府主要通过行政命令对社区进行日常管理，维持基层日常事务的运作。而作为自治组织的居委会被纳入这种行政命令型的管理体制中，表现出逐渐科层化的态势。政府通过对单位的管理和控制实现社会资源的重新分配，并实现对基层的管理。然而，这种高度组织化的管理方式具有一定的效率，但缺乏必要的活力。长此以往，居民对单位产生高度的依赖性，缺乏积极主动参与社区公共事务的热情和经验，导致居民缺乏行使自治权力的自觉，也没有建立起来相应的行为模式和习惯。

改革开放以来，计划经济年代我国城市原有的以“单位大院”为代表的居住格局开始被逐步打破，取而代之的是以经济收入为主导的居住格局③。期

---

① 李路路：《“单位制”的变迁与研究》，载《吉林大学社会科学学报》2013 年第 1 期。

② 刘建军：《“跨单位组织”与社会整合：对单位社会的一种解释》，载《新华文摘》2004 年第 14 期。

③ 赵聚军：《社会稳定的增压阀：对居住隔离现象的政治社会学解读》，载《江海学刊》2013 年第 6 期。

间，原“单位大院”纷纷通过“公房买断”等形式，转制为当前的城市老旧社区。单位制的解体和居住空间分异，最终导致了以计划经济年代单位体制为主轴、街居制为辅的基层社会治理结构难以为继，20 世纪 90 年代初期开始推行的社区建设即是在此背景下展开的①。

虽然城市老旧社区绝大多数源于计划经济年代的“单位大院”，但又存在一定的差别，大致可以分为两类。一类是原产权单位为国有或集体所有制企业的老旧社区。随着公有制企业改制的完成，企业作为这一类老旧社区的原产权单位，已经基本不再履行基础设施维护等职责，相应的责任主要转嫁给了街道办和居委会。另一类则是原产权单位为政府或事业单位的老旧社区。在这一类老旧社区，虽然已经通过“公房买断”等形式实现了产权改革，原产权单位也基本不再参与具体的社区管理工作，但“社区建设和发展的资金主要来源于单位；大部分基础设施由单位提供；文化娱乐活动依托单位组织举办。”② 鉴于此，可称之为准单位制社区。在准单位制老旧社区，虽然街道办和居委会在社区治理中具有法定的权威地位，但在社区服务供给中的责任却相对较轻，角色相对超脱。原产权单位在社区服务中依然扮演着重要的角色，但却不直接参与社区治理。街道办和居委会虽然在社区治理中处于主导地位，但能够提供的社区服务却相对有限且不甚关键，缺乏实施自上而下利益管控的物质基础，因而无法像在很多普通老旧社区那样强势，日常工作中更多、也更习惯于采用协商的方式，社区治理结构表现出一定的居民需求导向。

在很多准单位制社区，原产权单位虽然不再具体参与社区治理，但依然是基础设施维护等社区服务的主要承担者，街居两级在社区服务供给中的角色不甚重要，这就使得街道和居委会由于缺乏对居民实施自上而下管控的利益基础，从而使得社会整合的过程呈现出更多的利益互动与协调特征，可称之为聚合型社会整合。

回顾改革开放以来我国城市基层社会整合的发展历程，不难发现，从 20 世纪 80 年代开始，在城市化和市场化的冲击下，国企改革引发了下岗潮，私

---

① 夏建中：《从街居制到社区制：中国城市社区 30 年变迁》，载《黑龙江社会科学》2008 年第 5 期。

② 车婧：《单位型社区治理路径探析：基于社区和驻地单位的良性互动关系》，载《学理论》2014 年第 3 期。

营和外资经济的迅速发展，则使公有制部门就业人员的比重大幅度下降。随着城市居民纷纷由“单位人”转变为“社会人”，大量社会问题与公共事务开始涌向居委会。但这种当时主要由缺乏技能的退休老人和中年妇女构成的基层组织，显然难以有效应对复杂的社会问题①。

不同于集政治、经济和社会功能于一体的单位体制，社区是人们在一定的生活空间中形成的居住共同体，居民即使与街居两级之间存在一定的资源依附关系，也远达不到单位体制下的“控制—依赖”模式的程度。在计划经济年代，由于单位制的存在，社区在基层治理中发挥的作用极为有限②。一直到21世纪初，随着社区建设运动在全国推广，社区才开始背负起发展基层民主和推动社会整合的双重使命。一方面，社区建设的基本目标是回归居民自治，发展基层民主。另一方面，它也是执政党在城市基层进行社会动员和整合的主要载体③。虽然现阶段影响社区治理的因素是复杂多元的，但作为一项公共政策，社区治理与其他类型的公共政策相类似，其本质上依然是一种公共利益的分配与协调活动。当前，社区内部缺乏高度相关的利益聚合点往往是社区整合难以实现的重要原因④。因此，在建构现代基层社会整合模式的进程中，一个核心问题，就是根据不同类型社区内嵌的利益网络结构，构建起能够有效平衡社区治理各参与主体的利益共生结构。或者说，统筹协调社区利益关系的过程实际上就是推进社会整合的实践，其实质是要在现有的法律框架下，在认同相关各方利益差异性的前提下，求同存异，寻找各方的利益交汇点⑤。

在既有的基层治理权力结构和资源配置框架下，原产权单位的角色定位就成为准单位制社区治理的一个重要外生性变量，深刻影响了此类社区内嵌的利

---

① Leslie Shieh & John Friedmann. Restructuring urban governance：Community construction in contemporary China. City：Analysis of urban trends，culture，theory，policy，action，2008，12（2）：183-195.

② Wang Z，Liu J，Pavlićević D . Democratic Localism：The Case of Grassroots Self-Governance in Urban China ［J］. *Chinese Political Science Review*，2018，3（2）：129-153.

③ Derleth J，Koldyk * D R . The Shequ experiment：grassroots political reform in urban China ［J］. *Journal of Contemporary China*，2004，13（41）：747-777.

④ 刘惠：《从单位整合到社区整合：中国城市社会整合模式的变迁》，载《西华师范大学学报》（哲学社会科学版）2018年第6期。

⑤ 赵聚军、张雪莉：《城市基层治理中的居民参与与基层管理体制优化——基于四个异质性小区的调查》，载《中国行政管理》2019年第4期。

益关系网络和社会整合模式。目前，很多学者将社区制和单位制简单看作是发展和替代的关系，认为社区完全承接了单位原有的社会职能，这显然低估了新旧体制衔接和转换的复杂性。随着单位制的逐渐解体，尤其是在社会保障制度和住房商品化改革的冲击下，单位所承担的一部分社会——政府职能确实已经转移到社区。然而，这并不意味着其福利导向就此消失，准单位制社区的存在就是典型的体现。但是，需要注意的是，这种只负责提供社区服务、不具体介入社区治理的准单位制社区的存在，一定程度上本身就是计划经济模式的延续，应认识到其过渡性。在党政机关和事业单位已经有明确职责的前提下，如果继续长期承担额外的社区服务供给职责，并不利于转变政府职能和推动事业单位改革的深入。未来的目标应当是“社区的归社区，单位的归单位”。

五、“村改居”社区

简言之，“村改居”特指我国基层社会自治体制由村民委员会转变为居民委员会的制度转型。“村改居”是“在我国长期实行城乡二元政策背景下，对城中村或经济较发达的城郊农村进行城市化改造的必经过程”①。21世纪以来，随着城镇化进程的持续快速推进和自上而下的推动，“村改居”进程加速推进，“村改居”社区目前已成为一种重要的城乡过渡型社区。在“村改居”社区，治理基础具有一定的特殊性，表现在公共经济基础和经济控制权的保留。具体而言，“村改居”社区有着非常强烈的集体主义意识，一定程度上属于集体经济的遗产，很多“村改居”社区虽然经过了改制，但原集体经济组织对居民的社会整合作用并没有减弱，相反倒是增强和固化了。“集体经济组织是社区中独特的内部利益载体，以相对封闭和排他的形式保护并改善其社区内所有合法成员的公共利益”②，在某种程度上帮助居民规避了城市化、市场化带来的某些风险。

从20世纪80年代开始，伴随着城镇化进程的不断提速，国内大量涌现的“村改居”社区受到了学术界的广泛关注。国内学术界对城中村的研究，始于

---

① 郑风田、赵淑芳：《城市化过程中“农转居”与农村集体资产改制问题研究》，载《农业经济导刊》2006年第3期。

② 郎晓波：《城市化进程中“村改居”社区公共领域的再建构：一个经济社会学视角》，载《2011年浙江省社会学学会年会论文集》。

对国外都市村庄（urban village）和城市边缘区（urban fringe）研究的借鉴①。受此影响，早期研究者普遍将“村改居”社区称为“城中村”或“都市里的乡村”②。近年来，“村改居”社区这一称谓才开始被普遍接受。从演变过程来看，“村改居”社区又可以划分为两种类型：一是由传统城中村经过改造改制后建立起来的原村民回迁安置社区。二是因为城市建设用地的扩张，导致部分城郊农业和农村建设用地（主要是农村宅基地）被征用，由此而产生的专门作为被征地农民集中安置区的新式“村改居”社区。

目前，“村改居”社区组织通常由社区居委会和集体经济组织组成。社区居委会承担原村委会负责的管理工作，实力雄厚的集体经济组织则主要负责管理集体资产及企业经营，承担社区正常运转费用，并在维护社区安全、修建社区道路、组织公共娱乐活动等方面发挥了较大的作用。通过股权分配，社区居民还享有集体经济的利益分红，强化了社区内群体在“理性驱动下的利益关联”。由于社区建设和公共服务费用主要由集体经济组织承担，再加上居民彼此非常熟悉，交往较为密切的熟人社会人际关系特点，使得大多数“村改居”社区维持着以集体经济组织为主要载体的利益管控机制，并在此基础上形成了自上而下的社区治理模式。在这种治理模式中，居委会和集体经济组织在社区治理中发挥着主导作用，街镇政权的意愿则通常借助于居委会有效传输至居民。

虽然“村改居”社区可以整体归入城镇型社区类型，社区的“城市特质”逐步增强，但囿于城乡分治的制度惯性，仍然普遍性地保持着一定的“农村特质”，如村居体制并行、集体资产改制进程缓慢、人的城市化滞后于“居”的城镇化等。总之，作为一个集合了部分“城市特质”与“农村特质”于一身的特殊社区，“村改居”社区既像古老历史的遗物，又可以看作是快速城市化过程中新生的事物③。因此，“村改居”社区具有一般社区的特质，同时

---

①　都市村庄是指被城市建成区包围的，仍保留着原有部分特征的一种村庄，其居民普遍具有强烈的社区和地方认同感。而城市边缘区则是指位于城市连续建成区外围，几乎没有城市居民居住、非农土地利用和纯农业腹地之间，但由于已经或者正在接受城市社会的改造和影响，因此兼具城乡两面特征的地带。参见李志刚、顾朝林：《中国城市社会空间结构转型》，东南大学出版社，2011 年版，第 238—239 页。

②　田莉：《“都市里的乡村”现象评析——兼论乡村——城市转型期的矛盾与协调发展》，载《城市规划汇刊》1998 年第 5 期。

③　李培林：《村落的终结—羊城村的故事》，商务印书馆 2004 年版，第 1 页。

“作为城市化进程中出现的新事物，又有自己特有的规定性”①。具体来看，相比较一般的城镇社区和农村社区，“村改居”社区在社区治理的基础和治理形态方面存在以下几个突出的特点。

第一，社会生活方面呈现出“亦城亦村”的过渡性。对于那些已经完成“村改居”的社区，通常无论是从居民身份还是管理体制，都已经纳入城市社区的统一管理体制当中。从这个层面上讲，“村改居”社区更趋近于城镇社区。然而，由于“村改居”社区是从农村社区转化而来，体制转型的完成并不能在短时间内抹去原本的农村社区特质，因而才被形象地称为“都市里的村庄”或“都市村社共同体”②。反映在居民层面，“村改居”社区的居民主要仍是农民或从农民转化而来，虽然在物质生活和居住环境方面发生了巨大变化，但在生活习惯和思想观念方面仍然保留着农村社会的深厚印记，并且他们的社会交往仍处于“半熟人社会”关系中。尤其是由村民个人的社会化和长久的生活实践而导致的村落社会结构的内化，“村改居”社区环境仍会相对稳定，短期内难以彻底改变。

第二，社区管理体制转变不彻底。作为中国最重要的两种基层群众自治组织，村委会和居委会对于推动城乡基层的经济、政治、文化建设，维护基层社会稳定，发挥着关键作用。但是，村委会和居委会又有明显的差异，“村改居”不仅是自治组织名称的变更，更是治理模式的演变。目前，“村改居”社区普遍面临的一个问题就是社区管理体制转变不彻底。关于这一问题，比较典型的表现就是基层自治组织工作重心的转变不到位。具体表现在，在“村改居”之前，发展集体经济是村委会的主要工作目标，同时负责计划生育、邻里调解、卫生检查等社会管理工作；“村改居”后，村委会转变为社区居委会，这就要求其管理职能和工作目标都应进行相应的调整，将工作重心转移到全方位的社会事务管理上来。但从现实情况来看，改制后的居委会，在开展社区工作时，仍然普遍习惯性地沿用原村委会的管理方法进行管理，使得社区管理机制、管理模式以及社区服务质量参差不齐。而且，机构设置也发生变化，在“村改居”之前，集体经济管理组织和村委会上虽然名义上是两个机构，

---

① 操世元：《“村转居”社区：特点、问题与建设方向》，载《西华师范大学学报》（哲学社会科学版）2010 年第 3 期。

② 蓝宇蕴：《都市里的村庄：一个“新村社共同体”的实地研究》，生活·读书·新知三联书店 2005 年版，第 11 页。

但是一套人马、“政经一体”。随着“村改居”的开展，社区经济组织与居委会成为相对独立的机构，职能发生分离，基层社区的公共权力进行重新分配。这里的矛盾是，部分“村改居”社区居委会的工作经费主要由社区经济组织承担，从而导致基层组织的事权与财权发生分离，极易出现双方互相掣肘乃至发生冲突的情况。此外，城市社区管理和服务应面向所有的社区常住人口，但“村改居”社区在实践中往往却只对原村民开展服务，引发了一定的争议和矛盾。

总之，在“村改居”社区，借助于集体分红等利益管控机制，以原村委为班底的治理机构能够较为有效地实施社会整合，因而目前的社区治理继承了原来的党政力量主导模式。具体而言，“村改居”社区目前普遍还处于一个从农村社区向城市社区的转变过程当中。一方面，由于政府对征地拆迁农民多实行货币化安置，不是就业化安置，相当数量的安置农民没有土地，就业不稳定，存在大量的无业或待业人口，使得人们有更多时间参与社区事务；同时，由于熟人社会的影响，社会资本含量较高，人们有时候碍于情面等因素也不得不更多地参与到社区事务当中，使得居民的社区参与程度较高。但另一方面，由于“村改居”社区向城市社区的转变还未完成，这意味着由村委会转变而来的居委会还掌握着大量的集体资产，不仅对社区的日常开销有着重要影响(如缴纳物业费、补贴停车费等等)，集体资产产生的年底分红也是居民们收入的重要来源。大量集体资产的存在，使得居（村）委会具有较强的组织动员能力和管控能力，居民也须配合相关部门的日常工作，以保证自己的收入。当然，我们也应考虑到“村改居”社区的发展阶段，其目前正在经历着从村治到社区治理的转型等因素的综合影响，在社区治理上缺乏经验。在这种情况下，社区民主自治程度必定会受到一定限制，呈现出来的“高参与”状态往往是一种在居（村）委会主导、控制下的参与。

然而，这种依靠强大集体经济和熟人社会进行利益控制的社区模式是长久之计吗？虽然当前的“村改居”社区的居民主体比较单一，但随着时间推移，租赁和搬移的情形会逐渐增加，社区内部居民的流动性也会大大提升。在此背景下，社区内部的居民很有可能渐渐以外来人员为主。不同地域的人员之间，往往社会共有属性低、共同话题少且共同归属感弱。而且，共同的利益也少。这样，可预见的是他们对于社区共同活动的参与意愿与动力都会下降。届时失去了利益控制的居委会（村委会)，又该如何为继。不仅如此，随着现代化步伐的加剧，社会内部的传统共享价值与规范也在不断瓦解。传统的亲缘式、地域式、道德式的社会规范约束力大大减弱。这种发展会给这类“村改居”社区带来更多结构性紧张与压力。目前，“村改居”搬迁型社区内的居民主体基本是原本的农民，虽然身份上变成了城市居民，但社会活动的规范与模式仍有很大的惯性，依赖于原本的农村大家庭、大家族的社会网络。基本还是依赖血缘、亲缘的社会纽带，与现代社会的基于市民活动的现代社区仍有着极大的差异。所以，培育居民的市民意识与自组织能力势在必行。

六、国际社区

关于国际社区的界定标准，目前比较普遍的做法是以社区中居住的外籍居民比重作为衡量标准，且通常将常住人口中外籍居民占比超过20%的社区界定为国际社区。随着国际移民活动的常态化，国际社区作为一种新兴的特殊社区形态，在我国也开始大量出现。考虑到外籍居民占相当比重的国际社区与以往传统意义上的城市社区有较大的不同，其自身居民构成的多元化和复杂性，无疑增加了社区治理的难度。就社区治理各主体的互动情况，综合我们对京津地区多个国际社区调研的情况来看，外籍居民在国际社区治理中的参与现状并不乐观，更多地体现为有限且固化的参与，外籍居民中的“积极分子”依然是“难得的少数”，其主要集中于家庭主妇、老人和孩子。而且，即使对于这些“难得的少数”而言，社区参与也仅仅局限于某些特定的领域，如文化活动、志愿活动等。此外，受制于语言障碍等因素，外籍居民的社区参与多依托于稳定性不足的第三方力量，稳定而有效的沟通联络尚未实现。

结合多个案例社区的情况，制约外籍居民参与国际社区治理的因素是多方面的，我们将其大致归纳为宏观层面的国际环境和政社关系，中观层面的社区治理水平和社会资本网络，以及微观层面的族裔和个体因素、社会文化心理和利益相关度等。

第一，宏观层次。首要因素是国际关系。国际关系的紧张，往往动摇外籍居民与本地居民间的信任，导致外籍居民的疏离乃至离散。此外，政府对于国际社区建设的行政干预强度、政策法规的支持程度，都影响着外籍居民参与社区治理的意愿。与此同时，在国际社区治理的具体实践中，一定程度上不可避免地存在着行政化与自治化的张力，这也会对外籍居民的社区参与造成一定的阻碍，乃至造成外籍居民参与动力的下降。

第二，中观层次。首要因素是社区服务水平，尤其是社区软件环境建设。具体来看，在加强和巩固外籍居民与社区组织联系的过程中，社区工作人员扮演着重要角色，他们对于社区事务更为积极的态度，通常有助于增强外籍居民的融入感和体验感，从而激励他们的社区参与。而且，社区工作人员的工作风格本身，也在很大程度上影响着外籍居民社区参与的意愿和热情。例如，课题组在调研中发现，某位社区党群服务中心的一位工作人员出身军旅，工作作风较为强硬，平时也习惯于将“意识形态灌输”“维稳”等本土词汇用于外籍居民管理工作，工作风格偏向于“监管型”。多数外籍居民本就对这些官方组织存在疏离感，更不习惯于上述管理方式，外籍居民的参与度也就低。而另一个案例，某国际社区服务中心的工作人员则较年轻，思想较为包容，对外籍居民有着更为强烈的交流意愿，在社区事务上也更为积极，工作风格倾向于“服务型”，拉近了与外籍居民的距离，间接提升了外籍居民参与社区事务的意愿。

第三，微观层次。具体体现在：一是国际居民本身的社会资本和社会支持网络。出于陌生环境所带来的适应性问题，“抱团”成为外籍居民最为普遍的应对方式。绝大多数外籍居民拥有自己的内部网络和生活圈子，社交网络的发展使得外籍居民的社会关系可以独立于国际社区之外，形成自身所谓“舒适区”，从而减弱其参与社区治理的意愿。二是族裔与个体因素。综合案例的情况来看，欧美裔的外籍居民更为开放也更好沟通，更愿意以交朋友、学文化的方式参与社区活动，而日韩裔居民的生活更为独立且封闭，沟通也存在着更大的困难。此外，语言沟通的障碍也明显影响着外籍居民的社区参与。语言问题在日常生活中具有放大效应，往往会导致真实诉求表达受阻，加剧了外籍居民的主动隔离。另一个比较重要的个体因素是收入水平。收入水平较高的家庭有条件且有意愿更多地参与社区事务，而收入水平较低的家庭往往不会花费太多时间在参与社区事务上。三是社会文化心理。外籍居民在社会文化心理层面的特殊性主要表现在两个方面。其一，外籍居民的隐私意识很强，强调对私人空间的保护，国内社区传统的“串百家门，知百家情”的工作方法难以被普遍接受。其二，由于外籍居民对社区两委等社区组织普遍不够熟悉，对本土的社区治理模式水土不服，再加上社区两委等官方组织繁琐重复的办事程序以及社区活动中普遍存在的“面子工程”，使得外籍居民普遍对社区事务产生疏离感和冷漠情绪。与之形成对比的是，由于物业公司的非政府性和对个人隐私的保护而普遍更受外籍居民信任，成为国际社区主要的管理与服务主体，社区两委等社区组织则被边缘化。四是利益相关度。从理性选择的逻辑出发，社区事务与自身利益的相关度，是居民是否参与社区治理的重要衡量标准之一。一方面，外籍居民与社区事务的利益关联度与其居住的稳定性存在密切的联系。通常，流动性较强的外籍居民往往难以在社区内部形成稳定且紧密的关系网，对社区的向心力弱，利益相关度低，参与社区治理的程度也就相对较低。另一方面，官方社区组织所提供的社区服务的针对性和契合性，也影响着外籍居民的社区参与。

国际社区作为一种在我国新近出现的新型社区形态，其治理问题业已吸引了学界的广泛关注，相关研究和探讨亦向纵深发展。从实践来看，鼓励外籍居民参与国际社区治理，有利于提升其安全感、获得感和幸福感，有助于国际社区治理效能的整体提升。综合课题组的调研情况，目前外籍居民对社区事务的参与意愿、参与范围和参与效果，整体都不甚理想。在制约外籍居民参与国际社区治理的诸类因素中，要么很难短期内改变，要么超出了基层治理的可控范围，不具有可操作性。从提升外籍居民社区参与的意愿和效能、完善国际社区治理的基本宗旨出发，应着力于基层治理的制度和机制等可控因素，从治理理念和治理机制两个层面，积极推动外籍居民参与国际社区治理。

在治理理念层面，应改变以往针对国际社区治理的“特殊主义”认知，推进“居民化管理”。长期以来，对于脱胎于特殊政策区域的国际社区，我国各地基层政府和社区组织往往采取“特殊主义”的治理模式。一方面对外籍居民予以特殊对待和优先保障，但同时也对其社区参与抱有戒备的心理。随着对外做的进一步投入，这种模式已经不适应国际社区的发展态势，针对外籍居民的“去特殊化”要求逐渐占据主流①。要与时俱进，充分调动辖区各类资源，找准社区发展定位，对中外居民提供优质、平等且针对性强的公共服务，进而激发外籍居民的社区归属感和参与社区治理的主动性。这种治理理念不同于以往针对外籍居民的单向度“特殊主义”治理模式，而是一种双向互动模式，是推进国际社区外籍居民“居民化管理”的必然要求，代表着国际社区治理的新趋势。

在治理机制层面，关键在于依据国际社区的自身特点，提升“专业化治

---

① 樊鹏：《国际化社区治理：专业化社会治理创新的中国方案》，载《新视野》2018 年第 2 期，第 57—63 页。

理”水平。国际社区治理作为我国社区治理的一个特殊场域，实际上为我们提供了未来一线城市更高阶段社区形态的缩影和蓝图。从案例社区的实践来看，国际社区中的外籍居民由于语言、族裔和社会文化心理等因素的影响，社区治理面临着更为严峻和紧迫的专业化需求。对此，一方面，应努力提高社区工作人员的专业化水平，尤其是着力提升国际化素质和能力。另一方面，应鼓励社区工作人员积极借助使领馆等外事组织、文化组织、高校等专业的“第三方”力量，以及外籍居民“积极分子”和物业公司等个体和组织，拓宽双向互动的渠道，着重提升社区信息的可获得性和覆盖面，解决服务与需求的不对称问题。此外，考虑到国际社区中外籍居民的多元化族裔文化心理，社区工作人员的工作方式更加迫切地需要转变管理思维，寓管理于服务，以服务促管理，加强管理和服务的规范性和弹性，满足外籍居民的多元化需求。

七、农村社区

在我国的社区治理体系中，农村社区是一个独特的存在，也是构建共建共治共享基层治理新格局的重要组成部分。长远来看，农村社区的治理能力以及治理水平，不仅是农村社会和谐稳定发展的关键，亦是完成乡村振兴战略目标、建设美丽乡村的基本保障。《中共中央　国务院关于加强和完善城乡社区治理的意见》明确提出要积极推动农村社区治理能力和治理体系的现代化，“努力把城乡社区建设成为和谐有序、绿色文明、创新包容、共建共享的幸福家园”①。这也是中央首次明确将农村社区治理作为国家治理体系现代化的重要组成部分。具体来看，自新中国成立以来，我国农村社区治理的变迁大致可分为摸索、突破、深化、提升四个主要阶段②。

第一，新中国成立初期至改革开放前的摸索阶段。实际上，从清末开始，我国的乡村治理就开始由“皇权不下县”向基层下沉的转变，人民公社则是这一转变的顶峰。在具体治理方式上，基本采用行政指令的形式进行治理，人民公社既掌握着农民的生产，也掌握着农民的政治文化生活，实现了对土地及其他生产资料和社区资源的垄断。这种治理模式主要是为了最大限度地调动资

---

① 《中共中央　国务院关于加强和完善城乡社区治理的意见》，人民出版社 2017 年版，第 2 页。

② 关于我国农村社区治理的历史阶段划分，参考了文丰安的成果，详见文丰安：《我国农村社区治理的发展与启示：基于乡村振兴战略的视角》，载《湖北大学学报（哲学社会科学版）》2020 年第 2 期。

源，实现“以农哺工”的政策目标。

第二，改革开放至1998年的突破阶段。这一时期农村社区治理所取得的最主要成就，就是由原来的政社合一模式完成了向村民自治的历史性转变。1982年颁布的《宪法》明确规定了“乡、民族乡、镇设立人民代表大会和人民政府”以及村民委员会作为“基层群众性自治组织”的性质和地位，从根本大法的层次确定了村民委员会的自治地位，也拉开了农村基层治理中“乡政村治”新模式的大幕。特别是第九届全国人民代表大会常务委员会第五次会议于1998年11月4日修订通过《中华人民共和国村民委员会组织法》之后，标志着村民自治在农村社区治理中的制度化确立。

第三，以建设社会主义新农村为基本目标的深化阶段（1999—2012年）。20世纪末以来，农民税费负担过重问题已经严重影响了农村的和谐稳定，成为优化乡村社区治理的重要障碍。鉴于此，党的十六大以后，根据我国“三农”问题的新变化，党中央因时就势、与时俱进，做出了免除农业税的重大决策。至此，困扰中国农民几千年并成为我国古代数次周期性大动荡主要根源的“皇粮国税”开始走下历史舞台，农民负担过重问题得以根本性扭转，农村基层干群矛盾大为缓解。之后，党的十六届六中全会在新形势下，首次提出“农村社区建设”，要求“把社区建设成为管理有序、服务完善、文明祥和的社会生活共同体”，农村社区建设成为解决“三农问题”、统筹城乡发展的战略举措。

第四，党的十八大以来的农村社区治理提升阶段。党的十八大以来，农村社区治理迈入新时代，随之出现了两个重要的变化：一是随着党委（支部）书记和村委会主任“一肩挑”等重要举措的普遍实施，党在农村社区治理中的全面领导地位得以巩固和强化；二是随着美丽乡村建设、乡镇振兴战略等一系列重大战略的推进，农村社区治理体系得以不断优化。总之，随着“社会管理”向“社会治理”的转变，党中央更加重视包括农村社区治理在内的基层社会治理，农村治理开始步入全新的发展阶段。

综上，新中国成立以来，尤其是改革开放和党的十八大以来，农村社区建设取得了巨大的成就：基层民主制度不断完善，农民生活水平不断提高，社区服务水平逐年提升，等等。上述成就的取得首先离不开党的全面领导，特别是坚持和巩固农村党组织在农村社区建设中的核心地位。除了党的坚强有力领导，基层政府和社区两委职能的有效发挥、广大村民的积极有效参与以及社会组织的协同参与，也是农村社区建设不断迈上新阶段的重要保障。

一是农村社区治理离不开积极有为的基层政府。农业税的全面取消，标志着中国的农村基层政府已经基本摆脱了农业剩余汲取者的角色，开始向服务型政府过渡。然而，这一过程并不是一帆风顺的，税费改革在减轻和取消农民负担的同时，收入和支出的分权框架正在迅速消失，尤其是对于农业型地区的乡镇政府而言，其财政收入的主要部分开始由农业税费变成来自中央及上级政府的转移支付，而农村公共事业的支出责任也在调整和改革中逐渐上移。这里的问题是，在转移支付成为乡镇政府可支配财力的主要来源时，乡镇就会在很大程度上丧失自主权和独立性，其行为模式也在发生改变，总的趋势就是由过去的向下"催粮派款"转变为向上"要钱""跑钱"，而不是向下"服务"。当然，乡镇政府属于维护农村基层社会稳定和谐的第一线，但相对于农村发展和社区建设的现实需要而言，基层政府还应发挥更大的领导作用和更大的作为。在具体实践中，这种领导作用集中体现为乡镇党政力量对农村事务具有全面的发言权：除了包括对于农村公共事务处理具有最终决定权，还体现为对于农村社区中的其他治理主体的领导。除此之外，虽然法律法规层面，乡镇政府与村委会之间仅存在业务指导关系，不存在直接的领导和被领导关系，但在实践过程中，上述业务指导关系很多时候会异变为事实上的领导关系。

二是农民的积极参与是构建现代农村社区治理体系的必要条件。作为中国社会的主要阶层之一，农业劳动者阶层在中国的政治生活中发挥着重要的作用，农民的支持、农村的稳定是巩固党的执政地位的坚实基础，"农村不稳定，整个政治局势就不稳定。"① 从近代以来人类社会发展的基本轨迹来看，一个国家实现工业化的进程，通常伴随着农业人口的不断下降。改革开放以来，中国的农业劳动者在全社会总劳动力中所占的比重虽然在个别年份出现过一定的反复，但整体上明显呈现不断下降的趋势。但同时必须看到，由于农村庞大的人口基数，这一过程将是十分漫长的。乐观地估计，未来十余年里，中国仍可以保持目前城镇化高速推进的发展态势，到二十一世纪三十年代，仍会有数亿人口生活在农村。同样，在农村社区治理中，农民同样是最重要的参与主体之一，也是农村社区治理现代化成果的主要受益主体。农村治理现代化的顺利推进，得益于农民在情感方面的认同感和获得感。农村社

① 《邓小平文选》（第三卷），人民出版社1993年版，第237页。

区治理的现代化，获得持久的发展动力和内生动力，就一定要有农民广泛积极的参与。

三是社会组织的协同参与是农村社区治理现代化的保障。我国农村社区治理取得的历史性成就得益于各方的共同参与和努力。由于乡村社会的结构已经发生了巨大变化，农民的许多诉求也开始趋于多元化和个性化，这就需要各种专业的社会组织更加积极地参与农村社区治理，发挥其专业特长。改革开放以来，随着市场经济的快速发展，以及党和政府的支持和推动，民间组织在中国获得了快速发展，在社会治理过程中发挥着愈发重要的作用。当然，各类专业社会组织虽然在社区治理中发挥的作用越来越强，但其良性发展显然也离不开政府的支持和引导，两者之间存在着一种非对称的相互依赖关系。

第三节　构建新时代社区治理的利益共生结构

在我国当前的社区治理中，从理论到具体的治理模式划分，不同观点的差异主要集中于治理主体的地位、作用、关系和互动机制，核心的争议在于社区治理中党政力量和其他主体的关系问题①。本节的主要工作，就是以多元化社区治理模式生成背后的利益关系网络为核心线索，探讨异质性社区内嵌的利益关系网络在社区治理模式形成中的基础性影响，进而归纳优化社区治理的路径导向。

一、社区治理中的利益共生结构

共生本是属于生物学的一个重要概念。在生物学意义上，所谓共生是两个或多个生物，在生理上相互依存进而达到平衡的状态，而不是一方依赖另一方的关系②。在这个系统中，各类生物间以及与外界环境之间通过物质循环和能量转换密切联系，从而形成共生系统。它们在生态系统的关系表现为生产者、消耗者和分解者，个体或群体胜利或成功的奥秘，不在于强者压倒一切的

---

① 夏建中、张菊枝：《我国城市社区社会组织的主要类型与特点》，载《城市观察》2012 年第 2 期。

② 转引自杨玲丽：《共生理论在社会科学领域的应用》，载《社会科学论坛》2010 年第 16 期。

“本领”，而是源于他们在这个群体中共生的能力。

20世纪50年代以来，跨学科研究和交叉学科日益发展繁荣，共生不再专属于生物学领域，同时渗透到人文社会科学学科领域。随着共生理论在人文社会科学中的广泛应用，各学科对于共生理论的理解和应用也开始出现一些差异。其中，社会学、经济学和管理学等学科认为社会人的行为受制于共生思想观念，强调人与人、人与社会、人与自然之间的共生关系。比较普遍的观点认为，社会科学领域中的共生应包含三个基本要素：共生单元、共生模式和共生环境①。

共生单元是形成共生体的基本物质条件，具体指构成共生体或共生关系的基本能量生产和交换单位。如果将城市中的一个具体社区比作一个共生体，那么社区治理的各利益相关主体则构成了该共生体中的共生单元。共生单元通常包括基层政府、社区两委、业主及业主委员会、物业公司和社会组织等。对它们的分析，应把共生度、关联度和共生密度三个维度作为着眼点。共生度是指共生单元或共生系统之间由于各自内在属性而相互影响的程度；关联度是衡量共生单元整体之间的相互关系；共生密度则强调共生关系中的共生单元数量②。

共生模式（共生关系），是指共生单元相互结合的形式或相互作用的方式。它既反映共生单元之间作用的强度，也反映作用的方式；既反映共生单元之间的能量互换关系，也反映其物质信息交流关系。共生模式是共生理论的关键，其不仅反映共生关系对共生单元和共生环境的作用，而且反映和确定其对环境可能产生的影响和贡献，同时它还反映和确定共生单元之间复杂的生产和交换关系。

如果说共生单元与共生模式主要侧重于分析共生体内部的主体关系，那么共生环境则侧重于共生体所面临的外部环境。共生环境由共生单元以外所有因素的总和构成，是共生模式存在发展的外生条件。在上述共生的三个基本要素中，单元是基础，模式是关键，环境是条件。它们相互作用、相互影响，反映出共生系统的动态变化方向和规律。我国城市社区治理经过二十余年的探索研究，以善治的方向作为理论指导逐步走向共生。共生关系的本质在于共生过程产生共生能量，这种能量体现共生关系的创新活力和协同作用。城市社区治理

① 袁纯清：《共生理论及其对小型经济的应用研究（上）》，载《改革》1998年第2期。
② 袁纯清：《共生理论及其对小型经济的应用研究（下）》，载《改革》1998年第3期。

只有被看作是共同体，找到利益连接纽带，将共生单元、共生模式、共生环境有机统一起来，才能达成和谐共生的善治局面，从而最终向对称性互惠共生的真正意义上的城市社区发展。

二、构建利益共生结构的路径导向

治理模式通常包括治理的主体和方式两个维度，是在特定的时空下，通过国家和社会之间的关系而形成的。比较普遍的看法是，我国现阶段常见的社区治理模式主要有三种：即承袭于单位制时代社会环境的行政型社区治理模式；由政府及其依附性力量主导并推动，与社区自治相结合的合作型治理模式；社区居民在治理中处于核心地位的居民自治型社区治理模式。综合前文的分析过程，上述三种常见的社区治理模式不存在优劣之分，只存在是否适应不同类型社区和不同时代背景下社区内嵌的利益结构网络。也就是说，在构建现代社区治理模式的进程中，一个核心的问题，就是根据不同类型社区内嵌的利益网络结构，构建起能够有效平衡社区治理各利益相关主体利益，同时亦能发挥各主体自身优势的利益共生结构。具体来看，党组织的主要优势在于其组织网络和动员整合能力；政府性力量的主要优势在于能够更为高效地提供标准化、无弹性的公共服务；社会组织的主要优势在于能够高效地提供个性化、弹性化的公共服务；驻社区单位的优势在于资源和专业优势。在推动社区治理体系现代化的过程中，应通盘考虑不同参与主体的优势与劣势，取长补短，最终以异质性社区内嵌的利益关系网络为基础，搭建起合作共赢、多元共建的社区利益共同体。

实践中，行政型社区治理模式产生于单位制时代，在此特殊的社会环境中，它对社会治理和政治资源进行了有效整合。但与此同时，它也被看成是一种辅助组织，自我管理约束的职能被严重削弱，加上行政的过度干预，往往会导致居民的参与热情不高、对政府的过度依赖以及由此导致的政府负担过重以及责任无限扩大等副作用。

与行政型治理模式相类似，合作型治理模式由于在实际运转中资源的投入仍以政府为主导，社区和政府之间很难平等地对话交流，政府对社区的行政干预程度依然很重。政府及其外延组织仍居于社区治理结构中的主导地位。行政型治理模式的优点以及存在的问题，合作型治理几乎同样存在。就此来看，鉴于行政型治理模式与合作型治理模式存在的诸多共性，可以将之归纳为传统型社区治理模式。

与上述两种政府主导的传统社区治理模式不同，在居民自治型社区治理模式中，居民处于核心地位，强调的是政府和居民的相互合作。也正是考虑到居民自治型社区治理模式与行政型治理模式、合作型治理模式在治理主体角色定位方面的本质差别，本文将之归纳为新型社区治理模式。它能够激发居民参与社区民主事务管理的积极性，增加居民对社区的认同感和归属感。但也会产生一些副作用，突出体现在社区治理中出现的政府、社会、市场三角关系失衡现象。

从实践层面来看，考虑到我国目前的整体社会环境和政社关系的基本态势，理想的状态，应该在平衡政府、社会和市场三方利益的基础上，调动各方的力量，共同参与到社区治理中，即所谓多元共治或协作治理。在构建多元共治模式的过程中，考虑到各类社区面临的治理任务各不相同，已经具有的要素和缺乏的要素也差异明显，所以需要采取分类治理的方式加以推进。

（一）基本方向：多元共治型社区治理

多元共治型社区治理模式，顾名思义，是在平等合作基础之上，多方主体共同参与，以期实现治理效果最大化的社区治理模式①。该类型治理模式的本质仍是“政社互动”，即政府与社会的合作。也可以将其看作是混合型社区治理模式在治理理论和合作主义理论引入中国后在参与主体数量上的新发展。具体来说，多元共治型社区治理模式具有三个方面的特性：

一是政府加强“推动”。从实践来看，完全的业主或居民自治都是无法施行的，“强国家——强社会”模式才是最务实而有效的途径。但是政府“推动”，不代表政府“管理”，也不是政府“管控”，社区并不是单纯的“维稳阵地”，把工作理念和重心放在以社区为依托服务群众，才是搞好基层群众自治的关键②。按照这种思路，政府不再是“一家独大”的角色，它重点是制定社区治理的相关法律法规，在资金、人员及场所等方面提供支持和便利，同时加

① 俞楠、张辉：《自治与共治：“合作主义”视角下的社区治理模式》，载《理论与改革》2006 年第 6 期。

② 朱仁显、邬文英：《从网格管理到合作共治——转型期我国社区治理模式路径演进分析》，载《厦门大学学报（哲学社会科学版）》2014 年第 1 期。

强指导调控。

二是扁平化的治理结构。随着治理主体平等地位的到来，扁平化的社区治理结构也逐渐形成，即治理主体之间不再是过去单向的领导与被领导的垂直关系，也不是完全平行和相互独立的横向网络关系，而是呈现为扁平化的组织关系。这可以从两个方面来解释：一方面，政府不再通过街道对社区各项事务进行直接的领导和管控，应逐渐淡化自上而下的行政化模式；另一方面，在多方治理主体的参与基础上，社区职能不断完善，社区事务逐渐变为横向的协调和拓展，各治理主体各自在场域内活动①。如此说来，这种类型的治理结构使得公共产品有效性增强，社区回归“服务”本位。

三是各主体平等参与积极互动。这一特征也是“多元主体合作共治”型城市社区治理模式的最基本特征②。这意味着多方治理主体不仅拥有与政府平等的地位，各主体之间也是平等的地位③。具体体现在两个方面：一方面，政府不再是“一家独大”，治理主体各方形成“柔性合作”，达到治理效用最大化；另一方面，作为我国依法设定的基层群众自治组织，居委会迎来了自身的“服务与自治本位回归”，在社区治理过程中，它们承担着提供公共服务和公共产品的重要职能。此外，物业公司、业主大会以及业委会也在社区内发挥着不可替代的作用。平等协作的参与可以使治理主体间互动性增强。合作共治替代了原先的发号施令、强制执行，单向度的管理途径得以改变，从而互惠协商、平等合作的伙伴关系得以建立，由此使得复杂的公共事务治理也能通过认同的一致性和集体行动得以实施。

（二）传统治理模式：积极培育多元化的参与主体

综合前文的分析，党政力量主导的传统治理模式主要存在于准单位制社区、城市老旧社区、“村改居”社区、廉租房社区等，其基本特点是以单位福利、社区服务、物业收费补偿、集体分红、房租补贴等利益管控手段为主要“抓手”，维持着党政力量主导的自上而下的传统社区治理模式。在此类

---

① 俞楠、张辉：《自治与共治：“合作主义”视角下的社区治理模式》，载《理论与改革》2006年第6期。

② ［英］格里·斯托克：《作为理论的治理：五个论点》，华夏风译，载《国际社会科学》1999年第1期。

③ 沈荣华、赵利、胡岚：《合作共治：我国城市社区建设的路径——苏州市平江区社区体制创新探析》，载《社会科学》2008年第10期。

社区，由于“群众基础较好”，居民参与的程度往往较高，但参与的事务主要是由政府及其外延组织发起并主导的社区事务，参与的效果普遍并不理想。

整体来看，上述社区目前普遍存在的政府主导型治理模式大体上符合社区内嵌的利益网络结构，有利于保障社区的和谐稳定。长远来看，随着上述社区内部利益网络结构的变化，尤其是“学区房”等因素引发的社区居民结构变化，大量维权意识强烈、公共参与能力较强的中青年市民因为子女就学而从郊区返回至城市中心的老旧社区居住生活，居民、业委会和物业公司等治理主体在社区治理结构中的角色定位会愈发积极，导致社区治理模式最终的演化方向亦应是建构多元共治的新型治理模式。鉴于此，虽然说在上述类型社区，党政力量主导的社区治理模式大致契合了社区内嵌的利益关系网络，但也应积极培育居民的参与能力与热情，随着社区利益结构的变化而适时调整社区治理模式，最终为迈向居民主导的多元共治模式奠定社会基础。

（三）新型治理模式：构建“平衡的三角关系”

显然，商品房社区目前已成为社区治理中矛盾关系最为复杂和突出、社会整合最为困难的社区类型。联系前文的分析，新型商品房社区完善社区治理的关键之一就是合理界定党政力量、社会和市场三方的角色，求同存异，寻找各方的“利益交汇点”，构建起“平衡的三角关系”。

具体来看，社会性力量方面，对于业主而言，关键是提高集体维权行为的组织性，而一个具有广泛民意基础的业委会和业主利益共识的达成、妥协精神的养成、集体行动的有效组织均发挥着关键性的影响；市场性力量方面，目前物业服务企业普遍存在的市场化和专业化程度不高的问题，是导致业主与物业公司矛盾纠纷的一个深层次原因，破解难题的关键是要加快推进物业服务的市场化和专业化；政府性力量方面，在缺乏适宜整合手段的商品房社区，应因地制宜地改变工作策略和重点，在做好上级交办事项和社区服务的同时，将工作重心适度向协调业主和物业公司关系与监督物业服务质量和行为等方面转移。或者说，基层政府及其外延组织在新式商品房社区治理中比较合适的角色定位，应该是业主与物业关系矛盾纠纷的协调者和仲裁者。当然，需要指出的是，相较于业主和物业公司主要因为直接的利益纠葛而产生的矛盾纠纷不同，党政力量推进社区工作的根本利益就是维护社区的稳定和谐，在现阶段的社区治理中，尤其是在物业矛盾纠纷最为频发的商品房社区，其工作重心理应转向协调业主（居民）与物业公司的矛盾纠纷。然而在现实中，党政力量似乎普遍“心不在此”。这种局面的出现与基层政府权责配置的失衡、日渐强化的属地管理原则导致工作策略上的过度维稳倾向等深刻的体制机制因素存在较大的关联。在党的十九大明确强调要“加强社区治理体系建设，推动社会治理重心向基层下移”① 的新形势下，应沿着“推动治理重心下移，使基层有人有权有物”② 的基本方向，优化完善基层管理体制，才有可能从根本上解决这一难题。

① 习近平：《在中国共产党第十九次全国代表大会上的报告》，人民出版社 2017 年版，第 49 页。

② 林尚立：《构建简约高效的基层管理体制》，载《经济日报》2018 年 4 月 28 日第 4 版。

第四章　社区治理的基本任务

2019年10月31日，党的十九届四中全会审议通过的《中共中央关于坚持和完善中国特色社会主义制度推进国家治理体系和治理能力现代化若干重大问题的决定》明确提出，“社会治理是国家治理的重要方面。必须加强和创新社会治理，完善党委领导、政府负责、民主协商、社会协同、公众参与、法治保障、科技支撑的社会治理体系，建设人人有责、人人尽责、人人享有的社会治理共同体，确保人民安居乐业、社会安定有序，建设更高水平的平安中国。”① 2021年4月28日，《中共中央　国务院关于加强基层治理体系和治理能力现代化建设的意见》提出，“力争用5年左右时间，建立起党组织统一领导、政府依法履责、各类组织积极协同、群众广泛参与，自治、法治、德治相结合的基层治理体系，健全常态化管理和应急管理动态衔接的基层治理机制，构建网格化管理、精细化服务、信息化支撑、开放共享的基层管理服务平台；党建引领基层治理机制全面完善，基层政权坚强有力，基层群众自治充满活力，基层公共服务精准高效，党的执政基础更加坚实，基层治理体系和治理能力现代化水平明显提高。在此基础上力争再用10年时间，基本实现基层治理体系和治理能力现代化，中国特色基层治理制度优势充分展现。”②

作为国家治理的重要组成内容，社会治理的根基在城乡基层社区，建设社会治理共同体应该首先建设好社区。社区治理包含了国家对社区的治理和社区的内部治理，社区治理的好坏直接影响基层社会稳定、基本公共服务提供及社

---

① 中国共产党第十九届中央委员会第四次全体会议：《中共中央关于坚持和完善中国特色社会主义制度　推进国家治理体系和治理能力现代化若干重大问题的决定》（2019年10月31日中国共产党第十九届中央委员会第四次全体会议通过）。

② 《中共中央　国务院关于加强基层治理体系和治理能力现代化建设的意见》（2021年4月28日）。

区居民满意度与幸福感获得感。社区治理的内容丰富，基本任务非常繁重，包括推动社区党建、协助政府工作、推进社区自治，以及供给社区服务。“理想的社区应该成为居民物质和精神文化的生活家园，解决‘单位人’之后‘社会人’的后顾之忧，使‘社会人’成为有所依托、有所依靠的‘社区人’。”① 只有国家与社区的通力合作，才能实现美好社会共同体建设。

第一节　推动社区党建

社区治理“以人民为中心”，以人为本，人民至上，其基本任务之一是推动社区党建。推动社区党建，“党社互动”，选择性地吸收社会力量，实现国家意志向社会“渗入”，并“反哺”社会建设②，全面提升基层党组织社会治理能力。“中国的社区政治发展以政党为主导，国家为本位，社区为目的，在协商民主的制度框架内确定政党与国家的限度，并提供社区自治发展的空间。”③ 建设社区治理共同体，“要处理好党政主导与社区参与之间的关系”，“参与社区治理必须在党的领导下，在政府支持下进行”，“也要防止党政过度介入、大包大揽社区事务，影响社区参与的积极性”，“还要认真研究和统筹协调党委与政府、上级与下级党委政府、不同党委政府部门参与社区共同体建设的方式和方法”④。为此，作为社区治理的重中之重，就是推动社区党建。推动和加强社区党建，要做好基础工作，包括抓好基层党组织建设，推动社区党员议事协商，并创新在职党员社区报到等。

一、加强党的领导与强化基层党组织建设

推动社区党建，要抓好基层党组织建设。基层党组织建设关系到党的基层政权巩固。基础不牢，地动山摇。习近平总书记指出，基层党组织是贯彻落实党中央决策部署的“最后一公里”，不能出现“断头路”，要坚持大抓基层的

① 龚维斌：《以社区为重点建设社会治理共同体》，载《光明日报》2019 年 12 月 23 日。

② 蒋源：《吸纳式服务：基层党组织在社会治理转型中的一个过渡机制》，载《社会主义研究》2016 年第 5 期，第 107—115 页。

③ 刘晔：《公共参与、社区自治与协商民主——对一个城市社区公共交往行为的分析》，载《复旦学报（社会科学版）》2003 年第 5 期，第 39—48 页。

④ 龚维斌：《以社区为重点建设社会治理共同体》，载《光明日报》2019 年 12 月 23 日。

鲜明导向，持续整顿软弱涣散基层党组织，有效实现党的组织和党的工作全覆盖，抓紧补齐基层党组织领导基层治理的各种短板，把各领域基层党组织建设成为实现党的领导的坚强战斗堡垒。①

加强党的统一领导。社区治理的首要前提是要坚持和加强党的领导。在党的统一领导下，社区治理才有可能实现健康有序发展。“中国共产党重视基层治理体系建设，通过具体的制度化机制，将党的政治优势、组织优势转化为治理效能，引导基层社会沿着公平与效率、活力与秩序有机协调的方向转变。”②2021年4月28日，《中共中央　国务院关于加强基层治理体系和治理能力现代化建设的意见》提出，“加强乡镇（街道）、村（社区）党组织对基层各类组织和各项工作的统一领导，以提升组织力为重点，健全在基层治理中坚持和加强党的领导的有关制度，涉及基层治理重要事项、重大问题都要由党组织研究讨论后按程序决定。积极推行村（社区）党组织书记通过法定程序担任村（居）民委员会主任、村（社区）‘两委’班子成员交叉任职。”③

加强基层党组织能力建设。党的基层组织是确保党的路线方针政策和决策部署贯彻落实的基础④。要强化向心力与凝聚力。中国特色社会主义最本质的特征是中国共产党的领导。基层党组织要时刻与党中央保持高度一致，自觉地维护党中央的权威，及时、准确地将党的大政方针与基层改革发展相结合，把党的正确主张转变为群众的自觉行动。要提升执行力与战斗力。基层党组织处于党的体系中的工作末端，是上级党委工作指示的具体执行者。基层党组织要善于统筹协调各种关系，明确工作任务，知晓轻重缓急，合理配置人力、财力、物力及时间，把有限的社区资源配置到最急缺的领域，确保党的执政理念在基层落地生根。在具体执行中，要态度端正，不打折扣，精益求精，推动社区治理各项工作在基层的高质量完成。要增强号召力与使命感。坚持“以人民为中心”，以“人民对美好生活的向往”为目标，全心全意为人民服务。“时刻注意保持党同人民群众的血肉联系，想人民之所想，急人民之所急，时

---

① 习近平：《贯彻落实新时代党的组织路线　不断把党建设得更加坚强有力》，载《求是》2020年第15期，2020年7月31日。

② 陈伟东、佘君玗：《改革开放以来党领导基层社会治理变革的内在逻辑》，载《社会主义研究》2021年第6期，第101—107页。

③ 《中共中央　国务院关于加强基层治理体系和治理能力现代化建设的意见》（2021年4月28日）。

④ 黄亦君：《改革开放以来基层党组织建设的历程与经验启示》，载《学习论坛》2018年第11期，第32—37页。

刻关注人民高兴不高兴、满意不满意、答应不答应”，“通过为民、亲民、利民、便民、惠民的一系列政策措施，切实增强群众对党的理解、认同、信任和支持，增强基层党组织在人民群众中的代表性和号召力。”①

加强基层党组织的机制建设。社区党建如何做好，关系到基层党组织生活的质量，也影响到社区治理的优劣。为此，要加强基层党组织机制建设。依据党章党规党纪，结合社区实际情况，坚持民主集中制，鼓励基层党建创新，实现基层党组织运行的制度化与规范化。基于社区党组织的现实条件，统筹优化设置基层党组织，完善区域化党建机制，形成全面覆盖的党组织网络，整合盘活信息、阵地、文化、服务等党务、政务及社会资源。严格遵守党内规章、条例、规则，推动社区党支部的制度建设，将党的意志、声音和要求转换为党员的实际行动。深化“街乡吹哨、部门报到”工作并向社区延伸，完善基层治理的应急机制、服务群众的响应机制和打通抓落实“最后一公里”的工作机制，努力把党的政治优势、组织优势转化为基层治理优势。②

加强基层党组织的队伍建设。基层党组织的功能发挥，离不开基层人力资源的支持。为此，基层党组织要重视社区党建人才的发现和培养，“充实基层治理骨干力量，加强基层党务工作者队伍建设”③。建设基层党组织领导班子，既包括选择、培养合适的“一把手”，也包括优化领导班子的年龄、学历、经历结构，还包括加强领导班子的内部团结与发展共识。发展党员要严格把关，科学规划党员干部队伍建设，加强思想政治教育，进行党员日常动态管理，合理配置和优化基层党员干部队伍。在社区党员干部选拔任用上，要创新体制机制，不拘一格、任人唯贤。改善社区党员干部队伍培训与开发质量，根据实际工作与基层党员干部需求，不断丰富和拓展培训的内容，建设学习型基层党组织。严格社区党员干部绩效管理，将基层政府、社区党员及社区公众考核相结合，将考评、奖惩、晋升相结合，奖优罚劣，公平公开，实现社区党员干部的精细化与科学化管理。规范激励和约束机制，有效激发社区党员干部的工作积

---

① 李桂华：《加强基层党组织建设要提升五种能力》，载《人民论坛》2020 年第 1 期，第 78—79 页。

② 《中共北京市委、北京市人民政府关于加强新时代街道工作的意见》（2019 年 2 月 23 日）。

③ 《中共中央　国务院关于加强基层治理体系和治理能力现代化建设的意见》（2021 年 4 月 28 日）。

极性。

二、社区党建引领议事协商

社区党建引领议事协商，是中国特色社区治理的重要内容。党建引领社区治理，充分考虑社区历史传统、现实条件与居民实际需求，在确保社区治理的主体多元化与决策民主化的同时，凝聚社区多方力量，收集社情民意，畅通利益表达渠道，搭建“红色议事协商”平台，确保社区沿理难题得到有效解决。

推动社区党建引领社区协商议事。拓展和畅通党员参与社区发展的途径，了解党员关心的社区重点、热点、难点问题，促进社区和谐发展。畅通党内表达渠道，鼓励社区党员参与、评议和监督党内事务，实现党内民主讨论、民主监督，确保社区党务、事务在阳光下运行。社区党建引领社区共商共议、共驻共建，探讨“楼宇党建”等区域化基层党建模式，吸纳街道、辖区警务、物业、社区“两委”成员、驻区单位、党员、居民多方参与，盘活街道、物业管理、驻区单位、楼栋党员、居民志愿者等优势资源。为社会力量参与搭建平台，了解社情民意，梳理社区治理“问题清单”，解决社区治理难题，“打造共建共治共享的社会治理格局”。

三、在职党员带动居民参与

在职党员既是所在单位的重要人力资源，也是社区治理中的重要人力资源。整合区域党建资源，“把党旗插在一线”，需要调动在职党员的作用，直接联系、服务群众，实现从被动参与社区治理到主动参与社区治理的转变。

加强联合与联动，整合资源，凝聚力量，实现单位党组织、社区党组织和在职党员的多方共赢。在职党员社区报到，将充实社区力量。社区党组织要有效引导、督促和协调，帮助在职党员在做好本职工作的基础上，参与社区各项事务。单位党组织、在职党员和社区党组织的协调合作必不可少，特别是在职党员社区报到的跟踪管理、资源支持和时间协调等方面。发挥在职党员参与社区治理的积极性，改变服务社区的“单打独斗”状态，挖掘和依赖多方资源优势，实现个体、组织与社区的联合，形成“区域一体”的基层党建模式。

明确在职党员职责，发挥其专业优势与职业优势。在职党员要积极作为，主动亮明身份，按照要求及时报到。在职党员分属不同职业领域，有自身专业优势，可以按照社区党组织安排，对接社区相关服务事项，并做好承诺。在职党员要以社区居民需求为导向，结对帮扶，定期开展文化体育、卫生健康、环境保护、法律援助、平安创建、疫情防控等志愿活动，不走过场、不留盲点、不走形式，开展组团式、多元化、有特色的服务。

加强组织协调，丰富在职党员参与社区服务的形式。每月或每个季度，设立定期的“在职党员服务日”。围绕重要节庆日，有针对性地开展红色教育、传统节庆、科学普及、关爱老年人、关心青少年等主题活动。党员领导干部也要进行社区报到，要以普通党员身份，深入基层，以身作则，带头服务。鼓励党员领导干部自觉在基础薄弱、资源匮乏、困难较多的社区报到，进行社区调查，了解社区实际，主动参加社区活动，协调社区发展资源，解决社区实际困难。充分发挥党员在社区的先锋模范作用，注意发现在职党员社区报到的先进事迹和典型，总结经验，及时推广，引领良好社会风尚。

第二节　协助政府工作

长期以来，我国是一种全能政府干预社区发展的模式，造成“强政府、弱社会”的格局，阻碍了社区自我成长的内在诉求，也造成政府行政事务缠身、效率低下。现代社会发展，需要政府与社会合作共治，追求的是“强政府、强社会”“小政府、大社会”的格局。为了更好地发挥基层政府在社区治理中的作用，应该进一步转变基层政府职能，理顺政社关系，“定好位、不缺位、不错位、不越位”，加强责任政府、服务政府和法治政府建设，严格基层公务员行为规范，提升社会治理创新能力。在社区治理中，政府充当参与、支持、保障和催化剂的角色；而在行政管理与公共服务下沉到基层时，社区则依法协助政府完成公共政策的执行功能。

一、政府与社区：职能转变与治理下沉

中国的政府与社区关系，是党领导下的政府与社会关系在微观治理领域的呈现。“由于特定的国情和制度背景，中国的城市社区建设是一种‘规划性变

迁'，居民自治属于政府主导型自治。”事实上，中国的乡村社区也是如此。“而自治的成长，又要求政府下放权力，转变职能，改变领导方式，在自治基础上重新塑造政府，实现政府与社会关系的重构”。[①] 在社会主义市场经济环境下，政府一方面要为基层社区提供公共服务，行使公共管理职能；另一方面也要实现职能转变，推动治理下沉，放权社会、放权社区。

清晰界定政府与社区的权力边界。政府不是无限政府、全能政府，要有权力边界，要避免无休止、无约束地侵入社区，不能把本该自己做的事情无限制地推给社区，更不能随意干预社区自治。“要彻底改变管控型的社会治理模式，改变传统的政府大包大揽的公共服务供给模式，转变政府职能，形成政府与社会良性互动的格局。”[②] 社区的首要任务是自治，管理好社区内部事务，但这并不意味着排斥政府，社区有依法协助党委和政府的责任。

明确政府与社区的职责范围。政府与社区的职责不一样，行事范围、权力影响差别很大。政府以国家强制力为支撑，往往通过自上而下的方式，借用各种政策工具，实现公共权力的影响力。政府不必事事亲力亲为，而是做好保障和催化，放权于市场和社会，并进行责任的兜底。社区是承接治理功能的重要载体，也是公共利益实现的基础平台。党和政府通过社区治理，实现基层政权巩固，建设人民美好生活共同体。社区居委会和业委会作为群众性自治组织，通过自下而上的方式依法成立，并与其他社会组织一道，以社区居民需求为依归，依法自我管理、自我教育、自我服务、自我监督，发掘社区资源，建设社区共同体。

推动政府与社区的协同治理。“多元协同的治理形态是社区党组织、基层政府、基层自治组织、居民、商业精英和知识精英、社区精英、社会组织精英等多方参与、互动协调，实现行政资源、社会资源和市场资源有机整合，达成一种多元协同的治理模式。这就是治理逻辑在社区中的体现。”[③] 在社区层面，政府管理的目的不是“让人民服从”，而是“以人民为中心”“为人民服务”。政府和社区居民委员会等各类社区组织的共同利益和目标是一致的，并不矛盾，都是为了包括环境、卫生、健康、安全、文娱、应急等社区公共利益的有

---

① 徐勇：《论城市社区建设中的社区居民自治》，载《华中师范大学学报（人文社会科学版）》2001年第3期，第5—13页。

② 陈天祥：《社区治理的“善治”之举》，载《中国社会报》2015年3月11日。

③ 刘建军：《社区中国：通过社区巩固国家治理之基》，载《上海大学学报（社会科学版）》2016年第6期，第73—85页。

序实现。政府与各类社区组织在共同面对社会治理重心下移时，双方或多方要协同合作、取长补短。

二、协助政府工作的主要事项

社区依法协助政府工作具有法律基础。依据《中华人民共和国村民委员会组织法》《中华人民共和国城市居民委员会组织法》和《国务院依法行政实施纲要》等规定，明确基层政府与基层群众性自治组织的权力边界和职责范围，确定基层群众性自治组织履责及协助政府工作的具体事项，推动基层政府职能转变，在完成党委政府交付给社区的工作任务的同时，要实现简政放权，切实减轻基层群众性自治组织负担。近年来，随着社区工作的法治化、制度化与规范化，社区工作事项内容分为依法履行职责主要事项和依法协助政府工作主要事项，实行清单管理，建立社区工作准入制度。

根据《中华人民共和国城市居民委员会组织法》第二条规定，不设区的市、市辖区的人民政府或者它的派出机关对居民委员会的工作给予指导、支持和帮助。居民委员会协助不设区的市、市辖区的人民政府或者它的派出机关开展工作。《中华人民共和国城市居民委员会组织法》第三条规定，居民委员会的部分任务包括：协助人民政府或者它的派出机关做好与居民利益有关的公共卫生、计划生育、优抚救济、青少年教育等项工作；向人民政府或者它的派出机关反映居民的意见、要求和提出建议。根据《中华人民共和国村民委员会组织法》第二条规定，村民委员会“向人民政府反映村民的意见、要求和提出建议”；《中华人民共和国村民委员会组织法》第五条规定，乡、民族乡、镇的人民政府对村民委员会的工作给予指导、支持和帮助，但是不得干预依法属于村民自治范围内的事项；村民委员会协助乡、民族乡、镇的人民政府开展工作。

基层群众性自治组织与基层政府并非完全分离，而是有依法协助政府开展工作的职责。基层群众性自治组织与基层政府良性互动，合作推动社区治理，共同为社区居民公共福祉贡献力量。当然，基层群众性自治组织依法协助开展工作，并不一定亲自提供服务，也可引入社会组织等社会力量参与。社区居委会是“是公共服务性组织，理应纳入政府公共服务购买的序列”，“政府给予居委会的工作应进入政府购买服务的菜单，社区居委会在被购买服务后，完全可以采取三种方式，一是自己做；二是继续发包给社区社会组织，真正成为社区公共服务的组织者；三是发包给有能力做好的居民个人”[①]。

三、减负增效与“行政工作社区化”

随着经济社会发展与政府职能转移，基层社区干部任务繁重，社区工作负担日益加大，“行政事务多、检查评比多、会议台账多、不合理证明多”[②]。基层群众自治是社区治理的基本任务之一，“让村（居）委会回归群众自治组织本质，是基层社会治理需要重视的问题”[③]。

推进社区减负增效，规范清理“牌子、会议、制度和台账”。具体包括：一是清理社区组织机构和牌子。根据法律法规、中央及上级党委政府要求，以及社区工作的实际需求，设立相应的社区组织机构、专门的办公场所和配备专职的工作人员。根据社区工作清单，取消各类社区领导小组和协调小组，清理社区加挂的各类牌子，该整合的整合，能取消的取消，不得在社区随意设立机构和加挂牌子。二是规范社区活动和任务。各单位或部门不得要求社区建立专门对应的活动平台，也无权要求社区与基层职责、居民生活无关的事项。社区承接和办理的事项，“权随责走、费随事转”，签订协议，并提供经费保障。三是精简社区会议和工作台账。要避免社区居委会忙于文山会海、各种填表事项，切实减轻社区工作者负担。对要求社区居委会参加的、由基层政府或职能部门组织的会议，进行“瘦身”。规范清理社区台账，不得要求社区建立各级职能部门业务台账。精简和压缩各类社区报表，将确需保留记录的，可以基于社区管理服务信息平台，建立电子台账。四是加强社区印章管理。社区居委会的主要工作是服务居民，实现居民自治，不是“万能居委会”；印章代表居民自治权利，不是“万能章”。

推动行政化社区工作转向居民自治。培育社区社会组织承接政府转移职能，实现行政逻辑转变为市场逻辑与社会逻辑，以问题为导向满足社区居民服务需求。一方面，“推动社区工作行政化向行政工作社区化转变”，“政府首先要以更加积极的态度培育社区社会组织，有序组织居民群众参与社区治理；打

① 于燕燕：《新时代社区居委会角色亟需重新定位》，载《中国民政》2018年第15期，第58页。

② 《民政部、中央组织部关于进一步开展社区减负工作的通知》（民发〔2015〕136号），2015年7月13日。

③ 周亮：《让城乡社区更有自我管理自我服务的力量》，载《中国社会报》2020年12月3日。

破自上而下代理民众需求的行政逻辑，积极推动社区减负，在此基础上引入社区需求导向机制，精准瞄准居民需求、提升城乡社区公共服务水平”①。另一方面，推动居民转变观念，广泛地参与社区公共事务，实现社区自主治理。“……如果片面强调依靠党政组织，不重视广大居民的参与，也肯定会造成社会力量、社会功能的某种弱化。长此以往，居民就会认为一切都是党和政府的责任，不愿意承担自身责任，只是等、靠、要。如果政府大包大揽，社会总是处于附属、被动的位置，群众遇到事情大多推到政府一方，社会就失去了活力。”②

协助政府工作的履职履约评价。社区减负的一个重要保障就是政府依法行政、依规办事。社区协助政府工作要有章可循，不越位、不超载、不推卸责任，更不能偏离社区治理使命。一是对协助政府工作的履职履约进行评价。社区居委会与基层政府签订协助协议，明确协助事项的内容、责任、所需指导及保障。在此基础上，基层政府依法行政，推动基层公共管理与公共服务的实现，社区居委会依法履职，承接基层政府相关委托事项。二是规范社区工作的考核评比项目。政府应该规范社区达标、检查、评比和示范创建活动，能取消则取消，能规范则规范，做到科学考评，不得任意加码。除中央和省市明确要求的之外，不再单独组织社区考核。

第三节　加强基层群众自治

城乡社区是基层民主政治的重要舞台。西方国家的个体“可以同属多个社区身份”，“独立于国家、市场”，寻求“变动社会中的社会团结”，而“中国应当在强调社区的基础意义之外，丰富对社会共同体形式的理解，重视塑造与生产关系相适应的社区认知和实践，建构多种社会联结方式、纵横相辅的关联社区和关联社会”③。中国的市场化改革带来了社会结构的变化，不同社会阶层随之形成，城乡社区居民的自主性增强，也对公共事务参与提出了不同形

① 吴晓林：《让社区更有温度》，载《人民日报》2017年7月25日。

② 李强：《社区治理研究在我国社会学学科建设上的创新意义》，载《社会发展研究》2021年第4期，第4-12、第239页。

③ 吴晓林、覃雯：《走出“滕尼斯迷思”：百年来西方社区概念的建构与理论证成》，载《复旦学报（社会科学版）》2022年第1期，第134—147页。

式的要求。正如费孝通所说："居民作为现代化、民主化意义上的市民参与社区管理，应在文化认同、价值观、思想方法和生活方式上寻找社区认同和自组织基础，城市基层政府要及时充分授权给居民，培植'草根民主'，从而顺利建立起社区居民的自治体系。"①

基层民主自治是社区治理的核心环节。党的十九届四中全会通过的《中共中央关于坚持和完善中国特色社会主义制度　推进国家治理体系和治理能力现代化若干重大问题的决定》，提出"坚持和完善人民当家作主制度体系，发展社会主义民主政治"，"依法实行民主选举、民主协商、民主决策、民主管理、民主监督"，在"健全充满活力的基层群众自治制度"方面，强调"健全基层党组织领导的基层群众自治机制，在城乡社区治理、基层公共事务和公益事业中广泛实行群众自我管理、自我服务、自我教育、自我监督，拓宽人民群众反映意见和建议的渠道，着力推进基层直接民主制度化、规范化、程序化"。② 2020 年 10 月，党的十九届五中全会通过的《中共中央关于制定国民经济和社会发展第十四个五年规划和二〇三五年远景目标的建议》提出，"健全基层群众自治制度，增强群众自我管理、自我服务、自我教育、自我监督实效。"③ 2021 年 4 月《中共中央　国务院关于加强基层治理体系和治理能力现代化建设的意见》提出，健全基层群众自治制度，包括：加强村（居）民委员会规范化建设；健全村（居）民自治机制；增强村（社区）组织动员能力；优化村（社区）服务格局。在健全村（居）民自治机制层面，强调"在基层公共事务和公益事业中广泛实行群众自我管理、自我服务、自我教育、自我监督，拓宽群众反映意见和建议的渠道"。④

从主体和形式上看，基层民主自治有不同的主体和层面。从主体的角度来看，我国基层群众自治主要通过居民（村民）委员会、业主委员会、社区社

---

① 费孝通：《居民自治：中国城市社区建设的新目标》，载《江海学刊》2002 年第 3 期，第 15—18 页、第 206 页。

② 中国共产党第十九届中央委员会第四次全体会议：《中共中央关于坚持和完善中国特色社会主义制度　推进国家治理体系和治理能力现代化若干重大问题的决定》（2019 年 10 月 31 日中国共产党第十九届中央委员会第四次全体会议通过）。

③ 中国共产党第十九届中央委员会第五次全体会议：《中共中央关于制定国民经济和社会发展第十四个五年规划和二〇三五年远景目标的建议》（2020 年 10 月 29 日中国共产党第十九届中央委员会第五次全体会议通过）。

④ 《中共中央　国务院关于加强基层治理体系和治理能力现代化建设的意见》（2021 年 4 月 28 日）。

会组织等组织来实施的，“中国特色的‘社区自治’应该称之为社区群众性自治。就现阶段的情况而言，它有三种主要表现形式：一是以居（村）民委员会为组织载体的居（村）民自治，二是以业主大会、业主代表会、业主委员会为组织载体的社区业主自治，三是以基层社会团体为组织载体的社区社团自治。这三种群众性自治不能相互替代，但可以功能互补。”① 从层面的角度来看，基层民主自治既包含“五个民主”，即“民主选举、民主协商、民主决策、民主管理、民主监督”；也包含“四个自我”，即“自我管理、自我服务、自我教育、自我监督”；还包含人事、财务、服务、信息等具体事项的自治。

一、自我管理

“治理”的意涵是相对于“统治”而言的，是从“替民作主”转向“公民自治”，强调自下而上与自上而下双向互动的参与。自我管理在社区层面而言，意味着“居民事儿自己管，小区事儿大家管”，社区居民作为政治主体，也是治理主体，由宪法和法律赋予相应的权利和义务，通过各种途径，以及居民委员会、业主委员会、社区社会组织等各种组织形态，参加社区公共事务，进行利益表达，促进社区公共利益的实现。

第一，民主选举。社区治理的一项基本任务是推动基层民主选举。基层民主选举是根据国家相关法律规定，具备选举资格的社区居民（或居民代表），根据居民自身意愿，通过直接或间接形式，选举社区居（村）委会主任、副主任、委员和社区居民代表等群众性基层自治组织成员的政治活动。城乡社区民主选举是社区民主自治的组成部分，是社区居民表达、行使和实现基本政治权利的重要方式。城乡社区民主选举，有助于实现基层群众性自治的更新换代，有助于优化居（村）民委员会的组织结构，也有助于实现民主决策、民主管理、民主监督。根据《城市居民委员会组织法》，居民委员会是居民自我管理、自我教育、自我服务的基层群众性自治组织。居民委员会主任、副主任和委员，由本居住地区全体有选举权的居民或者由每户派代表选举产生；根据居民意见，也可以由每个居民小组选举代表二至三人选举产生。居民委员会每届任期五年，其成员可以连选连任。根据《村民委员会组织法》，村民委员会是村民自我管理、自我教育、自我服务的基层群众性自治组织，实行民主选举、民主决策、民主管理、民主监督。村民委员会主任、副主任和委员，由村

① 唐忠新：《社区治理国家治理的基础性工程》，载《光明日报》2014年4月4日。

民直接选举产生。任何组织或者个人不得指定、委派或者撤换村民委员会成员。

相对于社区居（村）委会的民主选举，业主们“自己在摸索对社区的管理，在实践居民的民主自治”①。根据《物业管理条例》规定，同一个物业管理区域内的业主，应当在物业所在地的区、县人民政府房地产行政主管部门或者街道办事处、乡镇人民政府的指导下成立业主大会，并选举产生业主委员会。符合条件的社区，应组建业主委员会，推进社区业主自治，保障业主在物业管理活动中的权利与义务，积极探索社区党组织、居委会、公共服务站和业主委员会、物业企业、社会组织、驻社区单位、社区居民多方参与的社区治理模式，构建和谐、温馨、凝聚力强的家园。

第二，社区协商。“社会主义协商民主是中国社会主义民主政治的特有形式和独特优势”②，“城乡社区协商是基层群众自治的生动实践，是社会主义协商民主建设的重要组成部分和有效实现形式”③，体现了中国共产党领导下的基层多元共治方式。随着经济社会改革的推进和城市化进程的发展，不同城市或乡村的基层社区出现各种形式的“恳谈会”“议事会”和“圆桌会”，进行基层治理决策，解决基层治理难题，社区治理主体也多有效仿，围绕社区环境、治安和养老等日常话题及社区冲突等关键事件，来自社区多方的声音正逐渐习惯通过对话协商来达成共识④。在推进社区治理体系和治理能力现代化的背景下，社区协商是改进社区治理方式的自觉举措，是社区民众行使民主权利的重要方式，也是化解基层社会矛盾的有效途径。⑤ 肇始于 1999 年 6 月的“农业农村现代化教育论坛”的试点，“与群众双向对话”“民主恳谈”，农民自发参加，开启了协商民主的温岭实践，被称为从泥土里生长出来的“民主载体”，“中国的民主发展正是循着这样的务实路径，立足国情、关注民生、

① 夏建中：《城市新型社区居民自治组织的实证研究》，载《学海》2005 年第 3 期，第 89—95 页。

② 《中共中央关于加强社会主义协商民主建设的意见》（2015 年 2 月 9 日）。

③ 《中共中央办公厅、国务院办公厅关于加强城乡社区协商的意见》（中办发〔2015〕41 号），2015 年 7 月 22 日。

④ 闵学勤：《社区协商：让基层治理运转起来》，载《南京社会科学》2015 年第 6 期，第 56—61 页。

⑤ 杨贵华：《社区协商的独特价值及其实践推进》，载《社会科学》2017 年第 3 期，第 75—81 页。

增量改革，在‘坚持体制、创新机制’中探索实现民主的具体途径”[①]。

《中共中央　国务院关于加强和完善城乡社区治理的意见》提出，提高社区居民议事协商能力，凡涉及城乡社区公共利益的重大决策事项、关乎居民群众切身利益的实际困难问题和矛盾纠纷，原则上由社区党组织、基层群众性自治组织牵头，组织居民群众协商解决。支持和帮助居民群众养成协商意识、掌握协商方法、提高协商能力，推动形成既有民主又有集中、既尊重多数人意愿又保护少数人合法权益的城乡社区协商机制。[②]

按照《民政部关于深入推进城乡社区协商工作的通知》要求，在城乡社区协商内容上，县（市、区、旗）或县级以上单位要建立城乡社区协商事项清单制度，将物业管理服务、环境卫生整治、亮化绿化工程、农田水利改造、廉租住房申请、社会救助救济、征地拆迁安置等纳入城乡社区协商目录，围绕涉及社区居民切身利益的公共事务、公益事业确定协商议题，通过城乡社区协商维护群众利益，提高城乡居民参与积极性。

在培育城乡社区协商主体上，推动基层政府及其派出机关、村（社区）党组织、村（居）民委员会、村（居）务监督委员会、村（居）民小组、驻村（社区）单位、社区社会组织、业主委员会、农村集体经济组织、农民合作组织等成为协商主体，并在城乡社区协商中发挥主力军作用。要积极发展社区社会组织，重视吸纳老党员、老干部、群众代表、党代表、人大代表、政协委员、基层群团组织负责人、社会工作者，充分吸收外来务工经商人员、流动人口参与协商，培育扩大城乡社区协商多元主体。

在丰富拓展城乡社区协商形式上，各地应普遍建立例会型、议事型、对话型等协商模式，进一步健全村（居）民会议、村（居）民代表会议制度。利用村（居）民论坛、电视微视听、民情大体验等平台，结合实际探索创新村落（院落）协商、民主恳谈、参与式预算、社区决策听证、民主评议等形式。充分利用互联网、移动互联网等技术，发挥QQ、微信、微博等现代媒体和网上平台的作用，推动城乡社区协商与信息化融合。[③]

第三，民主决策。社区层面的民主决策，意指为了达成一定的公共目

---

① 李拯：《实现民主的“中国路径”》，载《人民日报》2012年11月1日。

② 《中共中央　国务院关于加强和完善城乡社区治理的意见》（2017年6月12日）。

③ 《民政部关于深入推进城乡社区协商工作的通知》（民发〔2016〕134号），2016年8月8日。

标，社区居民针对社区公共问题，就若干可供选择的方案，进行最佳判断及抉择的合理化过程。民主决策是基层群众自治的关键环节。为体现“众人的事情众人解决”，避免出现决策偏差，民主决策成为社区治理的重要前提。实现社区民主决策，要求凡是涉及社区各项公共事务的决策，均需建立在一定的规则和程序之上。确保社区居民的广泛参与，自主表达意见，并有效汇集民智，达到决策的民主化、科学化和规范化。按照社区多数人的意见做出决定，并倾听和重视少数人意见。社区民主决策，要得到社区全体人员的共同遵守。社区居民就是社区公共事务的决策者，社区管理的很多环节都离不开决策。在我国城乡基层群众自治实践中，广大群众创造了多种民主决策的形式，如社区居民代表大会、居务（村务）公决等方式，可以增强社区民主决策的合规性与科学性，保障民主管理的规范性与制度化，激发基层群众自治的生机。

第四，民主管理。社区“以互惠的形式而展开的非正式合作是一种常态，并成为社区日常治理的主体组成部分”，依靠各种联结纽带、资源共享、利益往来、情感体恤等因素，构成互惠式治理，基本上满足社区治理的需求①。但是在日常运行中，居务（村务）的民主管理是非常重要的环节。民主管理就是社区居民（村民）通过召开社区居民（村民）大会、社区居民（村民）代表会议、制定自治规约章程、开展议事协商等方式，依托各社区自治组织，共同管理社区公共事务，实现自我管理、自我服务、自我教育、自我监督。

民主管理是一项活动、一个程序，更是一个群策群力的过程，充分整合和运用组织的内外资源，透过合理、合法的程序，以求实现组织的目标。社区民主管理在职能上包含了计划、组织、领导、控制等管理的共性特征，目的在于实现社区管理效率与效能的最大化。具体包括：

计划（规划）。针对社区未来发展拟采取的行动，事先进行甄别、分析与选择的过程。社区规划的内容包括目标设定、战略管理等。规划的步骤包括识别问题、集并分析资料、拟订方案、评估方案、确定方案、拟定行动计划等。

组织。围绕社区发展的共同目标和具体目标，将社区各项任务及职权进行

① 陈朋：《互惠式治理：社区治理的日常运作逻辑》，载《江苏社会科学》2014年第5期，第97—104页。

分解、优化和协调，实现部门化，选择合适的人员，分工协作，明确职责，适当赋权，以达成社区目标。

领导。社区管理者要了解和掌握社区个体和群体的公共行为，通过意见沟通、激励和监督，影响社区工作者完成任务。

控制。社区工作同样需要不断检讨、比较和改正，以确保社区各项活动不偏离共同体使命，能够按计划达成。在此过程中，社区管理者应该明确使命和计划，设立工作标准，衡量绩效，并针对不良状况制定相应的完善措施。

二、自我服务

2021 年 12 月 27 日，《国务院办公厅关于印发“十四五”城乡社区服务体系建设规划的通知》提出“完善村（居）民自我服务机制，加强基层群众性自治组织规范化建设，引导村（居）民广泛参与社区服务，增强自治能力，提高自我服务水平”①。社区里不可或缺的重要成员，包括社区居民（村民）、社区自治组织、物业管理企业、社区社会组织及驻社区企事业单位等，也是社区治理的重要主体。这些社区成员或社区治理主体，尽管来自不同行业或领域，有着不同的宗旨和利益诉求，但在社区治理层面都有着共同的社区需求和利益，这些需求及利益的满足，以及社区公共服务的有效提供、社区公共事务的最终解决，需要通过这些成员或主体的多方协商和参与。社区自治组织、社区社会组织等是重要的服务载体、资源整合力量与支持平台。社区自我服务要以社区居民的实际需求为出发点，调动社区自治组织工作人员、社区居民、新乡贤、流动人口的参与热情，加强自我服务知识与技能培训，创新社区自我服务形式，整合社区多方力量和资源，形成社区认同感与社区共享价值观。

第一，动员社区居民参与。这其中包括社区自治组织工作人员、社区群众、新乡贤以及流动人口等多元力量的参与。具体来说：

发挥社区自治组织工作人员的带动作用。社区自我服务要依靠现有社区党支部和居民（村民）委员会成员。这些社区自治组织工作人员作用明显，既推动了基层民主政治建设与经济社会发展，也能够在社区自我服务中发挥模范

① 《国务院办公厅关于印发“十四五”城乡社区服务体系建设规划的通知》（国办发〔2021〕56 号），2021 年 12 月 27 日。

带头作用。要激发社区干部的积极性，寻求有效的激励措施，如提高社区干部工作待遇等，为他们的工作和生活提供必要保障，解除社区干部投身工作的后顾之忧。

充分发动社区群众积极参与社区服务与管理。社区群众是最丰富、最多样、也是最活跃和最重要的社区人力资源。社区群众参与社区管理和服务，才能真正实现社区的自我管理与自我服务。这体现了社区治理的基本精神，也才是基本的基层群众自治。要发挥社区群众的专业能力、志愿精神，秉持社区发展的共同目标，实现社区自我服务。社区治理的愿景是追求社区善治，构建和塑造美好社区共同体。追求社区治理的理想状态，要在共建共治共享中，确保社区共同体成员真实地参与其中，实现人人有责、人人尽责、人人享有。“通过社区居民整体性参与，在社区居民的自决和自治中，形塑社区治理的共同体情怀，使社区真正成为一个‘生活的共同体’‘社会的共同体’‘文化的共同体’‘精神的共同体’”。①

鼓励新乡贤参与社区治理。乡贤文化是千百年来中国基层治理的智慧结晶。费孝通曾对绅士寄予厚望，“在社会由传统向现代转型的过程中，绅士一方面要保存在共同体内部仍旧发挥积极作用的传统伦理，另一方面又要以名实分离的方式向共同体引入新的知识和技术”，但他期望绅士们“主动放弃自身作为地主和知识分子的特权，让渡利益防止乡土的崩溃，而这一期望终究没能完全实现”②。新时代的新乡贤区别于以往传统社会的绅士阶层，具备专业能力和广泛资源，自身利益与社区发展相一致。社区中有很多有待开发的人力资源，比如，许多热心公益事业的行政精英、经济精英及知识精英，有一定的现代意识与专业知识，有能力、有威信、有资源、有影响，受到居民的认可，特别是一些老党员、老干部、老教师等，能够发挥余热，应该通过有效方式，将这些人动员、组织起来，积极参与到社区治理之中。

推动流动人口有序积极参与居住地自治事务。探索农民工参与社区选举的新途径。在本社区有合法固定住所、居住满一年以上、符合《中华人民共和国城市居民委员会组织法》选民资格条件的农民工，由本人提出申请，经社

① 刘博、李梦莹：《社区动员与“后单位”社区公共性的重构》，载《行政论坛》2019年第2期，第117—123页。

② 黄子逸、张亚辉：《绅士、共同体与现代性：中英绅士理论的思想史比较》，载《社会》2021年第1期，第207—235页。

区选举委员会同意，可以参加本社区居民委员会的选举①。依法放宽登记条件，简化选民登记程序，细化选举程序和操作办法。利用信息技术规范选举程序，加强和改进换届选举工作，扩大参与渠道。倾听社区流动人口或流动人口代表意见。涉及社区自治事务以及外来流动人口切身利益事项，都应该尊重流动人口的利益表达权利，倾听流动人口的声音，特别是在流动人口较为聚居的社区，要保证一定数量的流动人口或流动人口代表参加社区听证会、议事会、恳谈会等。依法有序引导农民工融入城市社区。实现农业转移人口市民化，这是一个综合的社会改革工程。深化户籍制度改革，“促进有能力在城镇稳定就业和生活的农业转移人口举家进城落户，并与城镇居民享有同等权利、履行同等义务。鼓励各地区进一步放宽落户条件，除极少数超大城市外，允许农业转移人口在就业地落户”②。实行居住证制度。确保居住证持有人在居住地合法地、平等地享有基本公共服务保障，如教育、就业、医疗等。创新流动人口服务管理。建立流动人口服务平台，尊重和维护流动人口的合法权益，为流动人口做好社区参与、民主监督、意见表达、社区就业、社区文化等服务，切实保障流动人口的政治权利。鼓励流动人口参与社区文化生活，加深流动人口与本地居民的联系，实现社区居民之间的互动互惠互助，促进流动人口积极融入居住地社区。把流动人口变成“自己人”，让非户籍常住人口参与到社区治理中，才能增强流动人口的社区认同感，促进社区融合。③

第二，加强自我服务所需知识与技能培训。注重加大对社区自治组织、社区社会组织工作人员及社区居民进行社区管理、社区服务所需的专业知识与技能培训，确保有意愿参与社区公共事务的居民具备服务能力。鼓励社区工作人员参加社会工作者职业水平考试，以考促学，提升社区工作者专业能力，掌握专业理论与方法，用社会工作专业手段为社区居民提供服务。吸引社会专业人力资源进入社区服务的供给系统之中，如选派部分大学毕业生到社区工作，吸引企事业单位分流人员进入社区，或通过社会公开招考的形式选拔社区工作者，将有热情、有能力、有专业知识的人才汇聚到社区。

第三，创新社区自我服务形式。创新社区自我服务形式，整合资源，动员

① 《民政部关于促进农民工融入城市社区的意见》（民发〔2011〕210号），2012年1月4日。

② 《国务院关于深入推进新型城镇化建设的若干意见》（国发〔2016〕8号），2016年2月6日。

③ 曹海军：《社区治理如何“不见外”“不排外”》，载《人民日报》2017年10月10日。

社会各界和群众参与，建立互助性社区社会组织，开展社区互助、自助服务。发展社区社会组织，增强其能力建设，特别是公共服务能力的提升。社区社会组织有效承接社区服务项目，推动社区社团自治和社区自治。互助性社区社会组织承担起邻里互助、治安防控、助老助残、扶危济困、矛盾调解、民生改善等工作，协助党委和政府进行政策宣传、信息收集、联防协防、行为劝导等事项，形成以基层党组织为领导、以社区互助性组织为平台、以社区党员、居民代表、楼门长、居民等为主要参与对象的社区建设和社区治理综合载体。依托已有社区组织及社会各界，将社区中有能力、有意愿的群众吸纳到志愿者队伍中来，成立社区志愿者组织，规范登记、科学编号、统一标识、集中指挥，实现社区相互照应，和睦共处，共同推动社区新型自我服务模式的发展。

三、自我教育

自我教育是社区居民自治的重要内容。国家不再单纯以暴力机器“压制”“压服”“管制”人民群众，而是重视基层群众性自治，以自律的方式，实现居民自我教育和自我约束，维护社区稳定，促进社区可持续发展。

发挥社区自治性规范的教化功能，赋予自治性规范新的内涵。自治章程、村规民约、居民公约是基层群众共同制定、共同遵守的自治性规范。通过这些自治性规范，引导社区教化，弘扬公序良俗，实现基层社区居民的自我学习与自我教育，有机融合自治、法治、德治的资源，逐渐形成“红白喜事从简、喝酒赌博变少、人人孝老敬老、环境卫生变好……”① 同时，社区的传统习俗是一种无形资源，无影无形，但又无处不在，它是居民认同感与向心力的源泉，也是共同体塑造的关键所在。要将散落、隐形甚至即将遗失的社区传统文化资源，利用时间、空间、地域等多重维度，进行收集、挖掘、分析和整理，实现社区传统习俗的创造性转化与创新性发展。

重视家庭在社区治理中的功能。“家”是中国人的“心灵归宿”，由家而国是中国人的情怀。基层社区治理中家庭的作用非常关键，是化解社会治理难题的重要依托。“家庭伦理是社会底蕴的核心，在基层社会承担着某种动员居民自治、激发社会活力从而提高社会治理效能的作用。”② 中国人在认同“国

---

① 王兴中：《村规民约带出基层治理新气象》，载《中国社会报》2020年12月3日。

② 刘亚秋：《“家”何以成为基层社区治理的社会性基础》，载《江苏社会科学》2022年第1期，第84—95页。

家权威”的同时，也重视“家庭伦理”的约束，家庭在社区治理中发挥了一种非正式的联结功能，通过家庭黏合社会治理与社会建设中的共同体认同，实现自我教育，邻里守望相助，代代相传，由个体到家庭、由家庭而社区，从而联结国家与社会，推动社区公共性的生长，自下而上地激发社会活力，并使得社区公共价值得以有效传递并可持续发展。

推动从“人人有责”到“人人享有”。社区自治中自我教育的实现，也是在“坚持和完善共建共治共享的社会治理制度”，“建设人人有责、人人尽责、人人享有的社会治理共同体”。社区治理以共建共治共享的制度安排为基础，并推动共同体成员的基本权利与义务的实现。在基层治理的制度层面，社区居民是在“共建共治共享”的框架规范中保障个体权利；在基层治理的关系形态层面，社区居民遵循现代社会治理制度框架，从“人人有责”“人人尽责”到“人人享有”，实践共同体的使命。培育“人人有责”的意识，营造“人人尽责”的氛围，进而实现真正的“人人享有”，符合新时代社区治理的发展趋势。全球化的不断推进、经济社会改革的变迁，加之新技术的广泛应用，人与人之间主动地或被动地相互联系或影响得到加强，社区利益与社区居民个体利益更加密不可分。社区治理问题的解决，不仅依赖于居民的合作，还依赖于居民之间的相互认同。“人人有责”意识之下的相互理解、尊重、认同和支持，反对以邻为壑、我行我素，成为共同体和谐发展的重要支撑力量。当然，这种共同体意识、氛围与格局，也体现了中国传统中守礼行孝、崇德尚善、邻里守望、礼行天下、和而不同等美德规范。

四、自我监督

社区居民根据宪法和法律赋予的权利，对社区居委会等自治组织及其工作人员进行监督，纠正各种违法违规行为，这其中既有居民代表的监督，也有居民个体的监督等。民主监督是基层群众自治的根本保证，民主监督实现的重要形式在于基层群众的自我监督。通过居务（村务）公开、民主评议、基层群众自治组织定期汇报工作等形式，由居民（村民）监督社区中的各项重大公共事务，监督基层自治组织及其成员的行为。社区民主监督是实现基层自治和人民民主的重要保障，也是激励和激活社区治理“末梢神经”的重要举措。

自我监督的重点是居务（村务）公开。凡是社区重大事项和居民（村民）普遍关心的问题，涉及与居民（村民）切实利益密切相关的事项和社区治理的各项事务等，都应该向社区群众公开。居务（村务）公开是重要的民主监督制度，事关基层群众自治组织实践与基层政权建设的成败。

《中华人民共和国城市居民委员会组织法（2018年12月29日修正）》第十六条规定，居民委员会办理本居住地区公益事业所需的费用，经居民会议讨论决定，可以根据自愿原则向居民筹集，也可以向本居住地区的受益单位筹集，但是必须经受益单位同意；收支账目应当及时公布，接受居民监督。

《中华人民共和国村民委员会组织法（2018年12月29日修正）》第二十三条规定，村民会议审议村民委员会的年度工作报告，评议村民委员会成员的工作；有权撤销或者变更村民委员会不适当的决定；有权撤销或者变更村民代表会议不适当的决定。村民会议可以授权村民代表会议审议村民委员会的年度工作报告，评议村民委员会成员的工作，撤销或者变更村民委员会不适当的决定。第二十四条规定，涉及村民利益的下列事项，经村民会议讨论决定方可办理：本村享受误工补贴的人员及补贴标准；从村集体经济所得收益的使用；本村公益事业的兴办和筹资筹劳方案及建设承包方案；土地承包经营方案；村集体经济项目的立项、承包方案；宅基地的使用方案；征地补偿费的使用、分配方案；以借贷、租赁或者其他方式处分村集体财产；村民会议认为应当由村民会议讨论决定的涉及村民利益的其他事项。村民会议可以授权村民代表会议讨论决定前款规定的事项。法律对讨论决定村集体经济组织财产和成员权益的事项另有规定的，依照其规定。

《中华人民共和国村民委员会组织法》第三十条规定，村民委员会实行村务公开制度。村民委员会应当及时公布下列事项，接受村民的监督：本法第二十三条、第二十四条规定的由村民会议、村民代表会议讨论决定的事项及其实施情况；国家计划生育政策的落实方案；政府拨付和接受社会捐赠的救灾救助、补贴补助等资金、物资的管理使用情况；村民委员会协助人民政府开展工作的情况；涉及本村村民利益，村民普遍关心的其他事项。前款规定事项中，一般事项至少每季度公布一次；集体财务往来较多的，财务收支情况应当每月公布一次；涉及村民利益的重大事项应当随时公布。村民委员会应当保证所公布事项的真实性，并接受村民的查询。

实现自我监督，需要创新居务（村务）监督组织和监督形式。如各地在实践中探索创造出的社区理财小组、监督委员会、村民公决等监督组织和监督形式。要建立健全居务（村务）监督委员会，推进居务（村务）公开和民主管理。2004年，浙江省金华市武义县白洋街道后陈村成立全国首个村务监督委员会，率先建立村级监督机制。2010年10月28日，第十一届全国人民代表大会常务委员会第十七次会议修订发布《中华人民共和国村民委员组织法》，其中第三十二条明确规定，“村应当建立村务监督委员会或者其他形式的村务监督机构”。“后陈经验”从“治村之计”成为“治国之策”，成为中国农村基层民主的重要探索。① 根据《中华人民共和国村民委员会组织法（2018年12月29日修正）》第三十二条规定，村应当建立村务监督委员会或者其他形式的村务监督机构，负责村民民主理财，监督村务公开等制度的落实，其成员由村民会议或者村民代表会议在村民中推选产生，其中应有具备财会、管理知识的人员。村民委员会成员及其近亲属不得担任村务监督机构成员。村务监督机构成员向村民会议和村民代表会议负责，可以列席村民委员会会议。

第四节　提供社区服务

改革开放以前，政府大包大揽公共服务，政企不分、政社不分，处在单位之中的人们日常生活服务需求得到“单位包干”。改革开放以后，市场逻辑之下的政企分开、政社分开实践推动单位制改革、分化和解体，社区开始承接居民服务需求，按照费孝通的说法，“社区逐渐承担起解决居民各种困难的任务，这是从‘单位包干制’到‘社区服务制’的转移，包含了人的生老病死、衣食住行，对涉及的人来说，可谓是革命性的，因为他们失去的优惠和待遇几乎涵盖了他们的全部日常社会生活”。

费孝通认为：现在的社区服务制，实际上是要社区来解决居民日常生活中提出的问题。但社区的实际能力有多少呢？根据社区目前的综合实力，我觉得社区服务制的首要任务是要动员更多的社会力量，进而组织广大社区居民学习并参与社区生活的自理。社区生活自理就是让越来越多的居民自己来协调和管理他们在社区里的各种关系，从而在社区内创建一个适应于我国当前市场经济的、贴近居民具体生活和满足居民日常需求的服务系统。简单地说，这种社区服务制首先要培养和提高社区居民既服务于自己，又服务于社区的意识和能

① 倪寒霞：《后陈经验：让民主融入农村日常——从“治村之计”上升到“治国之策”的农村基层民主探索》，载《金华日报》2018年12月23日。

力。它的完善过程将是社区居民一起建设一个守望相助、尊老护幼、知礼立德的高尚精神文明的过程，也是共同营造一个和睦成风、安居乐业、其乐融融的美好生活环境的过程。①

提供社区服务，是社区治理的基本任务。在某种程度上，社区服务的实现将促进社区治理的达成。“……很多‘社区服务中心’肩负着几十种功能，包括税收、治安、就业、社会保障、社会福利、社会救助、卫生、防疫、精神文明建设等，群众用‘社会千条线，社区一根针’来形容社区功能的广泛性。”②“基层社区治理创新的抓手是为城乡居民提供全面服务管理，从而解决好人民最关心最直接最现实的利益问题，让老百姓能够有一个安心的预期。”③

2016年10月28日，《城乡社区服务体系建设规划（2016—2020年）》要求，“推动城乡社区服务精细化、专业化、标准化，构建机构健全、设施完备、主体多元、供给充分、群众满意的城乡社区服务体系”④。2021年12月27日，《“十四五”城乡社区服务体系建设规划》提出：“到2025年末，党建引领社区服务体系建设更加完善，服务主体和服务业态更加丰富，线上线下服务机制更加融合，精准化、精细化、智能化水平持续提升，社区吸纳就业能力不断增强，基本公共服务均等化水平明显提升，人民群众操心事、烦心事、揪心事更好解决，获得感、幸福感、安全感不断增强。”⑤

在社区治理中，城乡社区服务内容丰富，既包括社区基本公共服务，也包括便民利民服务，还包括公益服务和专业服务。按照《“十四五”城乡社区服务体系建设规划》要求“增加城乡社区服务供给”，具体包括：强化为民服务功能；强化便民服务功能；强化安民服务功能。⑥

社区服务的供给有着自身鲜明的特征，其一，政府供给与居民自我供给相结合。政府不再包办所有社区服务，而是提供基本公共服务，社区居民自我服

---

① 费孝通：《当前城市社区建设一些思考》，载《群言》2000年第8期，第13—15页。

② 李培林：《社会改革与社会治理》，社会科学文献出版社2014年版，第206页。

③ 李友梅：《中国社会治理的新内涵与新作为》，载《社会学研究》2017年第6期，第27—34页。

④ 《民政部等关于印发〈城乡社区服务体系建设规划（2016—2020年）〉的通知》（民发〔2016〕191号），2016年10月28日。

⑤ 《国务院办公厅关于印发“十四五”城乡社区服务体系建设规划的通知》（国办发〔2021〕56号），2021年12月27日。

⑥ 《国务院办公厅关于印发“十四五”城乡社区服务体系建设规划的通知》（国办发〔2021〕56号），2021年12月27日。

务成为自治与治理的基本要素。其二，社区居民作为社区的主人，相互扶持、相互帮助、相互服务。通过居民自己成立和组织的社区社会组织实现自我服务。其三，社区居民的需求不同，对服务的要求也不同。社区服务要实现精细化供给，也就是针对不同居民设计差异化、个性化和即时的服务。为此，2021年4月28日，《中共中央 国务院关于加强基层治理体系和治理能力现代化建设的意见》提出，“完善支持社区服务业发展政策，采取项目示范等方式，实施政府购买社区服务，鼓励社区服务机构与市场主体、社会力量合作。”①2021年12月27日，《国务院办公厅关于印发“十四五”城乡社区服务体系建设规划》提出，完善城乡社区服务格局，健全党建引领机制，完善社区与社会组织、社会工作者、社区志愿者、社区公益慈善资源“五社联动”等多方参与格局；提升城乡社区服务效能，优化服务设施布局，创新和完善服务统筹机制、即时响应机制、政府购买服务机制、服务评价机制、村（居）民自我服务机制等；加快社区服务数字化建设，提高数字化政务服务效能，构筑美好数字服务新场景；加强城乡社区服务人才队伍建设，选优配强社区工作者队伍，加强社区服务教育培训。② 在社区服务的提供过程中，政府、市场和社会资源得到整合，社区基本公共服务、社区便民利民服务以及社区志愿服务和专业服务得以不断地传递给社区居民，从而满足社区居民的服务需求，有效回应对美好生活的向往。

一、强化为民服务

保障社区居民的基本生活福祉，是社区治理的重要任务。实现社区基本公共服务的有效供给，是社区治理的一项基本工作。《“十四五”城乡社区服务体系建设规划》提出：“聚焦幼有所育、学有所教、病有所医、老有所养、弱有所扶和文体服务有保障，推动基本公共服务资源向村（社区）下沉。”③ 基本公共服务要面向全体城乡社区居民，属于普惠式服务和基本生活保障服务，贯穿生存发展和生产生活的始终。在服务人群上，重视一般群众，也特别关注

---

① 《中共中央 国务院关于加强基层治理体系和治理能力现代化建设的意见》，2021年4月28日。

② 《国务院办公厅关于印发“十四五”城乡社区服务体系建设规划的通知》（国办发〔2021〕56号），2021年12月27日。

③ 《国务院办公厅关于印发“十四五”城乡社区服务体系建设规划的通知》（国办发〔2021〕56号），2021年12月27日。

和保障特定困难群体；在服务领域上，基本公共服务涉及社区居民日常生活中的衣食住行，包括养老、教育、就业、医疗、法律、文化、体育等；在服务方式上，基本公共服务在社区层面要实现均等化、全覆盖，确保居民不出社区即可享受到服务。

第一，社区社会服务。目前，城乡社区养老与居家养老服务发展迅速，老有所居、老有所养逐渐改善，要提升生活照料、保健康复、精神慰藉等服务质量。加强老年协会建设，发挥其在社区养老领域的独特功能，为社区老年人提供精神慰藉，实现互帮互助，促进社区与居家养老服务协同发展。对于社区未成年人托育、保护和服务，要健全社区体系，建立有效监护、社会救助、“一对一”帮扶社区联动机制，成立服务社区儿童的志愿者队伍，开展关注儿童安全的公益课堂，进行未成年人心理健康辅导，推动社区居民共同呵护儿童安全，组织未成年人参与社区公益活动，建设儿童安全社区，关爱未成年人的健康成长。要重视留守儿童、妇女和老人等关爱帮扶，特别是农村“三留守”人员的帮扶。推动社区组织、驻区企事业单位和社区居民参与社区志愿服务，定期帮扶农村“三留守”人员，并利用节假日等走访慰问，同时，鼓励农村“三留守”人员实现志愿互助。建立社区群防群治机制，打击拐卖妇女和儿童、侵害老年人权益等违法行为，保护留守儿童、妇女和老人正当权益。建立科学可持续的长期照护体系，有效衔接家庭照顾、社区照料、机构照护。社区要积极作为，依靠政策帮扶和社会帮扶，主动发现困难群众和特殊人群，做好关爱照护与社会救助工作。

第二，城乡社区医疗卫生和生殖生育服务。加强健康社区建设，推动村（居）民委员会下属公共卫生委员会建设，提升基层卫生、医疗保障服务能力，做好传染病、慢性病防控和防治等工作。社区中的老年人、慢性病患者、精神障碍患者、孕产妇、儿童、残疾人等，是社区医疗卫生服务的特殊人群和重点人群，需要社区提前做好预案，重点关注。为全体居民建立健康档案，定期开展相关医疗卫生服务，保障社区居民健康。同时，利用社区平台，为居民提供包括优生优育、生殖健康、生育支持、儿童保健等服务。

第三，社区公共就业、社会保障服务。确保就业是促进社会发展、维护社会稳定的重中之重。社区承担着促进就业服务、解决就业问题的社会责任。加强社区就业和社会保障服务，要设立就业创业空间，重视特定群体，如村（社区）居民中的失业人员、就业困难人员、高校毕业生、退役军人、农村转移劳动力、残疾人等。这些劳动力资源除了一般性的市场性吸纳就业外，城乡社区社会组织和社会工作服务机构也是就业的吸纳平台。为此，各级政府和社区层面要花大力气培育、支持和发展社会组织，提升承接政府购买社区服务的政策空间，积极创造就业机会，鼓励、吸纳高校毕业生加入社区工作者和专业社会工作者队伍。

第四，社区文化、教育、体育服务。充分利用社区（村）综合性文化服务中心的设施和资源，开展广大群众喜闻乐见的社会文化活动。合理统筹社区文化资源，实现文化机构、文化人才进社区，推进优质公共文化服务向基层延伸。加强和优化农家书屋建设，改善阅读空间，提升阅读品质，推动全民阅读。创新文化服务，探索数字化文化服务，实现由“政府端菜”向“百姓点菜”转变，编制服务菜单，打造“文化超市”，落实“文化惠民卡”制度，提供个性化、“订单式”服务①。重视社区教育。明确社区教育定位，规划社区教育发展，建立健全城乡社区教育网络，创新社区教育，发展社区学院及引导社会力量参与社区教育，构建终身学习体系。根据社区教育的内容需求，加大社区教育专职教师培训，丰富社区教育体系，除知识类、技能类、娱乐类等公民素质教育外，将改善社区生活环境、促进社区发展、关心社区公共事务以及提升社区居民生活品质作为社区教育的重要内容。② 开展社区体育活动。充分调动社区自主性与社区居民健身和体育兴趣，定期举办社区运动节、社区体育联赛、社区体育知识竞赛等，催生和推广家庭体育、大众体育等理念，引导社区居民了解和参与体育活动，促使居民在体育健身中实现邻里交流和社区建设。利用现有资源，开发和建设社区体育场地和体育设施。引导居民开展文明体育运动，树立社区体育活动公约，避免占道、扰民等不文明行为。

第五，农村社区生产生活服务。农村社区治理关系乡村振兴的成败。乡村振兴的落脚点是农村居民美好生活的改善，农村居民美好生活改善的直接依据是农村社区生产生活服务数量和质量的提升。农村社区生产生活服务要尊重乡村传统、历史渊源与农民意愿，合理规划农村社区布局，有效协调农村社区建设，科学规划农村住房改建与农村土地使用，推动人口集聚与功能优化，加大供给与合理配置农村教育、卫生、就业、社保、养老、社会救助、未成年人保

---

① 李谨香：《多策并举，优化社区公共文化服务》，载《湖南日报》2019年7月15日。

② 李晓婷、窦瑞娜：《以社区教育优化社区治理》，载《人民论坛》2019年第18期，第78—79页。

护、环境保护等公共服务资源，促进农村生活、生产、生态的良性发展。同时，结合农民实际需求，加强农村社区服务平台、服务中心、服务体系建设，“提升邮政、金融、电信、供销、广播电视等公共事业服务水平”①。培育和壮大农村社区服务队伍，为农村培养和留住一批肯扎根、能用心服务、有专业的社区服务人才队伍。积极开展农村志愿互助服务，重视农村社区生产服务，拓展经营性服务，满足农村居民生产生活需求。

二、强化便民服务

社区治理以方便居民、服务居民为优先，需要确保社区便民利民服务有效传递到居民手中。“毋庸置疑，任何一个小区都需要提升，社区提升的意义与人居环境关系十分密切。在进入新常态之后，政府收敛新批地块和新建项目，从外延式增长转向内涵式发展，社区提升是未来城市规划转向的重大课题。”②《“十四五”城乡社区服务体系建设规划》提出：“全面推进城市一刻钟便民生活圈建设，加快推进农村生活服务便利化。”③ 再造邻里生活空间，改善社区人居环境，从重视“硬环境”到改善“软环境”，社区治理要推动社区便民、惠民、利民服务的完善，实现一站式、便捷化、个性化供给，打通社区服务的“最后一公里”，“最多跑一次”，提高社区居民的幸福感、获得感和满意度。

第一，城市社区物业服务。加强业主委员会组织建设。严格按照相关法律法规规定，设立业主大会和选举业主委员会，加快业主委员会建设，确保住宅小区组建业主委员会，并加强业主委员能力建设，充分发挥业主委员会的作用。鼓励业主积极参与业主委员会，为业委会成员开展工作营造良好环境，服务业主。开展业主委员会的业务培训，提高业主委员会成员的专业能力。完善维修基金制度，提高业主委员会对小型维修项目的影响力。提升物业专业化管理水平。理顺社区居委会、业主委员会与物业企业关系，推进社区治理与物业管理的融合，打造有温度的社区，推进沟通合作，加强物业服务收费的公开化、透明化，落实政府指导价内收费标准的公示制度。进行物业服务合同公开

---

① 《国务院办公厅关于印发“十四五”城乡社区服务体系建设规划的通知》（国办发〔2021〕56号），2021年12月27日。

② 李强、王拓涵：《社会学、人居环境与社区研究》，载《北京规划建设》2015年第6期，第9—12页。

③ 《国务院办公厅关于印发“十四五”城乡社区服务体系建设规划的通知》（国办发〔2021〕56号），2021年12月27日。

招标，实现业主和物业服务企业双向选择，建立行业监管、属地协调和居民评价等机制，加强物业事中事后监管，推动物业管理的制度化、标准化和智能化。加强城市居民委员会建设，推动居委会对业主委员会、物业服务企业的监督指导，确保业主委员会、物业服务企业依法履行职责。

第二，城乡社区便民利民服务网络。加快城市社区服务圈建设。加快城市围绕社区养老、社区教育、社区医疗、社区救助、购物、餐饮等社区基本公共服务事项，合理化、均衡化公共服务设施布局，建设社区公共服务综合体，确保社区居民在步行 15 分钟以内享受到基本公共服务，使得居民在吃、穿、住、行、乐等方面能够获得较为优质、快捷、价廉的公共服务。完善农村社区综合性服务网点。基层政府和村委会要重视社区基层网点的建设，选择村委会所在地或居民较为集中、居民办事、活动方便的地段，加快农村社区服务中心、农村社区服务站，以及物流配送、快递、再生资源回收网点等设施建设。以农村综合性服务网点为载体，满足农村居民基本公共服务需求的同时，开发和丰富农村综合性服务网点内容，集成公共服务，实现全程服务。

第三，公用事业服务与生活服务进社区。引导市场、社会力量进社区，设置网点，发展社区服务。公用事业关系到社区居民的日常生活，影响居民的衣食住行。发展城乡社区公交服务，鼓励水、电、燃气、邮政等公用事业服务进入城乡社区，真正让社区居民享受到生活的便利。培育和发展涉及社区居民衣、食、住、行等各类城乡社区服务机构，如社区超市、物业、保洁、维修、家政、餐饮、零售、美容美发等，多方式、多种类、多层次提供生活服务。

第四，日常用品的城乡对接与产销。社区治理的功能之一，是推动实现城乡日常用品的对接和社会融合。利用社区平台，推动城市社区居民日常需求与乡村经济有效结合，推动城乡一体化进程，助力乡村振兴建设。为此，要加快农产品流通体制改革，改善农产品城乡对接，依托村级综合服务设施、供销合作社、益农信息社和企业，加强农产品收购、农资供应服务提供，探索和推动农户、超市、菜市场与便民店的对接，农户、农企、农产品生产基地与餐饮企业的对接，以及农户、农产品生产基地和城市农产品批发市场的对接，进而实现城乡对接、产销对接，有力保障农业市场化与社会化服务。

三、强化安民服务

在自治、法治、德治“三治融合”的社区治理模式之下，安民服务追求的是一种共同体治安自治，要组织、动员和依托社区各类组织和个人，共同参与，自我维护与社会维护相结合，实现共同体的长治久安。在坚持党的领导的同时，“党政组织、自治组织、社会组织和居民个人遵循自治、法治、德治相结合的原则，共建、共治共同体治安，共享治理成效，自我维护单位、居民区、公共区域安全的治理模式”①。

一是推动社区安全服务。深化城乡社区警务战略，建设居（村）民委员会下属治安保卫委员会。加强社区警务力量，强化平安社区建设。整合基层社区维稳综治部门、信访部门、司法部门的职能，实行办公、资源一体化，形成联动，实现受理、反馈、调解、考核、落实的一站式服务。建立社区安全志愿者队伍，群防群治，联防联治，定期排查安全风险和社区矛盾，做到及时发现、及时处置和及时解决。加强居民守法意识与共同体意识，定期举行交通安全、消防安全、传染病防控等教育。协助做好社区矫正、社区戒毒、社区帮扶等工作，做好未成年人、遭受家庭暴力居民的身心保护和权益维护工作。同时，加强村（社区）反邪教工作能力建设。引入专业社会工作机构，开展社会工作服务，实现精神慰藉、心理疏导、关系调适、社会融入的专业化与可持续化。

二是推动人民调解与社区法律服务。做好村（居）民委员会下属人民调解委员会建设，有效结合人民调解、行政调解、司法调解，完善矛盾纠纷多元化解机制。吸引辖区律师、法官、检察官及其他法律专业人士等参与法律服务进社区活动，通过法律援助工作室、法律宣传栏、法律讲堂等形式，提供普法宣传、人民调解、法律援助、公证等法律服务，特别围绕房地产纠纷、婚姻家庭、劳动保护、损害赔偿、消费维权、投资防骗和犯罪预防等社区紧缺的法律领域，提供专业化法律咨询和具体服务。

三是进行应急救援准备。完善村（社区）应急组织体系和工作预案，加强安全管理，做好安全教育，普及安全知识，通过法律法规宣传、专题讲座、技能培训等方式，定期向居民普及自然灾害、事故安全、公共卫生、社会安全等突发性公共危机的防范知识，加强用气、用电、用火监测，强化地震、洪灾等灾害监测预警、应急避险、危机救援、安置转移、救援保障、卫生防疫等，进行实践演练，加强居民防灾减灾教育和自救互救能力。建立处置突发危机事

---

① 卢国显：《共同体治安自治理论的内涵与实践路径》，载《人民论坛》2021 年第 35 期，第 59—61 页。

件的应急志愿者队伍，以备协同专业救援队伍工作。加强社区应急基础设施建设，健全和拓展应急信息发布渠道，确保如避难场所、疏散标识、物资储备等及时就位，鼓励和引导家庭进行防灾减灾用品等应急准备。建立社区微型消防站，定期排查消防隐患。

四、发展公益服务和专业服务

社区治理的日常运作，离不开社会力量的参与。提高社区治理效能需要社会公益服务和专业服务的介入。社会公益服务应该成为社区治理的重要手段和社区居民的重要生活方式。社区公益慈善领域广泛，包含社区服务、经济中介、环境保护、慈善救济、文化体育、治安防控等。社区公益慈善的内容丰富，形式多样，包括捐助帮扶、志愿服务、社区基金会、慈善超市等。此外，要引入专业社会工作理念与方法进入社区。按照《中共中央　国务院关于加强基层治理体系和治理能力现代化建设的意见》要求，“完善社会力量参与基层治理激励政策，创新社区与社会组织、社会工作者、社区志愿者、社会慈善资源的联动机制，支持建立乡镇（街道）购买社会工作服务机制和设立社区基金会等协作载体，吸纳社会力量参加基层应急救援。完善基层志愿服务制度，大力开展邻里互助服务和互动交流活动，更好满足群众需求。”①

第一，培育社区社会组织。社区公益慈善的基础载体是社区社会组织。目前，社区治理存在重硬件、轻软件，重“区”轻“社”、有“区”无“社”等问题。社区共同体的构建，不仅要重视“区”的建设，还要重视“社”的发展，才能实现社区居民之间的有机联系。否则，无法实现真正的自治，政府治理的负担依然过重，其结果是政府投入很多，却并未完全满足居民诉求。因此，加强社区共同体建设，破解重“区”轻“社”的问题，既是破解社区治理难题的应有之义，也是培育社会治理共同体的重要抓手。②

2020 年 12 月 7 日，《民政部办公厅关于印发培育发展社区社会组织专项行动方案（2021—2023 年）的通知》提出“从 2021 年起用 3 年时间，开展培育发展社区社会组织专项行动，通过实施一批项目计划和开展系列主题活动，进一步提升质量、优化结构、健全制度，推动社区社会组织在建设人人有责、

① 《中共中央　国务院关于加强基层治理体系和治理能力现代化建设的意见》（2021 年 4 月 28 日）。

② 龚维斌：《以社区为重点建设社会治理共同体》，载《光明日报》2019 年 12 月 23 日。

人人尽责、人人享有的社会治理共同体中更好发挥作用。”3 年的专项行动包含了实施社区社会组织培育发展计划、实施社区社会组织能力提升计划、实施社区社会组织作用发挥计划和实施社区社会组织规范管理计划。①

第二，开展社区志愿服务和专业服务。社区志愿者是社区治理的重要力量。以社区为主导，整合社区内外资源，进行志愿服务站点建设。塑造社区关爱之风，关爱社区困难人群，将志愿服务与有实际需求人员相对接，完善社区志愿服务的长效机制。主要包括：推进志愿服务的规范化。进行志愿服务站点建设，志愿服务信息管理服务平台开发，覆盖城乡社区公共场所或服务设施。志愿服务站点要统一标识、统一管理。规范志愿者服务，志愿者服务要突出体现宣传文明礼仪知识，提供信息咨询服务，引导公共秩序，协助处理突发事件，开展便民服务等。社区志愿者应该结合自身职业特点，科学设计服务项目，创新志愿服务。同时，志愿服务站点人员要参与岗前培训，文明礼貌，热情周到，展示志愿者良好形象。建立志愿者服务的星级评估，开展志愿者评奖评优活动，实施“爱心银行”“时间银行”等志愿回馈制度，对于有实际困难的优秀志愿者，予以相应帮扶，推进社区志愿服务经常化和常态化。开展社区志愿服务。内容包括家政、文体、医疗、法律、心理疏导、安全等，服务对象以困难群众为主。推动驻区单位、社会组织等成立志愿服务队，鼓励在职党员参与社区志愿服务，结对帮扶，实现志愿互助服务制度化。社会工作者与志愿者协同服务。近年来，社会工作专业在我国日益得到认可。城乡社区借助社会工作力量，以社区居民实际需求为导向，利用社会工作的专业方法，开展个案、小组和社区社会工作服务，实现服务对象的“助人自助”。以社区需求为导向，探索构建“社工+志愿者”联动，整合专业力量与志愿力量，社工参与或主导志愿者招募、指导和培训。

第三，推动社区公益慈善的现代转型。社区公益慈善在社区邻里生活共同体的建构中发挥着突出作用。社区公益慈善整合社区资源，发展社区社会资本，是社区治理的催化剂。在全球化与本土化的背景下，社区治理的重要任务之一，就是汲取传统社会的公益慈善优秀资源，推动与现代社区公益慈善的接续，实现社区公益慈善的现代转型。主要做法主要包括：（1）从“家”到“社区”。乡土社会中的社区慈善是一种基于血缘的“差序格局”，亲疏有别，

---

① 《民政部办公厅关于印发培育发展社区社会组织专项行动方案（2021—2023 年）的通知》2020 年 12 月 7 日。

由近及远。社区是家的延伸，从对家庭的热爱，延展为对社区的热爱。现代社区慈善超越了血缘关系，从“家”扩展为“社区”，强调“社”的联结，个体行为选择受到社区公共利益的约束和推动，重视社会生活共同体的公共性。以社区公益慈善为纽带，强化居民与社区的联系，激发居民的社区认同，进而从利益的一致性转变为观念、价值和行动的一致性。传统社区公益慈善活动多为“小众参与”“自上而下”，人员固定，“捧场”为主，参与率低。现代社区公益慈善活动是“大众参与”“自下而上”，贴近居民需求，是一种自愿性行为。这实际上也回应了党的十九届四中全会所提出的，“在城乡社区治理、基层公共事务和公益事业中广泛实行群众自我管理、自我服务、自我教育、自我监督”。（2）从“陌生人社会”到“熟人社区”。乡土社会具有高度的同质性，城市社会则具有明显的异质性，从乡土社会转向城市社会，从熟人社会转向陌生人社会，这是传统社会向现代社会变迁的显著特征。相互认同的社会生活共同体的形成，需要人与人拥有共同遵守的制度、规范和风俗传统，实现一致性的集体行动。而现代社区公益慈善将社会、城市、社区中的异乡人、陌生人，转化为社区里的“熟人”，“熟人”之间放下冷漠与隔阂，破除藩篱，强化彼此间的联系，进而形成美国学者帕特南意义上的“社会资本”，也即：基于公益慈善组织形成的信任、规范和网络，人们通过促进合作行动，增进社会的公共效益，最终保障社会制度的运行和稳定。在帕特南看来，“社会资本的存量，如信任、规范和网络，往往具有自我增强性和可累积性。良性循环会产生社会均衡，形成高水准的合作、信任、互惠、公民参与和集体福利。它们成为公民共同体的本质特征。”① 丰富的社区社会资本将破解集体行动的困境，更易解决社会集体所面临的各种公共问题；人与人之间信任感的增加，日常活动和社会交往的成本也将显著降低；拓宽公民的自我认知，培育公民健康的社会人格；通过心理和生理的过程，人们的生活品质也将得到提高。（3）从慈善到公益，从施舍救济到公民精神、公民文化的生成。现代社区公益慈善的内涵不断丰富、不断扩展，超越了“小我”、等级、阶层以及地域等界限，由狭义上的慈善救济，转向广义上的“大我”、公共利益和公共福利，由某种程度上的私人领域转向比较纯粹的公共领域。现代社区公益慈善凝结了人之为人的基本道德规范，但不局限于日常行为的礼貌，而是将宽容之心、非暴力、平等

① ［美］罗伯特·D. 帕特南：《使民主运转起来：现代意大利的公民传统》，王列、赖海榕译，江西人民出版社2001年版，第208页。

性、尊重、志愿精神、同情心和同理心等内化于心，形成构筑社会集体价值的公民精神与公民文化。传统社会中公益慈善的英雄主义、圣人品质及好人道德转向为公民道德，理解普遍人性的优点与弱点，重视公民精神与意识，协商共治，珍视自身权利的同时，履行对社会的责任。通过社区公益事业发展，服务社区中有需求的家庭和个人，实现公共利益。在多种多样的社区公益慈善活动中，在微观层面培育公民情感、公民心智和公民习性，适应现代社区发展需求，协调社区中的人与人、人与国家、人与市场、人与社会、人与自然等关系，并在宏观层面构筑成社会和谐的根基。

第五章　社区治理的保障条件

第一节　社区治理的资源支撑

自《中共中央办公厅、国务院办公厅转发民政部关于在全国推进城市社区建设的意见》（中办发［2000］23号）以来，我国城市社区建设事业备受关注，然而城市化进程加快带来的社区建设问题也日益凸显。随着物质生活水平的不断提高，人民日益增长的美好生活需要对社区提出了更高要求。这说明，社区在提升治理服务质量的同时，要更加注重满足居民群众在经济、政治、文化、社会、生态等方面日益增长的需要，着力开发社区可利用资源，这对实现社区治理体系和治理能力现代化具有重要意义。

一、社区治理的资源界定

从社区治理的角度上看，社区资源“是能够为一个特定的社区所掌握、支配、动员的社会资源。”① 本书关于社区资源的界定即以此为标准。根据资源蕴藏主体的不同，社区治理资源可以分为行政资源、辖区单位资源、社会资源等三种。下面分别界定三类资源的内涵。

（一）行政资源

行政资源是“为了提高行政效能而利用的各种积极因素和条件，如组织资源、人力资源、财力资源”②。从社区可获得资源的角度上看，行政资源具

---

① 李立纲：《社区资源的获得》，载《学术探索》2001年第6期。

② 饶武元，洪苏珍：《纪检监察处分数据与完善干部干事创业动力机制探析》，载《领导科学》2016年第19期。

体指政府下沉到社区的各项优质资源，体现国家强制力对基层治理的政策倾斜和资源优待。

社区作为国家治理的基础单元，体现着我国治理能力和治理水平的发展情况，是形成共建共治共享格局的重要基石。可以说，社区治理能力的提升将直接关系到国家治理现代化的实现。社区建设需要政府发挥领导作用，为优质资源向社区倾斜提供政策保障。一是财政资源。财政决定着社区满足其自身公共需要的能力，是国家发展和治理进步的基石。比如，增加社区公共服务资金、扩充社区居民委员会自由支配范围、设立社区小微改造专项资金等。向社区倾斜财政资源，不仅能减少街道对社区的财政限制，还能促进社区居民委员会提升自身治理能力。二是人力资源。在社区资源语境下，人力资源根据其劳动性质差异可以分成两类。一类是下沉到社区的拥有充沛体力的人力资源。在职青年群体能够弥补中国社区内居民老龄化、身体素质较差、社区体力劳动者不足的现状。特别是下沉到社区的拥有管理能力的人力资源。这部分公务人员往往在自己的工作岗位上拥有较为丰富的管理与组织经验，如政府各部门的领导干部，能够在社区治理中起到协调矛盾、理清方向的重要作用。三是制度资源。制度在社区治理中始终起着顶层设计的作用，合理、科学的制度既能够发挥行政体系的统揽作用，又能够保障社区多元主体各履其职，保障社区自治基本水平。比如，在社区建立起政府、社会、居民委员会和居民的供需对接机制，能够保障各方供给的资源精准满足社区公共服务需要。

行政资源作为来自国家的资源，不仅代表国家对发展社区公共服务的积极态度，也为社区在提供公共服务中给予了稳定的资源保障，从而有效缓解资源短缺的窘迫。

（二）辖区单位资源

从社区治理的角度看，辖区单位是指社区管辖范围内的行政单位和企事业单位。它是打造共建共治共享的社会治理新格局中不可或缺的重要部分，是社区满足居民多元化需求的外在物质保障，是社区鼓励居民群众积极参与社区事务的重要动力，在建设和谐社区中发挥着重要作用。

辖区单位资源在社区治理活动中发挥着重要作用。依据《社会学词典》的定义，可将其分为场地资源、财力资源和物力资源三大种类。三种不同种类的优质资源从经费保障与物质保障两个方面激活社区资源获取与利用的外循环，促进社区的良性发展。一是场地资源。场地资源是指辖区单位闲置、可供居民使用的空间场所。相较于社区中有限且单一的活动室，企事业单位拥有较大的活动空间和更多样的场地资源供社区居民使用。这能够缓解社区内部场地资源承载力不足的压力，有效拓展社区活动种类和范围。比如学校的操场，公司楼顶的小花园。二是财力资源。这部分资源由辖区单位及其成员的捐助构成。随着社区公益项目概念的提出与项目延伸，已有大量城市举办社区公益创投大赛，意在开发社区潜在资源，挖掘社区公益项目。这为社区链接辖区单位及其中的爱心人士创造了重要条件，也为社区财力资源拓宽了来源渠道。相较于政府财力资源，辖区单位下沉的财力资源能够帮助社区客服报账制度的局限，将链接的资金灵活运用在社区各项微治理计划中，充实社区资金池。三是物力资源。社区外部物力资源的开发与使用同社区居民参与载体多寡紧密相关，也关系到活动场地资源丰富程度和物品资源储备。企事业单位拥有极为丰富的闲置物品资源，如桌椅板凳等陈旧家具、办公用具等易消耗品可以下沉到社区，充实居民活动资源。这样既可以避免物品闲置造成的浪费，又可以减轻社区居民委员会和社区社会组织的经济压力。

辖区单位资源的下沉，不仅能够增强辖区单位参与社区治理的能力和责任感，还能够帮助社区有效化解资源有限性与需求多样性之间的矛盾，实现社区善治。

（三）社会资源

对社会资源的定义，学界已形成基本一致的观点。《社会学词典》认为："广义的社会资源是指整个社会所拥有的资源，包括自然资源、物质资源、财力资源、人力资源以及图书资源，乃至于电子计算机系统中的硬件和软件等。这些资源是人类生存和发展的物质基础，是实现社会再生产的必要物质条件。"① 从社区治理的角度看，这部分资源来自民间，以零散分布为主要特征，在资源供给中起补充作用。

社会资源作为社区公共服务的一种增量资源，实质是社区同非体制内主体联系的一种物质表现，既体现了社区坚实的社会资本，又实现了社区资源获取能力的多样化。具体而言，社会资源包括三种。一是居民资源。居民是社区治理的关键力量，既是公共服务的供给者，也是公共服务的享受者。一方面是拥

---

① 王康：《社会学词典》，山东人民出版社 1998 年版，第 258 页。

有特殊能力的居民资源。这些居民可以为社区开展专业服务活动提供大量的人力资源支持。如居民中的建筑师、律师、学者可以提供专业知识资源，医生、教师、心理咨询师可以提供专业服务资源。另一方面是拥有号召能力的居民资源。这部分居民在群众间拥有较高威望，往往能够一呼百应。挖掘这样的居民资源，既能够减轻社区工作者与居民沟通的压力，又能够加深居民对社区的归属感。二是社会组织资源。这里的社会组织专指非营利性质的社会组织，如红十字会、专业义工机构、志愿者组织等。他们往往具有专业特长，可以为社区定向提供专业服务资源，满足居民多样化需求。如红十字会可提供慈善资金管理的教学服务、义工服务可提供老年人关怀服务、志愿者组织可向居民提供志愿服务。三是辖区商户资源。辖区商户专指社区管辖范围内的店铺，他们分布范围广、种类多、贴合居民生活实际，又与社区居民存在依存关系。只要办法得当，辖区商户可以成为社区激励机制的主要物品供给者，如积分兑换点、活动开展点等。

社会资源作为一种社会自治力量，既能够帮助居民形成守望相助的共同体意识，又能够帮助社区克服过度“行政化”的困境，实现政府资源支持和社会资源补充的良性融合。

二、社区治理资源开发和整合的路径

从实用角度上看，社区资源是打造共建共治共享的社会治理新格局中不可或缺的重要组成部分，是社区精准识别、满足居民多元化需求的重要物质保障，是社区鼓励居民积极参与社区事务的重要内在动力。做好社区资源开发和整合工作，是建设和谐社区的题中应有之义。

（一）行政资源的开发与整合路径

党的十九大以来，我国基层治理格局正向多元治理方向转变。当下，政府的行政资源仍是社区提供公共服务、满足居民需要的重要来源。探索科学管理的行政资源开发与整合方式，是转向“服务型”政府的契机，也是保护社区资源运用自主权的有效途径。

1. 清单梳理：行政资源向社区下沉的精准依据

来源于政府的行政资源应当依据不同的种类赋予不同的用途，以保障资源利用效率。对社区能够获得的各项行政资源进行合理归类，确定行政资源的下沉清单，是社区根据资源匹配居民需求、开展便民服务的重要前提。

通过对行政资源进行归类处理，社区工作者得以形成明确的行政资源数量与种属认知，制定简洁的行政资源使用规划。一方面，同类合并，明确资源种类。政府序列中的民政局向社区提供初步的下沉行政资源总清单，再由社区工作者对清单进行精细化处理。遵循同类归并原则，将其分成财政、人力和制度三大类，并进一步按照用途分成更细的种类，并以思维导图的形式展现出来。另一方面，统计数量，制作资源表格。根据分类思维导图，社区工作者可以将下沉到社区的各项优质资源数据统计到一张完整的表格上。横向表头为资源来源，即各单位部门，纵向表头分为人力资源（管理人才和体力人才）、财政资源、制度资源三大类四小类，做到资源对号入座。经过归类处理的行政资源具有较强的条理性，便于后续取用。

形成行政资源清单归类机制，是下沉行政资源的首要步骤和重要凭据。这使得纷繁复杂行政资源得以摆脱混乱无序状态，减轻社区资源管理的工作负担，契合社区服务供给的清晰规划。

2. 项目运作：行政资源向社区下沉的承载平台

随着治理理念不断更新我国社区治理模式正经历着由“政府管理”到“多方联动”的现代化变革。项目制作为一种“将国家从中央到地方的各层级关系以及社会各领域统合起来的治理模式”①，能将社区居民、社区工作者、社会组织和企事业单位联结起来，助力政府和社会资源下沉与社区居民多元诉求的有效衔接，重塑城市社区治理中各参与主体的结构关系。

（1）着眼项目平台功能，建立需求满足机制。

项目是一种特殊的组织形成，运用一定的时间和资源达成特定目标的工作任务。通过在社区开展项目，社区工作者能够根据梳理好的居民合理需求清单，为居民提供一种切实可靠的需求满足平台，可以有效体现项目的平台机制。

将清单上的居民意愿按照实现主体进行分类，可以分为自主实现需求和待援助实现需求两类。根据需求种类不同，可以采用不同项目予以承接。一方面，社区工作者可对自主实现需求采用“简单项目”。自主实现需求主要是指那些居民能够通过自我组织，仅需外部财政资源或人力资源援助就能满足的需求。比如居民缺少书法教学者，可由政府内部派出书法特长者进行定期授课。

---

① 渠敬东：《项目制：一种新的国家治理体制》，载《中国社会科学》2012 年第 5 期。

这部分需求所需资源明确、满足难度较低，只需要保障特定行政资源的持续供给即可。另一方面，社区工作者需对待援助实现需求采用“复合项目”。待援助需求是指居民无法依靠自身力量达成，需要财政资源、制度资源和人力资源进行援助才能满足的需求。比如双职工家庭的学龄儿童周末无人看管问题，需要制度资源提供场地与活动用具，财政资源提供专项活动经费，人力资源提供教学资源。同时社区工作者考虑居民需求落地方式，运用先进的社会工作法系统地策划项目。

通过根据居民需求的不同类型分别策划项目，社区工作者能够充分发挥项目的平台功能，随机应变地承接不同的需求，合理运用下沉的行政资源。居民也能在需求被满足的同时增强归属感，形成主人翁意识。

（2）着眼项目载体功能，建立资源承载机制。

实现项目的载体功能，就是要在社区形成高效的下沉优质资源运用策略，保障资源作用的充分发挥。目前，我国许多社区对资源的应用处于混乱状态，常造成大量的优质资源浪费。这就需要社区工作者引入项目制，保障资源有序高效运用。

对下沉的优质资源要妥善运用，需要社区工作者将其按照资源使用途径和居民需求分类，因类验策将资源流向不同的项目。一方面，社区工作者要对满足自主需求的资源进行简单规划。为了达成优质资源可持续利用的目的，社区工作者需要综合考虑优质资源总量和单次居民需求供给所需资源量。既要防止单次资源供给过多造成的资源浪费和后续供给不足，又要防止单次资源供给过少造成的需求满足不充分。在分配专项资金时，需要根据实际活动损耗限量供应，而不能不加限制地任由居民索取，防止出现“公地悲剧”的现象。另一方面，社区工作者要对待援助资源进行复合规划。待援助需求往往需要同时运用多种优质资源，社区工作者需要合理设计项目，将其作为资源利用的微观单位，对项目中的全部优质资源进行统一调度与规划。既要防止优质资源之间产生冲突，又要尽量做到各项优质资源利用最大化。例如，在应对周末儿童看管问题时，社区工作者需要视策划出的项目需要，合理安排人力资源的教学任务、协调人员之间的关系，这就对项目的资源分流提出了较高要求，需要采用恰当的社区工作法进行处理。

以项目作为资源载体，既能在满足自主需求的资源供给过程中，对参与社区治理的居民及其他行为主体产生正向激励，培育居民主体性，又能在满足待援助实现需求的资源供给中提高社区工作者对行政资源的综合运用能力，促进政府转变角色，以服务者身份参与基层治理。

（二）辖区单位资源的开发与整合路径

辖区单位资源常以分散化、多样化的形式遍布辖区内的企事业单位，是社区拓展公共服务资源的重要保障。特别是对那些物业缺位、设施老旧和规模微小等资源不足的社区来说，社区采用专业社区工作方法对辖区单位资源进行开发与整合，能够满足社区居民公共服务多样化需求，提高居民生活幸福感。

1. 党建统筹：辖区单位资源下沉的领路人

从辖区单位资源汇集的现状上看，各单位主体各自为政现象仍然比较严重，这需要一个有力的资源统筹组织，即党建统筹。

（1）发挥党建引领优势，构建组织纽带机制。

广义地讲，纽带是指能够起联系作用的人或事物①。将纽带定义纳入社会学范畴内，就形成了一种独特的社会纽带理论，即“个体所须遵守的规范体系”②。党组织为其成员提供严格的约束，而党组织分支和党员也因为信仰而自愿遵从党组织的安排。

就中国社会的现实情况而言，几乎所有的单位和组织都建立了基层党支部，实现了党组织的全覆盖。党组织发挥中枢大脑作用，通过党建联动机制将单位党组织与社区党组织紧密联系起来，能够有效形成以党建为资源纽带的组织优势。根据《WH 市机关企事业单位党员干部下沉社区实施方案》WH 市地铁集团机关党总支部结合集团党组织委员会进行工作部署，迅速确定了与 QJJC 社区、NKY 社区、KL 社区的对接帮扶工作，下沉党员 100 余名。这些下沉党员通过党组织支部与社区党支部对接工作，制作共驻共建资源清单，开展社区活动。由此，党组织作为连接单位和社区的重要纽带，以其自身的高动员性、强执行性保障优质资源持续下沉，形成社区资源的外部循环。

这种通过政府动员、党组织牵线的资源下沉方式能够形成社区与下沉企事业单位及个人的紧密纽带，使社区摆脱现有资源不足的困境，丰富社区治理参与主体，建立共建共治共享的城市基层治理新格局。

---

① 莫衡等：《当代汉语词典》，上海辞书出版社 2001 年版。

② Paugam S：*How does poverty appears in European societies today*?，Fundación Luis Vives：Revista española deltercer sector，2008（9）：65-84.

（2）发挥党建监管优势，构建绩效考核机制。

党建监管即通过党组织内部的约束，对资源下沉是否切实发挥作用、是否促进社区公共服务能力提升进行的监察、督促行为。党组织是具有很强纪律性的严密组织，通过党组织内部的监管，下沉人员将受到精神与物质两种层次的约束，这能够提升他们的工作效率，避免形式主义的发生。

"绩效"是"为了完成工作而努力的直接后果，也是指通过努力完成工作的数量与质量的情况。"① 通过构建党建统筹下的资源调配机制，各社区基本均等地拥有了下沉的行政资源，要想高效地利用资源，就需要提升工作绩效。这包括制定工作标准，定时按标准实施考核。例如，《湖北省机关企事业单位党员干部下沉社区实施办法》（以下简称《办法》）提出"各级党委应当将机关企事业单位在职党员干部下沉社区工作作为单位党组织党建责任制考核、文明单位创建、党员评议等的重要内容，作为干部评先评优、晋级晋职的重要依据。"将下沉党员在社区的工作绩效同其自身职位的考核、晋升评价相关联，这能够形成一种极为有效的监管，提高在职党员的工作积极性。

构建绩效考评机制，既能够给予下沉党员强有力的约束，又能提高下沉优质资源利用效率，尽快形成提升服务质量与丰富社区治理主体的双赢格局，助力社区治理体系现代化的进程。

2. 清单梳理：辖区单位资源下沉的履责表

辖区单位资源下沉，既是社区治理的重要表现，又是社区治理的重要环节。当前辖区单位资源供给表现出的高度离散性和不稳定性是辖区单位履责的主要绊脚石。因此，在辖区单位内部梳理出明确的资源清单，是增强辖区单位参与社区治理能力的题中应有之义。

各单位的资源禀赋各不相同，其资源常以片面和专业化为主要特征。而社区治理是一项系统性的整体工程，需要在一个社区内综合下沉各种类型、数量基本均等的优质资源。需要综合衡量各社区所在的单位类型、数量，学习我国"南水北调"工程的科学做法，将单位类型与数量进行均衡化处理之后再统一下沉。以《湖北省机关企事业单位党员干部下沉社区实施办法》为例，为了防止出现各地域范围内下沉资源不均的情况，《办法》提出"在一个社区集中报到单位数量较多的，由县级党委组织部门会同市县相关行业系统党（工）

---

① 李国杰主编：《现代企业管理辞典》，甘肃人民出版社 1991 年版，第 296—297 页。

委统筹安排，确保力量均衡，覆盖所有社区。”① 通过建立党建引领下的组织纽带机制，党组织能够汇总一定范围内所有的单位可供给资源明细与待下沉社区情况。县级党组织和街道党组织需要依据地方实际情况，公平公正、因地制宜地向社区调配企事业单位优质资源，并将下沉单位予以公示，确保各地获得的资源不存在较大的数量差异和质量差异。

依托党组织的广泛性和先进性，科学合理的优质资源调配机制得以形成。这避免了因优质资源分配不均带来的社区发展矛盾与冲突，使整个城市社区建设呈现出协调发展的态势。

（三）社会资源的开放整合路径

进入社区多元主体协同共治的时代，原有社区治理中的资源供给模式也渐渐展现出主体多元化的态势。随着政府自觉让位于共治格局，社会主体参与社区治理的积极性大大提高。在资源供给领域，充分发挥社会力量和居民的协同作用，是激发社会活力、推进社会力量蓬勃发展的关键。

1. 团队负责：社会资源向社区下沉的主体

在《民政部、财政部关于加快推进社区社会工作服务的意见》中强调，社区社会工作需要做好“引导和培养居民主动参与社区公共生活和社区事务”。② 这说明居民作为组成社区的主要成分，应当行使社会资源使用权。社区工作者需要着力凝聚社区居民，打造能长期与社区对接的优质居民团队，使社区提供的服务真正作用于居民。

（1）引导居民自我组织，形成资源团队运作机制。

自组织，即“一个系统无需外界特定指令而自发或自主地从无序走向有序，形成结构性系统的过程”。③ 社会资源向社区下沉是以项目为载体的有形援助，这需要以项目作为平台，由社区工作者将松散的原子化装态下的居民聚合成居民自组织，形成项目执行团队，以协商的方式促进社区优质资源利用，进行自我管理。

为了使优质资源的利用能够满足社区公共利益，社区工作者需要充分激发

① 参见湖北省委十一届七次全会通过的《中共湖北省委关于贯彻落实党的十九届四中全会精神、推进省域治理现代化的决定》系列配套文件。

② 《民政部、财政部关于加快推进社区社会工作服务的意见》（民发〔2013〕178 号）。

③ 陈伟东、李雪萍：《社区自组织的要素与价值》，载《江汉论坛》2004 年第 3 期。

社区居民的参与热情和社区责任感，吸引他们主动认同社会资源与项目为其生活及整个社区带来的便利。一方面，社区工作者需要寻找居民准骨干，引导更多居民认同资源下沉。社区工作者难以直接动员社区内部的所有居民，向他们普及优质资源下沉社区的知识。这需要挖掘民中具有较强带头作用的骨干，由这些人充分链接社区的其他居民。社区工作者可以召开居民代表大会，将表现积极、领导能力强的居民推选为骨干，通过征求他们对项目的意见，帮助他们认识到优质资源下沉社区可以为项目开展带来便利，从而增强社区居民之间的凝聚力。另一方面，社区工作者要依据居民联系，建立社群关系网络。除居民骨干外，每位参与者都有其自身关系网络和交际圈。社区工作者可以激活这张联系网络，将社区内有意愿参与项目，拥有优质资源的居民都纳入关系网中，形成认可度高、关系紧密的执行团队，组建项目社群关系网。社区工作者引导居民自我组织，成立项目团队，是尊重居民主体地位的表现，也是赋权于民的有效做法。

以居民自发方式动员起来的居民、凝聚成的团队，能够改变单纯由社区工作者动员的冷漠态度，代之以强烈的自我认同感、参与感、满足感，强化项目执行团队的风险应对能力，赋予项目更高韧性，激发居民主观能动性，促进优质资源下沉运用。

（2）引导居民自我管理，形成资源团队约束机制。

自我管理是“社区公共生活秩序，是社区成员反复出现并必须可以明确预期的行为模式甚至内化为一种生活方式和行为习惯”。① 引导社区居民自我管理，就是让居民在执行项目的过程中制定共同认可的秩序，自觉遵守执行，以维护资源运用秩序，促进项目正常运转。

在社会资源落地社区、形成特定项目供给居民的过程中，需要制定一种有力而广受信服的规则来管理团队成员，约束他们合理使用资源，共同促进项目落地社区。一方面，社区工作者引导居民领袖协调利益诉求，坚持以实现公共利益为目的使用下沉资源。资源数量有限，难以满足团队成员的所有利益诉求，这需要社区工作者培育领袖的协调能力，约束成员克服私人利益，坚持资源运用以满足公共利益诉求。另一方面，团队成员协商规划执行步骤，制定完备的项目执行策略，以求资源运用达到最优化。这需要尊重团队成员中每位成员对项目前景的规划权。为此，团队领袖需要引导居民有序发言，围绕社会资

---

① 陈伟东、李雪萍：《社区自组织的要素与价值》，载《江汉论坛》2004 年第 3 期。

源有效利用制定共同执行计划，选择合理的资源分配与利用方式，将下沉资源使用同项目执行进度紧密结合，提高团队活动效率，促进下沉的优质资源高效利用。

只有在团队内部形成切实有效的约束机制，团队成员才能在项目运行过程中减少资源利用分歧、明确项目进度，塑造一个真正由居民自治的项目执行团队，让居民能够自主决定下沉优质资源的使用方向。

2. 清单梳理：社会资源向社区下沉的基础

清晰明确的资源信息是社区治理有效掌控各种资源的前提，也是提高公共服务水平、提升居民生活幸福感的重要保障。但是，社会资源作为受到较多市场经济干预的、稳定性较差的一种资源，与清单的简洁和稳定相冲突。为了适应社会资源动态变化的发展特点，在对社会资源进行清单梳理的时候，需要遵循时效性和开放性的原则，坚持资源清单的动态持续管理，形成清单的定期更新机制。

长期化清单管理，需要社区工作者考虑居民需求与下沉的社会资源两者的变更速度、清单更新所需工作量，根据社区实际情况综合进行。一方面，规定两项清单更新周期。考虑到随着居民频繁流动和社会组织变化，优质社会资源是不断变化的，应当建立清单定期更新制度。但重新梳理清单需要耗费社区工作者大量精力，且清单变更往往停留在微观层面，清单更新周期不宜过短。另一方面，成立清单管理专项小组。进行清单管理是一项长期、程序化的工作，需要社区委派固定人员专项负责清单梳理与变化报送工作。这要求社区工作者保持细心的工作态度，适应性质繁琐的工作。另外，管理优质资源清单需要与各级党组织保持良好的联系，可以采用党员优先的选拔标准。专门处理小组的成员能够达成专人专责的工作效果，提高清单整合效率。

通过系统地规定清单更新时间和清单管理人员，社区居民需求表达机制和优质资源清单更新机制将在社区形成长期运行惯例，不仅能够鼓励居民表达意见，增强居民主体性，还能提高社区工作者的专业能力。

第二节　社区治理的经费保障

基础不牢，地动山摇。社区治理是社会治理在基层的微观投影，在社区治理社区治理现代化建设过程中，除了优质的人才队伍保障、可靠的信息技术支撑和完善的法律政策保障等多重保障条件，稳定、可持续的经费保障亦是社区治理顺利进行的基础和重要支撑。

一、资源界定

根据经费来源主体的不同，本文将社区治理的经费划分为财政经费、社会经费、居民自筹经费三大类。这三类经费对社区治理分别具有“输血式”供给、“开源式”供给和“自我造血式”供给的重要意义。

（一）财政经费

社区财政经费是社区建设发展的主要支持力量，它依靠市、区两级政府出资，以向社区居民提供公共产品、开展公益事业为目的，在社区居民的直接参与下经民主程序形成有约束力的共识，自主地决定资金的用途和使用方式，并接受居民和社会监督的财政制度安排及运行过程，是“取之于民，用之于民，事由民定，财由民理”的特殊财政类型。①

社区公共财政是创新社区治理的物质保障，是协调社区多方主体利益关系的重要手段。根据其目标的不同，可将社区公共财政经费细分为保障民生促进社会和谐的专项资金、促进居民自治的专项资金和增强社区党组织能力建设的专项资金三大类。第一类专项资金如北京的“基层公益事业专项补助公益资金”，第二类专项资金如武汉的“社区公益创投项目资金”，第三类专项资金如上海的“居民区党组织服务群众专项经费”。区别于从社区外要吸纳的社会经费和源于社区内部的居民自筹经费，社区财政资金具有高度制度化和规范化的特点，其性质、来源、用途以及监督和检查都有明确的法律条款加以规定。党的十九届四中全会指出“把更多资源下沉到基层，更好提供精准化、精细化服务”，各级党委、政府积极落实，将社区治理经费纳入公共财政保障。到2019年，几乎全国所有社区工作经费都已经纳入财政预算。

财政资金代表了国家行政权力，其本质上是公共服务向基层的衍生，重构基层社会公共性，以实现政府组织与社会自治组织有效衔接和良性互动，增加财政投入，落实资金统筹，规范财政使用、落实资金监管是打造共建共治共享

① 肖林：《迈向“社区公共财政”？——城市社区服务专项资金政策分析》，载《社会发展研究》2020年第4期。

的社会治理格局的重要途径。

（二）社会经费

社区治理的社会经费具有盈利性和竞争性特点，需要通过市场融资方式筹集而来。社区治理的社会经费一般源于政府优惠政策号召下企业对社区事业进行投资以及辖区内各类企事业单位、社区商铺等对社区进行的爱心捐赠。

社会经费在社区发展建设中具有不可替代的作用，稳定、可靠的社会经费，是实现社区可持续发展的重要增长点。社会经费可通过各种公益项目在社区教育、医疗、文娱、基础设施建设、日常生活等多个方面超越财政专项拨款的标准化边界，实现公共服务的精准供给，从而盘活社区资源，拓展社区服务范围，解决政府基层治理的融资难点问题。在现阶段的城市发展和社区治理过程中，资金需求巨大。但是截至目前，我国社会资金的总量依然有限，并且尚未有效地汇聚到基层社区治理方面，这就意味着仅仅依靠市场调节，难以调动市场主体投资城市建设和社区发展的积极性，这就要充分发挥社会主义市场经济的优越性，搭建政府和市场的有效合作平台，形成社会资金支持社区发展建设的长效机制，在进一步拓宽社区资金来源的同时合理引导社会资金流向，进一步提高社会资金使用效率，防范资金使用风险，以帕累托最优组合实现公平与效率兼顾的双重目标。

（三）居民自筹经费

社区居民是社区重要的存量资源，除了上述两类资金类型，向社区居民直接筹集资金，也是社区获取经费支持的重要方式。居民自筹经费是满足社区治理精准化、精细化服务需求，从而推动社区公共空间“微营造”的创新手段，是拓宽社区治理资金来源的重要切入点。

居民自筹经费主要是指居民自发组织、以自治方式筹集而来的资金。由于社区治理问题的复杂性，社区往往存在许多政府财政专项拨款难以触及的社区“死角”，为了解决社区在这些财政“死角”问题上的困扰，社区居民自发组织起来筹集资金以解决问题。居民自筹经费往往针对社区居民感知度、需求度高的焦点问题，以社区全体或部分居民为筹资对象，资金经居民决策协商后主要用于社区发展建设，如老旧小区改造、社区环境整治、停车位规划等。

相较于前两种筹资方式，居民自筹资金往往筹资额度有限，筹资难度较大，但是它操作灵活，直接作用于社区居民日常生活中许多“细枝末节”的问题，还可以用于不符合社区财政专项资金使用清单之外的其他问题，在唤醒居民自治意识、增强居民协商能力，满足居民生活服务需求，用邻里温情破解“城市冷漠症结”方面具有独特的优势。

二、经费保障资源开发和整合的路径

传统的社区公共财政保障以政府主导、财政拨款为主，行政化、标准化倾向明显。在新时代社区治理实践中，如何更好地发挥政府财政的兜底作用，以社区公共财政经费撬动社会资金、居民自筹资金的投入，形成三者良性互动、可持续发展的新型治理格局，对稳固基层社区治理的经费保障至关重要。

（一）财政经费：建立新型社区公共财政保障机制

在长期实践过程中，财政经费的大量投入对基层社区治理成效显著。然而，由于财政经费的申请、审批和报销流程的繁琐性，以及社区对独立财权的自主性缺失，在财政经费使用过程中，也暴露出资金使用效率低下与资金使用公正性和自主性不强等问题。因此，要建立新型财政保障机制，提高资金使用效率，更好地管理与规范社区财政经费以撬动居民自治。具体而言，可从以下两个方面着手：

1. 理顺街道社区关系，加强社区财政体系建设

街道与社区之间是指导与被指导关系，然而社区不是一级财政预算单位，不具有预算和财政管理权。随着越来越多的事务向社区下沉，财政支出的压力越来越大，但是财权和事权划分的不对称导致社区居委会沦为基层政府的“腿”，街道挤占、挪用社区财政经费的问题难以根治。因此，要建立新型社区财政体系，确保社区建设财政保障的稳定、可持续，具体可从两个方面入手纠正街道与社区长期以来的关系错位。一方面，财政经费拨付要专款专用。已列入预算的财政资金可直接拨付到街道专门账户，还可将社区建设资金按照“直达社区居委会”的方式拨付到位，建立动态的资金监控机制，将不定期检查和全过程绩效监督相结合，对街道违反财政规章制度的行为加以监督，及时把控资金流向，避免街道对社区经费的挪用、滥用。另一方面，优化社区财政经费支出结构。对基础设施、医疗、教育、安全、社会救助等重点领域进行重点保障。坚持“权随责走、费随事转、事费配套”的原则，全面落实“条费

转块”的政策措施，赋予社区居委会必要的权力；同时，社区居委会协助有关部门开展工作时，相关部门要及时将经费拨付给社区居委会。

2. 建立社区服务清单，规范财政经费使用

社区服务清单是基层政府组织以清单形式，将面向社区居民的公共服务职能逐一列出并向外界公布，它是政府为居民提供“菜单式”服务最直接、最有效的举措。

社区服务清单的本质是运用集成简约的清单形式对复杂情境下城市治理中的权力运行、职责边界进行梳理①。社区服务清单在征集社区居民意见的基础上制定而成，以困扰居民的急小微问题为导向，如补助补贴、社会救助保障、社区财务支出等，只要符合清单上的事情都可以用专项财政资金支付购买，同时在财政支持有限的前提下，可以按照事情的轻重缓急进行拨款。购买的每个项目从提案、定级、采购、报销的各个流程和环节都要在阳光下进行，让居民心中有一本“明白账”。此外，按照行政审批“最多跑一次”的改革思路，清单上的支付程序要尽可能精简，力求以“一站式服务”就能达到“就近跑一次”的服务效果。当前，我国一些街道社区已经开始了有益尝试，如某街道结合本地实际，创造性地提出了《关于进一步加强居民自治项目化建设的实施指导意见》，每年安排一定数额的预算，让居民利用经费实现个性化需求服务，如失业金发放、残疾人补助补贴、最低生活保障家庭受理等。通过因地制宜制定社区“急·小·微”事务清单，规范财政经费的使用，既有助于解决社区日常办公管理和便民服务等问题，又能有效避免涉及财政经费使用的贪污腐败问题。

（二）社区基金：盘活社会资金的社会化运作机制

社会化运作机制，是指通过横向沟通形成的一种促进多元主体合作解决社会问题的方式和调节手段。② 社区内资源丰富，社区居民需求多元。然而，单一依靠行政力量难以将资源供给和资源需求完全匹配起来。因此，可以通过市场力量激发各类社会主体活力，弥补行政力量缺口，实现资源供给方和资源需

① 范顺兴：《基层治理创新：我国城市基层清单扩散研究》，载《安徽行政学院学报》2020年第6期。

② 陈伟东、许宝君：《社区治理社会化：一个分析框架》，载《华中师范大学学报》2017第3期。

求方的有效对接。要实现这一目标，一个行之有效的方法就是建立社区基金。

1. 建立社区基金，鼓励社会捐赠

社区基金是指社区通过第三方动员机制，撬动多元社会行动主体，汇集社会资金，然后通过项目创投等方式嵌入社区治理的一种资金类型。如上海静安区以社区基金为杠杆，通过启动社区发展的“小”基金，从而撬动整个社区治理的“大”基石。一般而言，社区基金可以通过挂靠在当地的基金会组织名下作为一项专项资金来运作，也可以独立作为一项社区专项发展资金，从而实现“取之于社区、用之于社区”的目的。其资金主要来源于非政府组织、辖区内企事业单位、社区商铺的投资和爱心捐赠，并主要用于社区困难弱势群体帮扶救助、资助社区公益项目、社区公益文化宣传、培育社区社会组织以及社区居民开展团体活动等。同时，可由社区居民代表、居委代表和第三方组织代表组建资金管理委员会对其进行规范监管。此外，社区基金的运作一般依托社区各类项目创投，对符合条件的项目给予资金支持，形成了“项目引融资—融资促项目”的闭环发展链条。

由于我国社区基金的发展历史较短，要实现作为“舶来品”的社区基金在我国社区治理实践中不断成长，离不开国家优惠政策的正向激励作用，即国家对那些给社区进行投资和捐赠的非政府组织、企事业单位、社区商铺等给予鼓励和特殊照顾，如简化审批手续、降低注册门槛、减免税费、小额贷款和财政贴息等，降低社会主体参与社区建设的交易成本，激发社会主体参与社区治理的热情，鼓励他们通过采取合资、合作或独资等形式进行社会公益捐赠，让参与社区治理的各类社会要素充分涌流。

2. 发展社会企业，市场滋养公益

社会企业不是一般的非营利组织，也不是纯粹的商业企业。他自出现以来，以实现社会价值为目标，以商业运营为手段，在社会领域发挥着独特的作用。[①] 通过发展社会企业筹集公益资源，这种方式既能发挥市场机制的作用，实现企业的经济利益，又能解决公益中的资源短板问题，具有可持续性强、适用范围广等特点，这将是我国未来社区治理的重要发展方向。

虽然当前我国社会企业的总体数量较少，但是认证数量逐渐增长。在未来的社区治理工程中，政府要大力支持社会企业参与到社区治理的实践中来。一

---

① 吴宏洛：《社会企业提供养老服务的公益逻辑与运行困境》，载《福建师范大学学报（哲学社会科学版）》2017年第1期。

方面，政府要采取针对性的支持政策。政府对处于不同发展期的社会企业采取不同的政策，如对初创期的社会企业提供种子资金、小额资助、办公场地等；对发展期的社会企业适当增加购买社区公共服务的资金和项目。此外，政府还可以联合高等院校等为企业员工进行培训，使之具备社会工作的专业方法。对成熟期的社会企业，加大宣传力度，对符合一定条件的社会企业和服务项目给予重点支持，帮助其打造社区服务公益品牌。另一方面，政府要积极开放市场。政府要开放更多公共服务市场，为社会企业参与基层治理提供更多公共空间。鉴于我国社会企业发展尚不成熟的现实情况，可在社区医疗、社区养老、社区文化、社区教育等领域率先展开试点，及时发现总结相关优秀案例的经验和做法，形成可推广、可复制的经验模式。目前，在我国已经有许多政社协作的实践，如北京超爱阅读文化传播中心与街道合理打造了“甲骨文·阅读空间”，为社区居民提供免费借阅服务，并打造了社区读书会、社会公开课、社区故事会等公益品牌，大大丰富了居民的精神生活。未来，社会企业以及社会企业参与社区治理都还具有很大发展潜力。

（三）公益众筹：构建居民认同的自筹经费载体

居民自筹经费作为社区收入的重要来源，在增强居民主体意识，切实、快速解决居民日常微观需求方面具有显著的优越性。此类资金的核心问题，在于如何激发居民捐赠的积极性以及如何实现有限资金的效用最大化，一个切实可行的方法就是开展公益众筹。公益众筹是指公益发起者为实现多种类型的公益目的，借助网络平台向社会大众发布众筹项目的筹资方式，具有无偿性、开放性的特征。

1. 微处着眼，治理单元的下沉微缩

从微处着眼，是指社区公益众筹关注的是居民身边的琐事，它以解决居民身边细微小事和满足居民个性化需求服务为出发点，借助专业方法，形成微群体，通过培育微群体、微团队的生活爱好等逐步促进微项目的目标实现。治理单元是指国家为了便于管理以行政方式划分的一个个社区，而治理单元下沉微缩是指社区自治单元下沉，形成以门栋楼院、居民小组、住宅小区为微观层次上的治理单元，各个微观治理单元既有重叠又存在差异。

公益众筹依托公益项目展开，以需求识别和项目定位为前提，以各类参与主体的参与为核心，以各参与主体的利益实现为联结纽带，以公益项目的社会价值创造为最终落脚点。以 HB 省公益众筹项目为例，它在公益创投的基础上发展而来，又突破了传统公益创投在社区资源整合不足、经费来源渠道单一等方面的桎梏，以社区内部居民与社会公共利益之间的利益黏性规范，引导社区居民为实现共同目标，如老旧小区改造、小区停车场地优化、小区居民特长爱好培育、特殊群体帮扶照顾等，而结成居民小组进行集体行动。公益众筹项目还将居民团体内部自发形成相互监督的约束机制以条款加以规范，这在很大程度上减少了居民行动的随意性。公益众筹项目通过公益积分兑换机制的嵌入，形成了居民参与公益活动进行公益积分和公益积分兑换生活物资的两张清单，真正做到了好人做好事有好报，大大增加了社区居民参与社区活动的广度、深度。

2. 经济共享，众筹网络的开放自治

“共享经济”这一概念源于协作消费，是一种在复杂的多方参与的环境下，所有权和使用权相分离的社会化协调模式，它非常依赖于信任和共识机制的建立。[①] 公益众筹是一种基于共享经济的、线上线下相结合的、去中心化的融资模式。

社区治理的众筹网络是基于多元主体的协同参与治理而形成的网络系统，它向所有社会主体开放，因而具有高度的开放性。它借助中国熟人社会关系网络以及小区、楼栋等微观公共空间天然上的邻近性，通过利益共享的社区项目激发社区居民的情感认同和“利公”精神，将“陌生人”转变为“熟人”，打造多元主体共商共识共建共享、基于平等对话的分布式众筹网络，避免“国家空心主义”视角下权威管控自治空转恶化成“社会中心主义视角”下居民自治缺乏秩序的风险，形成上下结合、政府公权和居民意愿沟通合作，[②] 改变了社区居民各扫门前雪的冷漠状态，实现了居民自己的事情自己做主，居民自己的事情自己解决。居民在众筹网络中既有可能是资金的供给方，经筹资人在筹资平台公开宣传项目内容后，居民按照自己的意愿对自己感兴趣的项目进行投资，也可能是项目发包方或项目执行方。值得注意的是，公益众筹将项目与社区福利事业直接挂钩，项目所筹集的经费均服务于社区居民。随着公益众筹

① 王毛路、高航、陆静怡：《区块链和共享经济的关键问题研究》，载《电子政务》2018 年第 4 期。

② 陈伟东、熊茜：《论城市社区微治理运作的内生机理及价值》，载《吉首大学学报》2019 年第 1 期。

的不断成长，其筹资对象还可以从社区本地居民拓展到辖区内外的企事业单位，并组建社区爱心基金会，实现公益事业的可持续性发展。

第三节　社区工作者队伍建设及其能力提升

党的十九大以来，党和国家不断加强社区治理体系和能力建设，推动社会治理重心向基层下移。将社会治理重心下移基层，就是将涉及基层人民群众的事务放在第一位。社区工作者作为基层工作人员，与基层居民直接打交道，处于社区治理的第一线。社区工作者在居民心中的形象，在一定程度上映射出党和国家在人民心中的形象。为了保障基层治理工作的顺利开展，满足社区居民日益增长的生活需求，对社区工作者队伍建设提出了更高的要求。培育并建设一支职业化、专门化、知识化的社区工作者队伍，关系到未来的基层治理工作能否顺利开展。

一、社区工作者队伍建设的内容

基层社会治理成效如何，基层干部是决定性因素。要统筹考虑基层干部队伍建设，逐步建立一支素质优良的专业化社区工作者队伍。社区工作者队伍建设的目的在于提升社区工作者的专业化水平，增强其处理基层工作事务的能力，提高基层社区工作者的办事效率。目前社区工作者队伍建设主要包括社区工作者职业体系建设、专业化建设、知识化建设等三个方面。

（一）社区工作者职业体系建设

社区工作者不同于社会工作者，前者主要是以基层社区为服务区域，为居住在小区内的居民提供各类公共服务和公益服务的专职工作人员，后者是指在社会服务机构中从事专门性社会服务工作的专业技术人员。目前基层社区工作者大致有三类：城乡社区党组织成员、基层群众自治组织成员以及其他社区专职工作人员。① 城乡社区党组织成员是指在党领导下的基层党支部的组成人员；基层群众自治组织成员是指基层村民或居民委员会的组成人员；社区专职工作者人员不属于两委成员，是政府部门通过购买公益岗位向

① 《中共中央　国务院关于加强和完善城乡社区治理的意见》（2017 年 13 号）。

社区下派的各类专干，包括最低生活保障工作专干、劳动保障工作专干、计划生育工作专干、流动人口协管员、城市管理协管员、安保队员、自行车巡逻员和网格化监督员等八类专干，号称“八大员”。[①] 社区工作者与社会工作者性质的不同，直接导致社区工作者的职业体系建设与社会工作者的职业体系建设存在很大差异。总体而言，目前的社区工作者职业体系建设主要涉及以下几个方面：

1. 岗位职责建设

社区工作者的岗位职责是职务和责任的统一，即根据社区岗位的需要完成相应的工作任务并承担相应的责任。从某种意义上来说，基层社区的岗位职责建设有利于提高社区工作者的办事效率，调动社区工作者的积极性和主动性，并进一步提升基层社区的治理水平。岗位职责建设，一方面，要明确岗位职能和责任。就目前基层社区工作者的岗位设计来看，主要有三岗：社区党组织成员、社区居民自治组织成员和社区专职工作人员。社区党组织成员的主要职责是执行党组织的决定，抓好社区党建工作。社区居民自治组织成员的职责在于组织居民开展自治活动，联系和服务居民群众，化解居民纠纷，增进邻里团结。社区专职工作人员也即社区干事，其职责范围涉及网格化管理、最低生活保障、劳动保障、社区巡逻、卫生整治、计划生育等基层社区的具体工作事项。另一方面，要定岗定责，推动岗位之间相互协作。定岗定责是指根据社区工作者所在的工作岗位，明确岗位职能，划分岗位责任。此举有助于改善基层社区工作者队伍中“一人兼多职，一职担多责”的局面，一定程度上增强社区工作者工作的针对性和专业性。在定岗定责的同时，也要加强岗位之间的相互协作。岗位之间的相互协作，有助于简化社区工作流程，促进信息之间的交流和沟通，有向于提高社区工作者的办事效率，改善由于信息阻隔带来的岗位之间沟通不畅的局面。

从实际情况来看，基层社区工作者的岗位职责建设参差不齐，在具体运行过程中岗位职能设置不科学的现象仍然普遍存在。为了应对这些局面就必须明确社区工作者的岗位职责，合理划分各个岗位体系的岗位职能，推动岗位之间的相互协作。

2. 薪酬体系建设

薪酬体系涵盖社区工作者的薪酬构成和薪酬分配方式，是社区工作者队伍

① 陈伟东：《中国和谐社区：江汉模式》，中国社会出版社 2010 年版。

管理的重要组成部分。社区工作者的薪酬由基本薪酬、绩效薪酬和奖励薪酬三部分组成。基本薪酬按月发放，绩效薪酬和奖励薪酬依据年度考核结果确定，优绩优酬。优越的薪酬福利不仅能够激励更多的优秀人才进入到社区工作者的岗位，还能够完善社区工作者队伍的性别结构、职称结构和文化结构。

薪酬体系建设包括三个方面：一是定岗定酬。即根据社区工作岗位身份、工作内容，领取固定的薪资总额。从苏州工业园区社区工作者的薪酬体系来看，该区明确将社区工作者分为两类岗位：行政编制岗位和职业社工岗位。除年终绩效考核外，另增加年终岗位考核。二是梯度薪酬。梯度薪酬即设置社区工作者工资的薪酬层级，不同等级的社区工作者领取不同标准的薪资。实施梯度薪酬的目的在于增强社区工作者内部的竞争力，激发社区工作者队伍的活力和创造力。以安徽省蚌埠市龙子湖区为例，该区按照社区工作者的工作年限、学历、专业水平等，建立三岗十八级的岗位等级序列，同时与岗位等级对应设置十八个档次的基本工资系数。三是总量合理。总量合理是指在结构合理的前提下，社区工作者的薪资总量能维持其日常生活的正常运转，保障工资收入和付出成正比。就调查结果来看，49.31%的社区工作者的工资还没有达到上年度当地社会的平均工资，同时37.74%的社区工作者仅与上年底当把社会平均工资持平（如下表5.1所示）。这表明社区工作者的薪资水平与理想状态还存在很大的差距，亟须加以改进。

表5.1　社区工作者报酬标准与社会平均工资差距

	人数	占比
未达到上年度当地社会平均工资水平	750	49.31%
达到了上年度当地社会平均工资水平	574	37.74%
超过了上年度当地社会平均工资水平	197	12.95%

（二）社区工作者专业化建设

专业化在职业化的基础上对社区工作者提出了更高要求，打造专业的社区工作服务队伍，是与国际化社区服务接轨的必然要求。社区工作者专业化建设旨在提高社区工作者的专业能力，使之在处理日常行政事务、提供居民服务等各方面都能够使用专业工作方法，以实现社区治理的规范化、社区服务的高效化。

社区工作者专业化建设基于专业管理和专业服务为两大着力点，具体体现在如下三个方面：第一，明确作用定位。就类别而言，重要成员一直是提供居民服务的主体力量和连接政府与居民的中间桥梁，他们在传播、践行政府政策、协调居民矛盾、传达居民意见等方面发挥着不可替代的作用。只有明确了各类社区工作者的作用定位，才能实现他们的良性合作、高效配合。第二，明确衡量标准。当前，职业资格证书获取以及年度绩效考核是我国衡量社区工作者专业能力的主要指标，这为提升社区工作者专业水准和专业素质、维护其良好专业形象提供了重要保障。第三，进行专业训练。有计划、周期性、系统性的培训是实现社区工作服务队伍专业化的核心环节。当前，我国社区工作者实务能力培训项目主要依托党校、高校和科研机构等力量对社区专职工作者进行的再教育、再培训。一方面，参与培训的学员身处基层社区，了解社区治理痛点、难点；另一方面，作为培训主力的专业教师或科研人员长期从事专业教学和科研工作，拥有专业的工作理念和方法，可以确保培训的质量。此外，当前我国社区工作队伍专业化建设过程中出现的“压力型体制”下社区工作者专业职责的错位，以及缺乏系统的专业培训与考核机制不健全的问题也不容忽视。

（三）社区工作者知识化建设

社区工作者涉及社区工作的各个部门，不仅要与相关部门密切配合，还要参与到社区人力、物力的资源整合和活动策划，这就要求社区工作者应具有完备的知识体系。

社区工作者的知识体系建设具体体现在三个方面：第一，知识的获取。从事社区工作既需要专业理论知识，也需要经验知识，前者主要依托高校开设社会工作专业以及社区工作者通过职业再教育、再培训习得，后者则在长期的工作实践和人际交往中积累而来。第二，知识的分享。一方面，通过街道组织的交换学习、挂职锻炼、示范社区宣介等活动，各类专业知识可以实现跨区域的自由流动和实时分享；另一方面，借鉴管理学和信息学中的技术方法，将优秀的社区工作者在长期工作实践中积累的经验性的、碎片化的隐性知识进行“信息编码”，实现数据重组，形成外部化的“知识库”，从而推动社区工作队伍由经验型向专家型的转变。[①] 第三，知识的应用。社区工

① 王鹏：《基于知识管理的社区教育工作者专业发展策略研究》，载《成人教育》2018 年第 5 期，第 41—43 页。

作者只有将获取的知识应用到工作实践中才能通过实践不断检验和丰富知识。如社区工作者将参加公益创投比赛习得的自我赋权、公益积分兑换等专业技术和方法应用至社区建设中，激发社区居民积极性，有效实现居民的自我管理、自我服务、自我教育。

然而，总的来看，我国社区工作者的知识化建设在提高社区工作者学历水平，丰富课程设置，加强必要的心理学、管理学、信息技术等辅助性知识的传授以及健全管理机制，保障社区工作者的个性化发展需求等方面还有待改进和提高。

二、社区工作者队伍建设路径分析

社会治理的重点在社区，社区治理的关键在社区工作者。目前，基层社区工作者的整体素质得到了明显提升，业务能力也得到了显著提高，专业化能力也在不断强化。但另一方面，基层社区工作者仍遭遇职责划分不清、岗位设定不明、技术实操困难、职业发展受限等瓶颈。在当前推动国家治理体系和治理能力现代化的情况下，进一步加强和完善社区工作者队伍建设已刻不容缓。本部分将从社区工作者队伍的职业化、专业化和社会化三个角度出发展开讨论。

（一）社区工作者队伍建设的职业化路径

社区工作者来源渠道复杂、薪酬结构不一、管理机制不顺等突出问题，这些都是职业化建设所要解决问题的具体表征。社区工作者队伍建设需要从社区工作者的职业体系、薪酬体系和人员管理机制等方面加以推进。

1. 完善职业化体系

作为一项服务基层群众的事业，社区工作要求具有一定的职业定位、岗位体系以及职业发展路径。就目前来看，社区工作者身份不明、岗位职责不清、职业发展不畅等困境阻碍了社区工作者的职业化体系建设。因此，完善职业体系需要从明确社区工作者的身份定位、建立社区岗位体系、完善社区工作者的职业发展路径三方面着手。第一，要明确社区工作者的职业身份。子曰：名不正，言不顺。社区工作者的“名”也就是其职业身份，职业身份是社区工作者职业发展的先决条件。要制定统一的《社区工作者管理办法》，表明社区工作者是通过选任的方式，在社区党组织、社区居民委员会和社区服务站等专职从事社区党建、社区管理和服务的工作人员。第二，要加强岗位体系建设。一方面，岗位设置要科学化。例如，部分老旧社区可以适当增加社区岗位数量，部分封闭小区可以适当减少岗位数量，同时人口数量多的社区也可以适当增加社区工作者的人员数量。另一方面，要实施岗位等级制。以武汉市实施的“四岗十八级”为例，在将社区工作者分为四岗（正职、副职、委员和社区专职工作人员）的基础上，划分 18 个等级，每个岗位分别对应不同的级别。第三，要打破职业上升的天花板。建议打通社区工作者的考公考通道，具体做法为：相关政府部门要为基层社区工作留有一定的事业编制和公务员名额，对社区工作者队伍中表现优异的社区工作者及时进行岗位晋升，同时给予表现优异的社区书记考公务员和考取事业编的名额。这一举措将在一定程度上打通社区工作者职业发展的梗阻。

2. 优化薪酬保障体系

薪资水平低、待遇保障差是目前基层社区工作者队伍面临的一大难题。合理的薪资待遇是保证社区工作者日常生活和工作的物质基础，能够增强社区工作者干事创业的积极性。优化社区工作者的薪酬保障体系，就要实现完善薪酬体系和提高待遇水平双管齐下。

就薪酬体系建设而言，一方面，要合理确定薪酬标准。根据社区工作者的岗位级别和工作专业化程度以及具体工作表现等，分级确立工资标准。比如，一级社区工作者工资标准应不低于社会平均工资的 2 倍，二级社区工作者工资标准应不低于社会平均工资的 1.5 倍，三级社区工作者工资标准应不低于社会平均工资的 1.2 倍。另一方面，要建立薪酬动态调整机制。对连续三年考核获得合格或优秀评价的社区工作者，其基本工资可增加 20%～30%，其绩效工资也可随着社区工作者表现适当增加 10%～20%。完善待遇保障而言，需多措并举。第一，要确保社区工作者的职业待遇和职业保障。社区工作者除享受基本养老、基本医疗、失业、生育以及工伤保险外，城市社区还应享受住房公积金待遇，使其安心从事社区工作。第二，要善于挖掘社区的多样化资金。社区工作者的社会保障问题，根本上还是钱的问题。要通过社区的自我管理经营，下大力气扩宽社区的资金来源渠道。社区既可以与企业和非营利组织开展合作，以期获得企业和非营利组织的捐赠；又可以发展自营经济，如邛崃的社区共享超市等，千方百计保障社区的正常运行以及社区工作者基本薪资待遇。

3. 健全人员管理机制

社区工作者的队伍管理是基层治理的一个关键环节，其目的在于提升基层社区工作者的整体素质，保障基层工作队伍的纯洁性和进取心。首先，要建立健全人员的进入和退出机制。要注重人才引进的专业性，在保证公平公正公开的情况下通过笔试和面试层层选拔优秀人员成为社区工作者；同时针对部分懒散、不作为的社区工作者要认真落实人员退出机制，必要时也可以将其作为一项强制手段来加以执行。其次，要落实人员考核制度。就目前的人员考核而言，不仅频率低而且成效甚微。可以实行对社区工作者队伍的月考核、季度考核等举措，同时要根据制度条例细化考核的具体内容和要求，保证考核结果的公平与公正。最后，要丰富激励形式。对于考核优秀的社区工作者，要及时给予鼓励和嘉奖，不仅要给予精神奖励，必要时还要给予一定的物质奖励。精神奖励可以有嘉奖、授予荣誉称号等，物质奖励包括给予奖金、日常用品奖励措施。

健全人员管理机制是加强社区工作者职业化建设的关键举措。要从“选拔、考核、激励、退出”这四个方面，不断推动社区工作者队伍管理体制的健全与完善。

（二）社区工作者队伍建设的专业化路径

专业理论知识不足、社区事务实操不规范、行为规范意识不强等困境，导致社区工作者专业化建设难以取得显著成效。为了增强社区工作者队伍的专业化能力，需要强化理论知识培训和实务能力培训。

1. 加强社区工作理论知识培训

目前，基层社区工作者的突出表现是社区专业理论知识薄弱。半数以上的社区工作者学历仍未达到应有学历，毋庸说接受过系统化、理论化的社工专业知识教育。由此可见，提高社区工作者的理论化水平，已成为加强社区工作者专业化建设的新要求。

一方面，要鼓励社区工作者考取从业资格证。对考取不同等级资格证的社区工作者给予不同程度的物质奖励。例如，对顺利考取初级社工证的社区工作者给予一次性资金奖励，同时按一定幅度增加其基本工资，考取中级资格证书和高级资格证书依次向上递推。另一方面，要定期开展社区工作的理论学习和教育。社区可以与高校或专业社工机构合作，邀请高校或专业社工机构专家到社区开展理论学习交流（线上和线下都可）。交流既包括专家对专业理论知识的解读和宣讲，又包括社区工作者之间理论知识的交流和沟通，这一过程既巩固了社区工作者原有的理论知识，同时又为自身原有的理论知识注入了新鲜血液。社区专业理论知识学习的最终目的在于将其运用到社区的日常工作中。为避免理论和实践相脱节，就要充分调动社区工作者的能动性，将先进的理论知识合理运用到社区的具体实践中。

2. 加强社区工作实务能力培训

在实践中，要不断加强社区工作者的实务能力培训，努力提高其在新时代下分析与解决社区问题的综合能力，使其更好地满足居民日益增长的物质需求。

结合我国社区工作者培训现状，可从三个方面加以改进。第一，重点突破，统筹推进。从培训主体来看，重点加强现有居委会工作者的专业能力训练，充分发挥社区存量优势，然后逐步扩大培训范围，以点带线，由线及面，依次扩大到各级服务机构、服务设施的工作人员乃至各类社会组织中的人员。[①] 第二，打造“参与式”培训课堂。从培训模式来看，鉴于传统的单向度的理论知识讲授课堂难以达到培训效果且参与学员在年龄、工作经验等各方面的差异，培训课堂应该更具针对性和实效性，宜采用培训师授课、参与学员小组讨论等双向互动模式。第三，引入“学徒制”培训方式。从培训方式来看，可借鉴美国社区学院经验，将“学徒”培训能力提升与学历授予挂钩，充分尊重“学徒”的选择权利，[②] 在培训课程结束后为其提供进入大学进行专业学习的机会。

第四节　社区治理的信息化支撑

随着信息技术与社会融合的日益加深，建立数字国家、电子政府、智慧城市等呼声越来越高，并逐步发展成为信息化时代社会治理的有效工具。习近平总书记在党的十九大报告中指出，新时代建设创新型国家要“加强应用基础研究，拓展实施国家重大科技项目，突出关键共性技术、前沿引领技术、现代

① 金桥：《社区工作者队伍建设与发展的反思》，载《南通大学学报（社会科学版）》2013年第5期，第77—83页。

② 许明、黄孔雀：《美国社区学院的学徒制培训：背景、举措与特征》，载《中国职业技术教育》2020年第15期，第34—42页。

工程技术、颠覆性技术创新，为建设科技强国、质量强国、航天强国、网络强国、交通强国、数字中国、智慧社会提供有力支撑”①。城乡社区是社会治理的基本单元，社区治理是加快实现国家治理体系和治理能力现代化的重要基础。在社区治理的过程中引入信息技术，可以利用信息技术的独特优势，为社区治理和服务提供有力且可靠的支撑，为新时代社区治理创新奠定坚实基础。

近些年的实践表明积极推进社区治理的信息化建设，有利于提高社区政务和社区治理信息的共享程度，提高行政和公共资源的利用效率，增强行政工作开展的效能，推动社区治理和服务方式创新；有利于精准对接居民群众的自治需求，创新社区公共服务提供方式，确保基本公共服务的均等供给，拓展社区服务内容和领域，有力地加快和谐社区的建设进程。

一、社区治理信息化的建设内容

党的十九届四中全会提出要“完善党委领导、政府负责、民主协商、社会协同、公众参与、法治保障、科技支撑的社会治理体系”，凸显了科技在创新社会治理中的重要地位。社区是社会治理的基础，为了加快推进社区治理的信息化建设，各级政府都在大力推进区域社区治理信息化平台的建设与应用，在改善公共服务质量，提升资源利用效率，减轻群众办事负担，优化社区治理方式等方面取得了明显的成效。从当前社区治理信息化发展的进程来看，社区治理信息化平台主要包括社区政务服务平台、网格化管理服务平台以及社区治理服务平台。

（一）社区政务服务平台建设内容

社区政务服务平台是推进“互联网+政务服务”深入基层的关键环节，是社区政务信息化过程中的载体，其基本内涵是依托互联网等信息技术将社区相关部门等串联起来，通过打造综合性信息服务平台，实现社区政务“一网办通”，提高社区政务管理水平和公共服务效能。其内容主要包括：

第一，基础信息系统。录入包括政务服务事项、服务资源、用户等基本信息的数据，通过大数据技术，对政务服务事项信息、办件信息、用户信息等进行深度融合、精细化管理和智能化分析，为政务服务办理提供信息基础。第

① 习近平：《决胜全面建成小康社会夺取新时代中国特色社会主义伟大胜利——在中国共产党第十九次全国代表大会上的报告》，载《人民日报》2017 年 10 月 28 日。

二，咨询公示系统。为居民群众提供业务办理的咨询服务，包括材料准备、证件要求、收费情况等。同时，发布重要通知、政策以及便民信息等，保障居民群众及时了解相关信息，顺利办理业务。第三，政务服务预约办理系统。为居民提供传递政务需求的服务，居民结合自身需求选择预约办理或直接办理，确保居民政务服务需求及时传递给相关部门进行办理。第四，业务受理审批系统。为工作人员提供接收件、受理、审批、办结等业务服务，同时与上级政务服务系统进行对接，获取电子证照、电子签章等权限。第五，监督审查系统。对政务服务的各个环节进行监控，结合“好差评”模块，实施对政务服务的监督考核。

社区政务服务平台涵盖上下联动、办公自动化、集成服务等多样功能，在推进社区政务信息化、便民化的过程中发挥了重要的作用。通过科学整合业务办理流程，不仅大大提升了政府行政效率，而且通过打造互联互通、共建共享的数据共享交换体系，实现了“数据多跑路，居民少跑腿”，大大节省了居民办理事项的时间和经济成本，切实提升居民满意度。

（二）网格化管理服务平台建设内容

2013年党的十八届三中全会通过的《关于全面深化改革若干重大问题的决定》指出，要改进社会治理方式，创新社会治理体制，以网格化管理、社会化服务为方向，健全基层综合服务管理平台①。网格化管理服务平台作为网格化管理模式的后台支撑，一改过去的被动应对问题为主动发现和解决问题，它以居民需求为导向，凭借自身多样的系统构成，优化了社区网格化管理模式，提升了网格化服务效能。社区网格化管理服务平台主要包括以下几项内容：

第一，基础数据。基础数据模块注重基本信息的收集积累和维护更新，主要是通过网格员巡查走访，对辖区内的人、地、事、物等信息进行全面的采集管理，包括楼栋信息、人口信息、党建群团、医疗教育、综合治理等信息，形成一体化基础数据库，便于信息查找和处理事件。第二，服务办事。服务办事模块由问题上报、案卷建立、任务指派、调查落实、处理反馈、考核评价、结案归档形成一个闭环督办机制，主要是网格员将巡查中发现的社区问题，比如

① 新华社：《中共中央关于全面深化改革若干重大问题的决定》，载 http：//finance.people.com.cn/n/2013/1115/c1004-23559387.html，2013-11-15。

花坛破裂、路灯不亮等通过拍照上传至系统，及时传递给相关部门解决并进行结果的反馈公示。第三，短信互动。短信互动模块是居民、网格员、有关部门之间的交流互动平台，居民可以将有关情况或问题及时传递给网格员，社区或相关政府部门也可以及时向居民传达信息。

社区网格化管理服务平台依托基础数据、信息上传和短信互动等模块的运行，实现了平台获取数据便捷、了解社情民意、主动发现和及时解决问题等功能。其发展和运行转变了传统的社区治理方式，不仅提升了公共资源、行政资源和社区资源的利用效率，为居民提供了精准和及时服务，而且确保居民反映的问题做到事事有回应、件件有落实，提升了居民满意度和社区治理成效。

（三）社区治理服务平台建设内容

社区治理服务平台作为推进智慧城市发展的关键环节，具有花费少、便捷度高、时效快等优点，其主要以居民熟悉的公众号、小程序为载体，通过设置多功能服务模块，在为居民提供便捷性服务的同时，促进居民群众积极主动参与社区治理，强化居民主人翁意识。其内容主要包括协商议事、信息发布、活动报名、积分登记、监督考核等。以武汉“微邻里”平台为例，为调动居民参与基层自治的积极性，武汉市依托微信小程序和公众号打造了“微邻里”这一社区治理信息化平台。其内容主要包括：

一是“议事”模块。通过设置在线议事厅，居民可以随时随地与所在社区其他居民、网格员、基层政府工作人员等进行多向的交流沟通。居民在议事厅中的提问、咨询、建议等都会在后台留下记录，后台通过分类整理再传输给相应的部门，促使相关部门及时改进相应工作，解决社区问题。二是“报事”模块。居民可以及时将在日常生活中碰到的问题进行上报，网格员接收到上报信息后，就可以有针对性地提供相应的服务，及时处理。三是“办事”模块。该模块涵盖了“主动帮你办”“全程掌上办”“自助就近办”三个通道，居民可以结合自身需要进行选择，及时办理相关事项。四是“我的社区”模块。居民可以借此了解社区基本信息，社区工作者也可以在此发布重要通知。同时，模块内设“政务服务”“生活服务”“文体服务”“法律服务”“志愿服务”“党员服务”六个小模块，居民可以根据个人情况自主报名参加相关活动，活动的整个过程都会被实时追踪，后台会根据居民参与活动情况进行相应的积分登记管理。

社区治理服务平台具备快速传递信息、精准供给服务、办事流程可视化、引导居民主动参与社区治理等功能。相比于社区政务服务平台和网格化管理服务平台，其建设运行是推进社区治理信息化建设过程中最亲民的一种实践形式，依托平台独特的优势，拉近了居民与社区的距离，强化了居民的主人翁意识，一定程度上解决居民参与社区治理不足的问题，促进了社区自治的良性发展。

社区政务服务平台、网格化管理服务平台以及社区治理服务平台作为推进社区治理信息化过程中的具体形式，在近些年的实践运行中取得了不可忽视的成效，一定程度上推进了社会治理体系和治理能力的现代化。面向未来，我们能否在这三类信息化平台的基础之上，实现社区治理信息化平台建设的综合，以最大化便利人民群众为出发点，打造具备政务服务、网格化管理服务、社区自治服务于一体的新平台，形成社区综合性治理局面，是全社会应当思考的新命题。

二、社区治理信息化的建设机制

（一）加强社区治理信息化建设规划

所谓“规划”就是为实现某一目标进行较为长远和全面的计划。社区治理的信息化建设不是一蹴而就的，它是一项需要长期推进的工程。为此，必须完善顶层设计，从全局的、长期的视角出发，加强对社区治理信息化建设的规划建设，确保其在大方向正确的情况下，有序有效地推进。

1. 制定统一标准

“标准先行、规范建设”是贯穿我国社区治理信息化建设进程的基本原则之一。2015 年，民政部发布的《关于全面推进新时代民政标准化工作的意见》（民发〔2022〕38 号）强调，“标准化在推进国家治理体系和治理能力现代化中发挥着基础性、引领性作用，为推进民政事业接受健康发展提供有力支撑”。[①] 总体看，各地标准化意识不强，硬性统一标准缺失等问题时常导致信息平台分散建设，同一事项重复收集材料，同类数据重复采集，大大增加了工作人员的工作量和居民的办事负担。在这种情况下，加快建构框架合理、层次

① 中华人民共和国民政部：《关于加快推进民政标准化工作的意见》，载 https://xxgk.mca.gov.cn:8445/gdnps/pc/content.jsp?mtype=1&id=14348. 2015-12-24。

清晰、权威科学的标准体系，尽快完善平台建设和信息技术服务的统一标准显得越发重要。

一方面，要统一平台建设标准，加强集约化建设。2013 年，民政部发布的《关于推进社区公共服务综合信息平台建设的指导意见》（民发〔2013〕170 号）明确指出，“社区公共服务综合信息平台原则上在市层级建设和部署，主要在街道层级统一应用，坚决避免区以下层级分散投资、重复建设。”① 政府必须推动不同部门、不同层级之间孤立分散的信息系统向市级综合信息平台汇集，精简基层信息化服务终端、接口和系统等建设，提升资源利用效率，避免财政资金浪费。另一方面，要统一信息技术服务标准，实现“同一事项、同一标准、同一编码”。在立足地方实际需求的基础上，充分借鉴国家标准和行业标准，加快服务事项分类编码、业务办理操作规范等标准体系的制定，健全数据采集和管理体系，以基础信息集中采集，多方利用为着眼点，推动数据资源和信息共建共享，有效衔接居民需求与基本业务办理。

2. 分析治理需求和服务需求

需求是推动事物发展的内在动力，有需求才有发展方向。社区治理的信息化旨在通过信息技术搭建网络化信息平台，架构包括基层政府、相关职能部门、社区、社会组织、居民等多方治理主体之间沟通的桥梁，为居民提供更好的服务。这一过程包括两个方面的需求，即各级政府及相关部门的治理需求和社区居民的服务需求。

一方面，分析治理需求。社区治理是社会治理中的重中之重，社区治理事业的推进总是迎合时代、社会变化，形成新的治理需求。推进社区治理信息化建设必须精准分析各级政府、各个部门的治理需求，以需求为切入点，建立相应的应用系统或模块，为满足相应治理需求提供支撑。另一方面，分析服务需求。社区治理直接面向居民群众，居民需求的满足程度直接关系到社区治理工作成效的高低。面对居民多样化、复杂化的需求，相关职能部门和社区必须精识别、筛选，将居民的合理需求切实纳入社区治理信息化系统，通过制定服务清单，明确服务内容和范围，切实为居民提供又针对性服务。

3. 建设统一数据库

数据是贯通社区治理信息化建设的血液，数据共享不足，信息联通不畅直

---

① 中华人民共和国民政部：《关于推进社区公共服务综合信息平台建设的指导意见》，载 https：//xxgk. mca. gov. cn：8445/gdnps/pc/content. jsp？ mtype＝1&id＝13877. 2013-10-31。

接关系到信息化建设作用的发挥。由于缺乏整体性的统筹协调，相当数量的职能部门常常独自将本部门的网络信息平台延伸至社区，彼此封闭管理和运作，降低了办事效率。打通信息壁垒，推进数据、信息共享成为当务之急，具体应从以下几个方面着手：

第一，转变治理理念。必须推动基层社区治理理念创新，转变相关部门“各自为政”的作风，彻底解决部门之间信息共享不足、业务办理联动不够等问题，真正以居民需求为导向，实现信息技术服务和居民需求的精准对接。第二，打破信息壁垒。必须建立完善的数据共享体系，打造统一的数据库。通过打通不同系统、平台之间数据交换共享的通道，实现平台、部门等相互之间数据的互联互通。第三，精简服务流程。以便民服务为出发点，建立区级综合性信息服务平台，将涵盖政务、居民生活、社区自治等多方面的服务集成，实现居民“一网”办理行政事项，获得生活资讯以及参与社区自治活动的机会。

（二）强化舆论宣传引导

在推进社区治理信息化建设的过程中，强化舆论宣传引导十分重要。要积极有效的推进社区治理信息化建设，必须在社区居民、辖区单位和领导干部这三个方面发力，这三方面积极性的调动与发挥是确保信息化建设成效的有力支撑。

1. 加强对社区居民的宣传

社区治理的信息化建设旨在通过信息技术，拓展居民参与社区自治的平台，提升社区治理成效，真正实现便民、利民、惠民。一方面，居民作为社区治理信息化建设的受益者，可以享受信息化带来的各种便民服务和公共资源；另一方面，居民作为社区治理的核心主体，应当积极参与到推动信息技术和社区治理融合的进程之中。

基于居民的这种双重身份，必须加大对居民的宣传教育力度。具体包括：一要加强信息化知识的宣传学习。必须加大社区治理信息化基本知识的宣传，促进居民了解信息技术的基本知识和关键内涵，从而增强居民对社区治理信息化建设的认同感，调动居民的积极性。二要加强基本信息技术操作的培训。必须加强对居民基本信息技术操作的培训，增强居民个人的主动学习意识，将社区治理信息化融入居民日常生活、工作之中，促进社区治理信息化建设在基层落地生根。

2. 加强对辖区单位的宣传

“资源共享，共驻共建”是城乡社区建设的基本原则之一，充分调动辖区内机关团体、企事业单位参与社区治理信息化建设，是提高社区治理效能的内在要求。一方面，辖区单位是社区治理的重要主体，只有充分地将辖区单位纳入社区治理信息化建设，才能形成助推社区治理信息化高质量发展的合力；另一方面，辖区单位是重要的资源来源，可以为社区治理提供包括资金、人力、场地等方面的重要资源，优化信息化建设中的资源配置。

加快推进社区治理的信息化进程，必须加大对辖区单位的宣传。一方面，加大宣传力度。政府必须通过强有力的宣传途径，促使辖区单位意识到社区治理信息化建设的必要性、关键性，明确自身参与社区治理信息化建设的责任，进而赢得辖区单位的有力支持。另一方面，制定优惠政策。政府应当制定切实可行的优惠政策，吸引辖区单位投身到社区治理信息化建设的实践中，切实利用自身的多样化资源为社区治理信息化服务，助力社区治理信息化建设的开展。

3. 加强对领导干部的宣传

领导干部的重视程度直接影响到社区治理信息化建设的进程，只有领导干部大力支持，社区治理信息化建设才能有效发展。为此，必须加强对领导干部的宣传，提升其对社区治理信息化建设的认识，引导他们支持社区治理信息化建设。

包括三个方面的内容：第一，提升对大数据功能的认识。通过有力的宣传，使领导干部了解大数据的基本知识和功能，引起他们对大数据应用的重视，从而助推社区治理信息化建设。第二，提升对条块分割的认识。受条块分割的行政体制影响，信息化建设中政府部门“各自为政”的现象十分普遍。必须加大对领导干部的宣传，提升他们对条块分割缺陷的认识，重视全局的统筹协调。第三，提升对数据整合的认识。数据只有联通才有生命，信息只有共享才有价值。领导干部必须充分认识到推进数据整合、推动信息共建的必要性，加快一体化信息平台和综合性数据库的建设，推动部门间数据的联通共享。

（三）强化财政和人才支持

社区治理信息化建设离不开财政和专业人才的支持，打造高水平的社区治理信息化系统，实现社区治理与信息技术的深度融合，必须加大对社区治理信息化建设的财政投入，加大对专业人才的挖掘和培养，打造专业素质过硬的人才队伍。

1. 加大信息化建设的财政投入

在推进社区治理信息化建设的过程中，需要多种或显性或隐性的资金投入。一方面，推进社区治理信息化建设必然要打造完备的信息化系统，这意味着政府需要投入财政资金支撑信息化平台的搭建、核心技术的攻克等；另一方面，信息化建设需要专业部门的管理维护，需要专业人才的支撑，对专业人才的聘用、对工作人员的培训等，需要投入大量的资金。为此，必须强化政府财政资金的引导，加大对社区治理信息化建设的财政投入。要建立专项资金。政府应当设立社区治理信息化建设的专项资金，确保社区治理信息化建设资金投入的稳定性和可持续性。要建立健全资金管理制度。严格财务管理，社区治理信息化建设资金必须做到专款专用，防止挤占挪用，以切实提高资金使用效率。

2. 拓展信息化建设的投入渠道

在推进社区治理信息化建设的过程中，仅仅依靠财政资金的单一投入是不够的，一旦财政资金供给出现缺口，便会导致信息化建设中的资金链断裂，影响社区治理信息化建设持续发展。为此，在充分利用财政资金的基础上，应当合理有效地引入社会资金，发挥财政投资“四两拨千斤”的导向作用，吸引更多社会资本特别是民间资本的投入。

拓展社区治理信息化建设投入渠道，可从以下几个方面着手：第一，加大宣传力度。通过形式多样的宣传，让企事业单位意识到信息化带来的益处，明确要“使用就要先投入”，进而引导其投入社区治理信息化建设之中。第二，制定优惠政策。通过制定优惠政策，鼓励社会企业入驻社区，吸引社会单位或组织投资，从而拓宽融资渠道，形成多元化的、可持续的资金投入机制。第三，政府购买服务。以合同外包的形式将一定的信息化建设项目外包给企业完成，促进政府部门与社会企业合作开发大数据，打造高效且可持续的社区治理信息化格局。

3. 强化信息化建设人才队伍培养

人才是社区治理信息化建设的核心，是推动社区治理信息化建设进程的关键力量。为了夯实高级专业人才作为社区治理信息化建设的支撑力量，各级政府或相关部门，一方面，要下大力度吸引人才。政府需要大力挖掘搜寻高水平的信息化人才。比如，通过与高校合作，“订单式”培养引入高级技术人才，或通过猎头公司发现挖掘相关人才。保证社区治理信息化建设的各个环节都有专业人才的支撑，确保技术上不掉链子。另一方面，要用心用情留住人才。政府需要提高人才的福利待遇水平，在找到人的基础上把人留下来。比如，提高薪资水平或在家属就业、子女教育、住房等方面提供优惠和便利，将高级人才稳定下来，避免人才流失。

此外，为保障社区治理信息化建设工作的推进，政府需要为街道、社区中的工作人员提供多样化的学习机会，对相关的工作人员进行培训，提升工作人员的专业素质和能力，打造既具备信息化业务能力又亲民惠民的复合型人才队伍。

（四）防范网络化技术带来的技术伦理困境

信息技术与社区治理的深度融合为基层治理注入了新的力量，取得了显著成效，但也滋生了一些过于重视信息技术的问题，陷入了社区治理中的技术伦理困境。

1. 重技术，轻人文关怀

创新社区治理方式，引进信息技术是“互联网+”这一时代背景下的必然之举，但人的因素始终是第一位的。将信息技术引入社区治理旨在更好地为居民提供服务，但在盲目遵循技术流程的过程中，我们时常会看到“重技术，轻人文关怀”的事情发生。譬如，2020 年 11 月某市一名 94 岁的奶奶为激活社保卡被迫去银行进行人脸识别，由于奶奶行动不便，家人需要将奶奶抱起来，膝盖弯曲，勉强才能够进行人脸识别。视频曝光后瞬间引发网络热议：“老人年岁已高，银行在对其服务时，能不能更人性化一点？”诸如此类的事情近年来时有发生，屡见不鲜。

就此而言，必须在以下方面做出改进：第一，始终秉持人是第一位的理念。“以人为本，服务居民”是加强和完善城乡社区治理的基本原则之一。各级政府及其相关部门必须转变观念，明确技术是为人服务的，不应盲目遵循技术流程，让技术主导社区治理。第二，时刻注重人文关怀。必须加强对多方治理主体的人文关怀，特别是要结合实际需求，为那些在使用信息技术上有困难的居民提供特色的便捷服务。在大力推进信息技术应用的同时，保留线下服务通道，在面对高龄老人、残疾人等弱势群体时，灵活调整业务办理方式，以“线上线下”相结合的形式为居民办好事、解难题。

2. 重技术，轻实际应用

在社区治理信息化建设的过程中，除了忽视人文关怀之外，还存在过于重视技术的研发推广而忽视技术的实际应用问题。为迎合国家大力推进社区治理信息化建设的要求，一些部门越来越倚重精细化的数据指标作为治理绩效的评价标准，导致其陷入信息技术的路径依赖。一方面，装配不久的系统、设备等还未充分利用就又花重金购入所谓的“新技术”，造成资源浪费；另一方面，各种花哨的技术层出不穷，离群众生活越来越远，信息技术逐渐与社区治理实际脱节。

推动社区治理信息化建设良性发展，必须实现技术建设与应用的统一。首先，必须跳出“技术霸权”的牢笼。政府应当转变观念，在大力推动社区治理信息化建设过程中保持清醒的头脑，结合区域实际进行技术开发，杜绝竞相攀比的“唯技术论”和面子工程。其次，必须提高技术的利用率。每项技术的开发运用必将耗费大量的人财物资源，为此必须加强信息技术的集约化开发，形成技术共享机制，提高技术的实际利用效率。最后，必须注重技术操作的精简。技术是为人服务的，过于花哨、复杂的技术会增加工作人员和居民的接受和学习难度，甚至将部分技术使用能力低的居民边缘化，不仅无法享受信息技术带来的便利，还会错失本该享受的服务资源。

第六章　自治、法治、德治相结合的治理体系和方式

第一节　三治融合社区治理体系的提出及其内涵

城乡社区是社会治理的基本单元。城乡社区治理事关党和国家大政方针贯彻落实，事关居民群众切身利益，事关城乡基层和谐稳定。党的十九届五中全会提出，健全党组织领导的自治、法治、德治相结合的城乡基层治理体系。如何健全三治融合的基层治理体系是新时代我国国家治理领域的一项重要任务。

一、三治融合社区治理体系的基本内涵

三治融合是指自治、法治、德治三者有机融合，强调三治优势互补、互相促进，是基层治理理论与实践的重要创新。但具体三者何以融合、如何融合，首先必须厘清自治、法治、德治在中国国家治理语境下的内涵。

我国的基层群众自治是相对基层政府管理的“他治”而提出的，是对政府基层管理的补充，在党的统一领导下运行。我国的基层群众自治制度可以追溯到新中国成立后一些城市中的群众自组织的防护队、防盗队和居民组、居民委员会等自治实践①。1954 年，全国人大常委会通过的《城市居民委员会组织条例》，明确居民委员会是群众自治性的居民组织。1989 年，全国人大常委会通过的《城市居民委员会组织法》，进一步明确居民委员会是居民自我管理、

① 为规范这些实践，彭真同志向中央领导同志写了一个《关于城市街道办事处、居民委员会组织和经费问题的报告》，提出居委会应是基层政权统一领导下的群众性自治组织，而不是基层政权组织或者其下属机关，主要任务是把工厂、商店、机关、学校以外的街道居民组织起来，在居民自愿的原则下，办理有关居民的公共福利事务，宣传政府的政策和法令，发动居民响应政府的号召，向基层政权反映居民的意见。

自我教育、自我服务的基层群众性自治组织。在农村，党的十一届三中全会后，广西罗城县和宜山县的一些村在实行联产承包责任制过程中自发创立了村民委员会，使日常生活中的一些问题迅速得到解决，引起很大反响。1982年，全国人大常委会把村民委员会和居民委员会一并写进了宪法，从根本法的高度明确了居民委员会或者村民委员会是基层群众性自治组织。1987年，全国人大常委会通过《村民委员会组织法（试行)》。1998年，全国人大常委会通过《村民委员会组织法》，规定村民委员会是村民自我管理、自我教育、自我服务的基层群众性自治组织，实行民主选举、民主决策、民主管理、民主监督。此后，我国农村基层群众自治组织呈现出强大的生命力，不断发展壮大。可见，我国的社区自治主要是指村（居）民的自我管理、自我教育、自我服务，是相对政府的管理、教育、服务而言的。从程序上，村(居）民自治涉及民主决策、民主监督、民主选举及民主管理。党的十七大首次将“基层群众自治制度”写入党代会报告，自此，基层群众自治制度作为我国的基本制度之一，正式与人民代表大会制度、中国共产党领导的多党合作和政治协商制度、民族区域自治制度一起纳入中国特色政治制度范畴。鉴于基层群众自治的经验教训，特别是一些地方群众自治组织被黑恶势力操纵或陷入无政府状态，党的十九大以来，我们强调自治是基层党组织领导下的自治，强调党建对基层群众自治的引领和指导作用，以保证自治的群众性和方向，提高自治的效能①。

法治，即依据法律规范的治理。法治是国家治理体系与治理能力现代化的必然要求。党的十五大首次将依法治国确立为国家基本方略，党的十八大强调“法治是治国理政的基本方式”，党的十八届四中全会就全面依法治国进行专门部署，把法治中国建设推向纵深。党的十九届四中全会进一步提出，建设中国特色社会主义法治体系是国家治理体系的骨干工程和全面依法治国的总抓手。基层法治建设是全面依法治国的重要组成部分，是社区治理现代化的重要保障。基层法治就是运用法律手段明确基层政权、社区两委间的职责，理顺“三驾马车”之间的关系，保障社区公共服务的有效提供，化解基层社会矛盾，维护广大基层群众的合法利益，管理各项社区事务。

---

① 张文显：《“三治融合”之理》，载《治理研究》2020年第6期，第5-8页。

德治，即借助道德的作用对社会进行调节和控制①，是以道德为准绳来约束民众行为、形成社会秩序及公序良俗的治理观念和方式②，是中华民族传统文化对社区治理的客观要求。德治与法治对应，均是社会控制方式，法治是“硬约束”，德治是“软约束”。作为一种非正式的制度约束，社区德治以道德建设为基础，依靠社区中存在的无形规则或居民心中的道德律，实现对人们权利与义务的落实。中国传统治理高度重视德治，强调道德教化。在基层治理中，德治往往依靠长老权力、村规民约、祖训家风等将道德、民俗等塑造成约束社区居民行为的精神力量，并依托社会舆论对全体社会成员进行监管。作为基层治理的有效手段，德治能够延伸到自治与法治难以触及的地方，破解深层次的社区治理难题③。

在三治融合基层治理体系中，自治是基层治理的制度目标，基层群众自治也是我国的基本政治制度，所以自治是“体”。法治、德治是治理方式，共同构成基层治理的规范体系，是“用”。三者结合形成“自治为体，法德两用”或者“一体两翼”的治理模式。这其中，自治处于主导地位，阐述出人民既是治理的客体更是治理主体的观点，强调了公众的参与性，有利于充分发挥人民民主的体制优势，激发基层群众的创造力与基层治理的活力④。将法治引入基层治理，既在于保证自治过程有法可依，又在于对自治成果加以巩固。在自治与法治的基础上，辅以德治，在于充分内化各主体责任，实现道德与法律的双重约束，也为基层治理增添了人文关怀⑤。从社会规范体系来看，法律地位崇高但并非万能，因为法治需要社会成员具有守法意识，德治可以弥补其不足，同时法治必须合乎正义、德治必须合法，实施过程需要德法密切配合，否则就会出现村规民约与法律打架的治理困境。从三治各自功能看，2019 年，中共中央办公厅、国务院办公厅联合印发的《关于加强和改进乡村治理的指

---

① 张中秋：《法治及其与德治关系论》，载《南京大学学报（哲学．人文科学．社会科学版）》2002 年第 3 期，第 237—244 页。

② 顾泽楠：《我国城市社区德治的发展困境及突破路径研究》，载《改革与开放》2020 年第 12 期，第 69—71 页。

③ 佀咏梅：《“三治融合”唱响乡村基层治理的“协奏曲”》，载《人民论坛》2020 年第 Z1 期，第 106—107 页。

④ 顾泽楠：《社区三治融合治理过程中自治、法治、德治的组合方式探究》，载《法制与经济》2020 年第 6 期，第 34—35 页。

⑤ 顾泽楠：《我国城市社区德治的发展困境及突破路径研究》，载《改革与开放》2020 年第 12 期，第 69—71 页。

导意见》对三治融合进行了阐释，提出“以自治增活力、以法治强保障、以德治扬正气，健全党组织领导的自治、法治、德治相结合的乡村治理体系”，意味着党组织领导的作用在于夯实基层政权、统筹各方，自治的作用在增加社会活力，法治的作用在强制度保障，德治的作用在弘扬正气，三治融合是中国特色的社会主义乡村善治之路。从文明角度看，自治、法治在我国是政治文明建设的层面，德治是精神文明建设的层面，三者融合也是我国“五位一体”总体布局在基层治理领域的体现，基层社会和谐有序又充满活力需要经济、政治、文化、社会、生态等五位一体全面发展助推。由此，自治、法治、德治三个部分构成了相互支持、相辅相成的稳定三角关系（见图 6.1）。三治融合并非三种因素简单相加，而是三种力量有机结合和补充，在打造社区治理共同体上共同释放向心力，构筑同心圆。

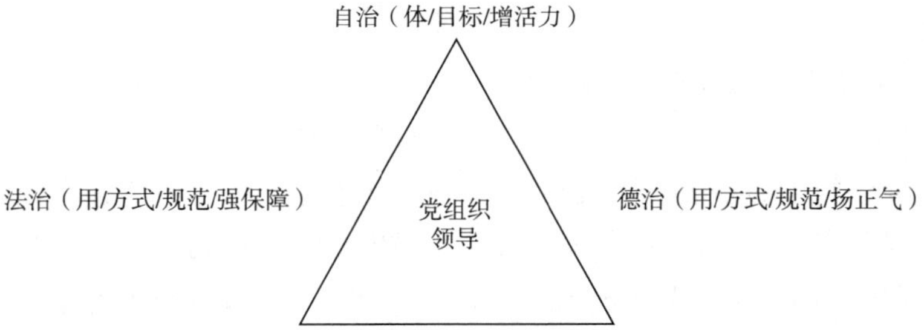

图 6.1　“三治”融合基层治理体系关系图

二、三治融合基层治理体系提出的实践逻辑

三治融合社区治理体系的创新始于地方实践探索。2013 年，浙江省桐乡市高桥街道越丰村基于更高水平平安建设的需要，率先开展自治、法治、德治融合的基层治理探索。这一模式对解决长期以来存在于基层社会的种种治理难题成效显著，逐渐在省内外推广，成为新时期我国基层社会治理创新的重要品牌。实践表明，自治、法治、德治三治相结合的治理模式，是提升城乡基层治理水平的有效途径，关乎党长期执政、国家长治久安和广大人民群众的切身利益，具有重大的理论和现实意义①。

① 郁建兴、任杰：《中国基层社会治理中的自治、法治与德治》，载《学术月刊》2018 年第 12 期，第 64—74 页。

三治融合上升为制度设计，得益于中央的顶层确认和推广。2017 年，党的十九大提出，“加强农村基层基础工作，健全自治、法治、德治相结合的乡村治理体系”，至此三治融合上升为全国乡村治理的顶层设计。2018 年，中央政法工作会议指出，坚持自治、法治、德治相结合，是新时代“枫桥经验”的精髓，也是新时代基层社会治理创新的发展方向。2019 年，党的十九届四中全会提出，“健全党组织领导的自治、法治、德治相结合的城乡基层治理体系”。由此，三治融合进一步由乡村治理的顶层设计拓展为城乡基层治理的重要顶层设计，强调“党组织领导”则使三治融合的体制环境更为明确，三治蕴含政治的内容。党的十九届五中全会提出，“健全党组织领导的自治、法治、德治相结合的城乡基层治理体系，完善基层民主协商制度，实现政府治理同社会调节、居民自治良性互动，建设人人有责、人人尽责、人人享有的社会治理共同体”，对三治融合的城乡基层治理体系进行再次确认。

三治融合基层治理模式的提出，适应了国家治理体系与治理能力现代化的发展需要。三治融合作为推进加强和创新基层治理的制度安排，也是对国家治理体系和治理能力现代化顶层设计的回应，致力于重新激活基层群众自治制度，全面落实依法治国，更好地保障人民当家作主的权利。实现治理的系统性、整体性、协同性，从而更好发挥出中国特色社会主义制度的优越性。三治融合基层治理体系的提出，同时适应了基层社会矛盾的发展变化需要。改革开放以来，中国社会发生了巨大转变，在城镇化、人口老龄化过程中，基层社会出现了大量新的社会矛盾，具体体现在小微权力的行使与监督、对社区集体资产和公共财政资金的使用与分配、社区人居环境的整治等方面，传统的社会治理模式以及单一的基层群众自治已经无法满足新的社会发展需要。基于这些情况，党的十七大首次明确将基层民主作为“发展社会主义民主政治的基础性工程”重点推进。进入新时代，我国社会的主要矛盾已经转变为人民日益增长的美好生活需要和不平衡不充分的发展之间的矛盾，“三治融合”的治理体系正是从上层建筑上进行调整，以应对社会公共领域转型危机，如城乡自治主体性缺位、城乡法治建设滞后及乡村治理权威性弱化等问题①。

---

① 薛则：《“三治”融合推进地方治理现代化》，载《光明日报》http：//epaper. gmw. cn/gmrb/html/2015-01/12/nw. D110000gmrb_20150112_311. htm？div=-1。

三、三治融合治理体系提出的理论逻辑

三治的思想与实践我国自古就有。回顾中国传统社会可以发现，自治、法治、德治的三治思想古已有之。老子在《道德经》中说“我无为，而民自化”体现了民治的思想，是道家思想意义上的自我管理、自我发展。商鞅主张“缘法而治”“事断于法”是传统法治思想的重要代表①。儒家强调“为政以德”、孝悌为本，强调“为人君者，正心以正朝廷，正朝廷以正百官，正百官以正万民，正万民以正四方”，说明了德治教化对于治国理政的重要意义②。随着儒家、法家、道家思想在发展过程中的交融，三治融合的思想开始影响基层治理实践。例如，通过自治（乡里）、法治（刑罚）和德治（宗法伦理）的结合，封建王朝得以“皇权不下县”便可控制基层社会③。再如，“约正之职，掌治乡之三约，一曰教约，以训乡民，一曰恤约，以惠乡民，一曰保约，以卫乡民”④，实现乡约、社学、社仓、保甲的相辅相成⑤。

但是，为什么我们今天特别强调要“三治融合”，这实际上源自自治、法治、德治各有所长、各有不足，需要扬长避短、互相补充、相得益彰。

自治的优点主要体现在三个方面。一是自治的属性使得社区能够直接面向村（居）需求，整合村（居）民利益诉求为其发声，实现“下情上达”⑥。二是社区自治具有灵活性。综合信息平台的使用扩展了信息表达的机会，提供了了解社情民意的渠道，使得自治的灵活性更加显现。近年来，“智慧社区”建设的不断发展，为村（居）民参与社区治理提供了智慧基础，在智能技术的加持下，社区信息公开和村（居）民民主表达的渠道不断扩展，基层群众的知情权和投票权在技术层面可以得到充分保障⑦。三是

---

① 王卡：《点校老子道德经河上公章句》，中华书局 1993 年版。

② 薛则：《“三治”融合推进地方治理现代化》，载《光明日报》http：//epaper. gmw. cn/gmrb/html/2015-01/12/nw. D110000gmrb_20150112_311. htm? div=-1。

③ 张明皓：《新时代“三治融合”乡村治理体系的理论逻辑与实践机制》，载《西北农林科技大学学报（社会科学版）》2019 年第 5 期，第 17—24 页。

④ “夫何以谓之乡约也？约一乡之众，而相与共趋于社学，共趋于保甲趋于社仓也。四者之中，乡约为纲而虚；社学、保甲、社仓为目而实”，参见《陆桴亭先生遗书》之《治乡三约》。

⑤ 杨开道：《中国乡约制度》，商务印书馆 2015 年版，第 175 页。

⑥ 王勇：《使社区运转起来：重塑后疫情时代的基层治理》，载《中国矿业大学学报（社会科学版）》第 1—14 页。

⑦ 夏永梅：《智慧城市背景下居民自治的发展困境与法律应对》，载《求是学刊》2020 年第 2 期，第 132—142 页。

社区自治具有良好的制度基础。党的十九届四中全会强调基层群众自治是我国的“基本政治制度”，对完善社会主义民主政治具有重要作用，从制度层面上确认和保证了社区自治的顺利推进。但同时我们也要认识到，在社区自治的实际运作过程中，也存在着一定的问题和不足。首先，在存量上，基层社区工作者存在着数量不足、能力有限，导致在提供服务、解决问题方面存在着明显不足。其次，就目前而言，基层政府治理与社区自治的职责分工仍存在着不明确的地方。尽管各级政府围绕社区减负增效做了大量工作，甚至建立起了社区工作事项清单、社区工作事项准入制度等机制，但社区减负工作远未到位，社区行政事务多、检查评比多、会议台账多、不合理证明多等问题仍较突出，导致社区自治运行效率大大降低①。再次，在当前的社区自治中，社区自治中居民参与层次不高，目前的居民参与大多只停留在服从和执行层面上。这类居民参与的前提往往是决策已经形成，居民参与只是为了支持、配合社区工作，例如听取部署、参加各类活动等，而更加具有民主价值的决策、管理和监督等环节上的社区参与行为相当匮乏，其根源在于目前的激励和约束机制建设不够②，社区自治的权威形成较慢。综合来看，在现阶段仅仅依靠社区自治还难以实现基层社区治理的最佳效果，需要法治和德治的引入为其增能。

法律的强制性和规范性特征能够在社区治理中为协调治理内容、明确治理重心提供制度保障。将相关法律条例引入社区治理中，能够确保城乡社区治理参与者严格以法律法规和行政规章为准绳，积极有序参与社区治理，实现城乡社区治理的规范化、科学化、精细化、组织化③。但法治建设在社区治理中还存在着一定的问题。例如，目前的法律法规中，除关于民主选举的程序性规定较为完备外，关于民主决策、民主管理和民主监督的内容和方式并无明确的规定④，这导致了社区法治治理无法实现面面俱到。此外，由于长期以来我国法

---

① 胡杰成、银温泉：《“十四五”时期完善城镇社区治理体制的思路与举措》，载《改革》2020 年第 7 期，第 55—66 页。

② 贾志科、罗志华：《新时代城市社区治理的现实困境与发展路径》，载《晋阳学刊》2020 年第 3 期，第 106—112 页。

③ 张春照：《新时代城乡社区治理法治化》，载《重庆社会科学》2018 年第 6 期，第 89—96 页。

④ 夏永梅：《智慧城市背景下居民自治的发展困境与法律应对》，载《求是学刊》2020 年第 2 期，第 132—142 页。

治建设发展不均衡，基层法治边缘化现象严重①，相关法律法规的民意基础较为薄弱，难以在社区治理中发挥出应有的效用。因此，需要引入德治这个“软约束”来对社区中法治难以解决的问题加以调解完善。

在我国的基层社区，尤其是农村社区中，德治体制代表着村（居）民对于集体主义的文化认同，这一文化认同深深植根于中国传统的社会结构和儒家伦理中②，能够有效保证德治的效能。此外，在长期的社区生活中，村（居）民间的“礼俗互动”凝聚起了社区共同体的意识，形成了本社区独特的社区文化和社区规范，能够在基层社区治理中发挥重要作用。但不可否认的是，在社区德治中也存在着道德约束力有限的问题。尤其是在现代城市社区中，随着社会经济的快速发展变迁，人们的道德观念发生了新的变化，一些传统的道德观内容受到挑战③，甚至在关乎切身利益时，完全挣脱道德约束，仅以最低的法律要求来约束自身④，致使德治发挥的作用有限。而在农村社区中，一些“长老”和道德权威的存在，阻碍了自治和法治的推行。因此，只有实现三治相互联动、互相耦合，最终形成一个有机相融的整体，才能实现城乡基层社区治理效益的最优化。

有关社区自治、法治、德治各自的优点、缺点及其融合的必要性，见表 6. 1。

表 6. 1　社区自治、法治、德治各自的优缺及融合的必要性

	优点	缺点	融合的必要性
自治	面向需求、组织灵活、制度基础	效果不佳、效率低、权威形成较慢	能有效调动积极性，但无法保证执行效率
法治	规范度高、有执行保障	不能面面俱到、推进进程较慢	强制性、约束性、执行力强，但进程较慢，无法面面俱到

① 夏永梅：《智慧城市背景下居民自治的发展困境与法律应对》，载《求是学刊》2020 年第 2 期，第 132—142 页。

② 唐有财：《德治体制与集体主义村落的发展——以全国文明村 J 村为例》，载《社会学评论》2020 年第 2 期，第 74—84 页。

③ 李景峰：《论社区建设中以德治区的基本原则》，载《长白学刊》2003 年第 6 期，第 67—68 页。

④ 顾泽楠：《我国城市社区德治的发展困境及突破路径研究》，载《改革与开放》2020 年第 12 期，第 69—71 页。

续表

	优点	缺点	融合的必要性
德治	有文化传统、社会认可度高、有助于形成共同体	约束力有限、道德权威的存在	社会认同度高，但约束力不足

第二节　当前三治融合社区治理体系建设的实践探索

一、社区村（居）民自治模式的实践创新

改革开放之前，“单位制”是城市基层管理的重要组织形式。单位作为国家集中分配、控制社会资源的重要载体，为其成员提供教育、卫生、文化等公共服务，个体对单位具有强烈的依附关系。在农村，“人民公社”是基层管理的重要组织形式。通过人民公社制度，国家实现对土地等生产资料集体化，使农民对“集体”产生极强的经济依附，并通过强制性的户籍制度控制人口流动①。在这一时期，单位和集体实现了对社会的覆盖与替代，“社区”作为社会基础单元的功能被消解②。在这种行政型社区的管理模式中，核心是政府通过行政指令的方式对社区进行管理，将命令从上级政府逐级传达③。与这种意图相关联，从20世纪50年代到改革开放前夕，在《中华人民共和国城市居民委员会组织条例》的实施过程中，居委会被赋予完成政府派出机构委托任务的职责。改革开放以后，随着企事业单位办社会的模式与“人民公社”制度的逐渐瓦解，社会管理与社会服务功能开始交由居民自组织来承接，由此加强居民自治组织的建设便成为极为重要的任务。

社区居民自治是社区居民依据法律，对本社区事务进行自我管理的制度，

① 向德平、华汛子：《中国社区建设的历程、演进与展望》，载《中共中央党校（国家行政学院）学报》2019年第3期，第106—113页。

② 田毅鹏、刘杰：《“单位社会”历史地位的再评价》，载《学习与探索》2010年第4期，第41—46页。

③ 何绍辉：《政策演进与城市社区治理70年（1949—2019）》，载《求索》2019年第3期，第79—87页.

是居民直接参与基本事务管理，依法行使管理国家和社会事务民主权利的一种具体方式①。在“三治融合”体系下，社区居民自治是在多元主体参与下，社区内自治组织、社区工作者等力量以多种方式对社区内的公共事务进行的治理②，社区自治是多元联动的，是出于人们自愿、自主行为的一种治理秩序。在三治融合的具体实践过程中，自治模式的探索创新主要表现在以下三个方面。

（一）创新村（居）民自治制度的落实路径

开展村（居）民自治有利于保证居民直接行使民主权利，进行自我管理、自我服务，但在具体的实践中存在着村（居）民参与不足的问题，制度供给不足是影响社区居民参与社区公共事务的主要因素。具体体现为村（居）民自治权行使途径较为匮乏，自治权行使方式僵化。为切实提高村（居）民参与社区事务的积极性，就有必要拓宽村（居）民参与社区自治的途径，创新自治权的行使方式。为此，一些地区对如何创新村（居）民自治制度的落实进行了有效探索。

以上海市宝山区住友宝莲花园小区的“社区通”平台为例，其主要做法是在保证“社区通”平台广覆盖的基础上，鼓励大家在“身边事”板块上对身边的好人好事等积极发帖、点赞、评论，通过平台关注社区事务，参与社区活动，为居民提供交流、休闲、娱乐的“家园”，构建起群众身边“零距离”的服务体系，消除了邻里间的陌生感，构建起了良好的居民自治机制。又如，湖南省长沙市天顶街道的星湖社区，在对社区居民相关意愿进行调研后，大力推行居务公开微信群。如今，微信群已延伸出包括公共事务服务、监督执纪等新功能。每个群以社区为单位设立，社区干部、党员、群众代表全部加入群，其他居民每户至少1人入群，实行实名制管理。群里及时公开党务、政务、事务、财务、服务等12类100多项具体内容，并对相关内容永久保留，实现痕迹可查，收集和精准解决群众反映的问题，增强了社区居民参与社区治理的主动性。

面对长期存在的基层社会治理“难”、基层工作“累”、基层群众“冷”

---

① 吴彤：《自组织方法论研究》，清华大学出版社2000年版，第7—8页。

② 徐勇：《论城市社区建设中的社区居民自治》，载《华中师范大学学报（人文社会科学版）》2001年第3期，第5—13页。

的难题，湖北省荆门市以积分制管理为抓手，引导居民主动参与、社区主动服务。其主要做法包括以下四个方面。一是搭建积分参与平台。为发挥基层社会治理主体的作用，荆门市将社区居民、家庭、党员、社区工作者和社会组织等各类主体纳入积分制管理，并针对不同主体设置不同的积分账户，最大化地组织、调动相关利益主体参与到积分制管理中来，使不同治理主体都有了参与渠道和平台，社区治理呈现出“人人助我、我助人人”的良好局面。二是构建行为积分目录。为契合社区治理实际，荆门市构建了包含社会治安类、思想政治（公益美德）类、社区建设类、荣誉事迹类四大类191个积分项的居民行为目录清单。根据不同参与主体行为的社会效用，确定相应的积分权重。其中，普通居民的积分，每季度开展一次积分抽奖、兑换、分享活动；社区工作人员的积分，作为年底考核、工资发放的重要参考；商户的积分，作为评选文明商户的重要参考。三是创新积分管理办法。社区借助大数据等技术手段，建立积分台账，实行“一日一记录、一月一审核、一季一公示”，让积分制真正走入每个人的日常生活。四是丰富积分兑换形式。荆门市根据不同积分主体、不同积分内容以及不同时间阶段，分类制定兑换形式和标准，社区居民可凭积分到社区指定的超市、商店兑换商品优惠券或享受购物打折或可用积分到社区党群服务中心兑换家政、医疗、日常照料等多种服务，从而调动居民参与社区治理的积极性。

在上述案例中可以看到，无论是依托智能化技术，还是凭借积分制，均是通过创新居民参与社区治理的方式或激励机制，进而精准提升居民参与的便捷性和积极性，让社区居民由旁观者向参与者转变，使社区治理呈现“居民主动参与，社区主动服务”的良好局面①。

（二）成立社区自治性组织

社区自组织作为参与社区建设、推动社区发展的重要力量之一，在提供社区服务、扩大居民参与、促进社区和谐等方面的作用愈发突出②。

例如，四川省宜宾市珙县生态村通过创新“四方合约”机制，破解了乡

① 刘佳：《城市社区治理中的居民参与状况分析》，载《兰州学刊》2013年第10期，第131—134页。

② 孙江涛：《社区自治视角下新型社区自组织的建构研究——以北京市3个社区为例》，载《学习论坛》2019年第5期，第76—81页。

村自治难题。近年来，随着农村大多数青壮年外出务工就业，在部分乡镇的农村，存在着大量的空巢独居、留守老人，他们的养老已经成为一个社会的普遍现象和亟须关注解决的社会问题。面对这一难题，珙县积极探索农村特殊困难老人关爱服务工作，创新推行了村（社区）党组织、村老协或其他社会组织、特殊困难老人、助老巡访员四方签订《关爱服务合约》机制，切实解决特殊困难老人实际问题，推动乡村有效治理。在充分了解农村留守老人的基本情况后，村里组建起巡访队伍。发动辖区内政治过硬、威望较高、熟悉情况的退休党员、乡贤人士、热心群众等报名参加助老巡访员队伍，村（社区）党组织通过面谈了解、走访考察等形式，确定助老巡访员人员，确保巡访队伍结构优化、素质过硬。同时，由村（社区）党组织统筹指导，组织村老协或其他社会组织、特殊困难老人、助老巡访员等，共同签订《关爱服务合约》，明确四方责任，推动助老巡访工作落地落实。主要服务内容则围绕安全生活保障、爱心陪伴、助老服务等内容展开，从物质与精神上保障农村老人的基本生活，解决了乡村治理中存在的留守老人风险问题，更好实现乡村自治。

社区自组织作为基层社区治理的尝试与探索，不仅能有效弥补社区居委会单一主体提供服务存在的不足与弊端，而且能促进村（居）民主体参与社区建设与社区治理①。有利于充分发挥凝聚村（居）民、开展社区服务、协助社区管理、推动社区自治等重要作用。在以上案例中，两地通过在村（居）委员会外重建更灵活有效的自治组织，承担起为村（居）民谋福利、为社区工作减负担、为社区自治聚力量等职能，辅助两委开展专项治理，成为社区自治中不可或缺的一支重要力量，提升了不同人群参与的程度。

（三）引入社会力量助推社区自治

社会组织作为国家与社会治理的重要主体之一，是国家与社会治理现代化不可或缺的重要力量。党的十九大指出社会组织参与社会治理的方向，即“发挥社会组织作用，实现政府治理和社会调节、居民自治良性互动”。目前多地社区通过引入能够提供专业化、社会化、差异化服务的社会组织与其他社会力量，来促进社区自治的高质量发展。

以四川省宜宾市金鱼社区自治为例，该社区老旧小区多、退休职工多、驻

---

①　孙江涛：《社区自治视角下新型社区自组织的建构研究——以北京市 3 个社区为例》，载《学习论坛》2019 年第 5 期，第 76—81 页。

区单位多、社会团体多、人员结构杂，社区治理难度较大。近年来，在社区党委的领导下，社区通过大力引入社会组织参与社区治理，为社区居民提供社会服务，满足了居民日益多元化的需求。在社区自治的运作过程中，社区始终秉持“专业的事交由专业的人来办”的服务理念，将专业的社区居民服务项目通过购买社会服务的形式交由专业的社会组织来承接。这样既能满足居民对高质量服务的需求，也能将社区从“大包大揽”的繁重琐事中解脱出来，专业从事抓党建、抓治理、抓服务工作。社区还有针对性地引入或培育与居民需求相对应的社会组织或社会企业，以满足居民的各类服务需求，让社区成为社会组织成长的“实践基地”。截至目前，金鱼社区已引进或培育社会组织数十家，服务涉及了法律法规政策咨询、亲子读书会、家庭维修活动等。社会组织根据辖区单位和居民服务需求清单，结合自身服务特点进行项目设计，目前打造了多个个性化项目，全方位、多角度的保证社区居民的日常生活服务得到满足。

社区通过引进专业水准高、服务能力强的各类社会组织，不仅缓解了当前村（居）民委会的工作压力，也使得社区村（居）民多层次、差异化的需求得到满足，这对缓解村（居）民与居委会、村委会之间的紧张关系起到了积极作用，同时保证了社区自治的多元主体参与性，对于改善社区治理现状，加快推进社区居民自治建设具有重要意义。

二、社区法治模式的实践创新

加强法治建设，是适应国家治理体系和治理能力现代化的客观需求，也符合基层治理的客观规律。总的来说，现阶段我国社区法治还有待加强，无论是城市还是乡村地区，都存在着部分村（居）民法治素养不高、法治意识淡薄的问题。基于此，各地围绕创新法治教育方式、增强村（居）民法治素养、引导村（居）民依法行使自身权利、自觉履行应承担的义务，进行了一些有益探索。

（一）推行基层协商民主

近年来，在党和政府的号召和推动下，在基层干部和民众的探索实践下，以民主恳谈会、村（居）民议事会、民主评议会、业主协商会、社区协商议事会、村（居）民论坛、村务监督委员会、公民评议会等形式为代表的基层协商民主在全国各地呈现方兴未艾之势，为基层治理的发展带来了蓬勃生机和活力。其中，社区协商议事会、社区民主评议会和村务监督委员会是发展较为成熟、应用较为广泛的基层协商民主模式①，有力助推了社区治理的法治化进程。

以四川省宜宾市南溪区南门社区创建的“院巷议事团”开展社区协商为例，该社区属于传统的老旧城区。老旧城区居民在“小院巷、大杂居”过程中形成了强烈的“本院子人”意识。随着城市人口的大量增加，老旧城区公共管理越发复杂，成为城市治理中难啃的“硬骨头”。在这样的现实背景下，南溪街道在南门社区探索推行“院巷议事团”治理模式，以自然院落为基础，以街巷为界，划分院巷，作为社会治理的基本单位，推选区域内有影响力的人员组成“议事团”，构建“有事来协商”机制，使得老旧城区治理中的各类问题得到了有效解决。

这些协商民主实践通过将社区协商议事议题、形式、程序加以规范化、制度化，同时在基于集体合意的基础上推动协商结果实施生效，大大促进了社区治理的法治化。

（二）推行人民调解制度

人民调解是一项具有中国特色的基层纠纷解决制度，它从维护人际和谐与促进社会整合出发，由人民调解委员会等群众性自治组织通过说服、疏导等方法，促使当事人在平等、自愿、协商的基础上达成协议，解决民间纠纷的活动。它是以合意为核心要素的纠纷解决方式，相对诉讼而言，人民调解的本质属性在于纠纷解决过程的社会自治性与当事人自主性②。近年来，人民调解作为多元化纠纷解决机制，成为基层治理的重要手段，也促进了社区治理的法治化。

以广西柳州市鱼峰区狮山社区成立调解“公平秤”民情工作室为例，柳州市鱼峰区狮山社区是一个城乡居民组合而成的混合型社区，老旧小区和“三无小区”多，矛盾纠纷不少。为积极构建和谐法治社区，鱼峰区司法局不

① 张等文、杨才溢：《中国基层协商民主实践及其可持续性研究》，载东北师范大学学报（哲学社会科学版）2016年第2期，第83—88页。

② 胡杰容：《大调解时代人民调解制度的社会化运作》，载中华人民共和国司法部　中国政府法制信息网 http：//fgk. chinalaw. gov. cn/Department/content/2019-07/17/611_3228286. html。

断创新社区调解工作新模式，在2018年创建了狮山社区“公平秤”民情工作室，发展调解员和法律服务志愿者，为社区居民提供法治宣传、法律咨询、矛盾调解、法律援助等法治服务。民情工作室还充分吸纳各方面调解力量，社区“公平秤”民情工作室与柳州市盛君律师事务所结对，律所为工作室提供法律指导；鱼峰法院在社区设立法官联络点，参与社区重点难点纠纷调解。秉持居民事无小事，事事挂在心头的原则，“公平秤”工作室调解员通过摆事实、讲道理，尊重当事人的诉求，并依法加以引导，化解了基层社会的矛盾纠纷，促进基层社会的稳定。此外，民情工作室还定期举办社区普法宣传讲座，内容以居民日常生活中遇到的法律问题为主，将法律条款与真实案例相结合。现在的“公平秤”民情工作室已经成为社区普法教育的“宣传站”，掌握社情民意的“信息站”，第一时间化解矛盾纠纷的“调解站”，零距离提供法律服务的“服务站”，大大推进了社区法治化治理的建设。

通过案例可以看到，在实际运作过程中，人民调解不仅作为一种帮助社区居民化解纠纷的手段，充分展现出法律合意的精神，而且也成为社区普法宣传、提供法律援助的重要途径。人民调解能够经由调解协议的合同形式构建基层社会与政权之间的“弹性”联结，在国家政权与社会间建构起“合作治理”的模式，为中国治理模式的转型提供了一种可供选择的思路①。应看到，从司法助手、社会综合治理的组成部分，再到国家治理体系中多元化纠纷解决机制的重要部分，人民调解组织在社会纠纷化解中的角色不断变化。改革开放以来人民调解制度的兴起，并不是基层社会对自治秩序的自发诉求，而是在国家的需求和主导下逐步恢复和发展起来的②。这一不同于西方社会的治理工具正在为中国社区治理提供一种新的路径。

（三）推行基层“法治顾问”

2014年，司法部出台了《关于推进公共法律服务体系建设的意见》，要求基层政府选派法律顾问参与城乡治理，不断满足人民群众的基本法律服务需求。2019年，中共中央办公厅和国务院办公厅出台《关于加快推进公共法律服务体系建设的意见》。在公共法律服务体系建设的推动下，越来越多的地方

① 李婷婷：《社会治理视域下的人民调解》，人民出版社2014年版，第140—148页。

② 陈尧、王哲：《中国城市基层社会自治发展的路径——以改革开放以来城市人民调解制度的发展为例》，载《上海行政学院学报》2020年第3期，第23—34页。

基层政府将“法律顾问”这一模式引入社区中，并使之作为第三方治理主体参与社区治理，成为社区法治化建设的重要力量。

以四川省宜宾市江安县设置“法治委员”推动法治社区建设为例，面对农村基层治理新形势、新要求，江安县紧扣农村改革发展客观实际，自 2015 年起，开始探索在党的领导下深化乡村法治建设的新路径。通过设置“法治委员”，解决土地流转、宅基地权属、林地确权、村规民约、法律纠纷等问题。在行政村全覆盖设置“基层治理专干”，通过明确治理专干的治理先锋定位，发挥其牵头协调带动作用，不断深化“法治委员”经验探索，进一步推动党建引领自治、法治、德治深度融合。在实际运作中，明确治理专干具备普法宣传员、法律咨询员、矛盾调解员、综治网格员、文明指导员、决策参与员的“六员”身份职责。每村设立法律服务站，由治理专干联合法律顾问采取实地轮班、网络微信坐班、上门服务等方式，为辖区群众提供法律咨询、法律援助、人民调解和公证、律师、安置帮教等服务。充分发挥治理专干综治网格员作用，常态化摸排辖区矛盾纠纷，第一时间介入，全程跟进参与，引导群众依法理性表达利益诉求、依法解决矛盾纠纷。这一体系为社区治理的现代化注入了法治新动力。

在城乡基层社会中推进法治建设是一项不可缺少的治理工程，而全面依法治国战略的推行，为城乡基层社会的法治建设提供了重要机遇。“法治委员”“法律顾问”等多种形式的法制创新模式，将公共法律服务嵌入到社区的基层治理中，适应了基层包括农村涉法涉诉类矛盾增多的需要，对社区治理法治化将产生积极影响。

三、社区德治模式的实践创新

中国自古以来就有“以德治国”的传统理念，社区德治是中华民族传统文化在社区治理的体现。新中国成立后，以毛泽东同志为主要代表的中国共产党人十分重视德治在国家治理中的作用，在全社会中积极培育共产主义道德，在很大程度上促进德治在中国革命和社会主义建设中发挥不可替代的作用①。随着我国经济社会发展，各种矛盾的转变使得德治的发挥面临请多挑战。党中央从顶层设计提出构建“三治合一”的社区治理体系，让德治成为重要的手段，强调培育社会主义核心价值观，构建新时代村规民约。在社区治理中，建

① 徐朝卫：《“三治”融合实现乡村善治》，载《人民论坛》2019 年第 16 期，第 70—71 页。

立在中华优秀传统文化的基础上的德治能够将传统道德、村规民俗等塑造成约束社区村（居）民行为的精神力量，并依托社会舆论实施有效监管。同时，德治作为一种非正式治理，是一种可以依据不同地域文化传统、舆论环境等进行调整的治理方式，也是体现社区治理特色的手段，能够保证社区治理的灵活性。德治可以在遵循法治的前提下，利用这些文化元素有效推进自治和法治，提高社区治理的灵活性，进而一定程度上避免社区治理举措的一刀切和不合理，实现治理有效的目标①。各地结合自身实际情况，多措并举，多管齐下，积极推进社区德治进程。

（一）建设道德宣传大讲堂

为提高社区“两委”成员的工作能力，加强社区居民的道德修养，山西省晋中市北城区兴旺社区通过开展德治大讲堂活动，加大对优秀传统文化的传播力度，以良好的党风促家风、带民风。通过道德讲堂，社区工作者向居民传达了德治思想，倡导大家积极主动成为文明的模范。同时，开展以“培育社会主义核心价值观”为主题的系列道德大讲堂讲座，使社区居民领悟到自己如何结合工作实际践行社会主义核心价值观，并共同做出“人人争当文明人、人人争做文明事、人人共倡好风尚”承诺，极大提高了社区居民的道德素质。在道德讲堂上，地方道德模范、社区志愿者等同社区居民分享他们平凡却感人的故事，激发了广大居民参与社区建设的积极性。

为推进德治乡村建设，提高乡村干群的文化素质和道德修养，襄汾县西贾乡组织开展了以“讲政治、明职责、敢担当”为主题的德治大讲堂活动。秉持“用身边的人，讲述身边的事；聆听道德故事，感悟道德人生”的理念，西贾乡道德讲堂邀请党支部书记、普通居民分享自己在促进社区文明风尚方面的经历，带动居民参与的积极性。同时，西贾乡以各村党群服务中心、农家书屋、宣传栏为阵地，运用“村村响”、微信群、公众号等平台，开展形式多样的思想道德宣传教育活动，利用逢集日、传统节日、假日和农闲时间，采取现场宣讲、文艺表演和媒体传播等方式，广泛宣传社会主义核心价值观。定期到各村播放有关社会主义核心价值观和思想道德教育方面的专题片、影视剧等。借助道德讲堂平台，让先进典型现身说法，引导群众讲道德、守孝道、做好

① 左停、李卓：《自治、法治和德治“三治融合”：构建乡村有效治理的新格局》，载《云南社会科学》2019 年第 3 期，第 49—54 页、第 186 页。

人，全面提升广大村民的思想道德素质。

道德讲堂是五千年来中华传统文化的传承，也是对社会经济发展、人民生活水平不断提高后在思想道德领域出现的社会问题的一种回应。以上案例表明，“三治融合”背景下所设立的道德讲堂与以往的不同之处在于，讲堂设立在最基层社区，主讲人既可以是被广为传颂的道德模范，也可是普通的老百姓，道德讲堂注重的是群众个体的体验，是用最朴实的话语将身边人、身边事的最打动人之处通过语言表达出来，从而影响邻居、亲友甚至陌生人。由于道德讲堂中的先进典型都是由村（居）民公认的在社区中具有较高道德素质或有威望的村（居）民组成，由他们所组建的道德宣讲团通过相应的示范、动员和组织，使得社区发展中的不良风气一定程度得以消除。

（二）开展社区榜样评选活动

近年来，山东省青岛市即墨区以“建设全国文明特色新区”为主题，在选树道德模范上苦下功夫，大力推进社会主义核心价值观建设，深入实施村民文明素质提升行动，在农村开展“身边好人”、道德模范评选和“身边好人”线索群众推荐工作，全方位提升文明素质、文明水平、文明形象，全区乡村精神文明建设取得新成效，涌现出了许多道德模范。这些被评选出的优秀道德模范的先进事迹张贴在乡村街道墙上，同时通过广播电视等媒介进行宣传，让乡村民众从身边人和事中体悟到传统美德带来的良好氛围。同时，对具有反面教育意义的人员，在一定程度上进行揭露，促使乡村民众身体力行的抵制反面行为。

四川省广元市昭化区广泛开展道德教育，深入开展先进典型评选活动，发挥文化在社区治理中的浸润作用，取得了较好的成效。一是评选文明健康示范村（户）。按照“村容村貌好、社会风气好、治安秩序好、干群关系好、集体活动开展好”标准评选文明健康示范村，按照“环境卫生好、生产生活好、邻里关系好、家庭和睦好、集体活动参与好”的标准评选星级文明健康示范户。二是评选各类好人。扎实开展“感动昭化十大人物”“孝敬父母关爱子女”“好儿女”“好婆婆”等道德模范人物评选与表彰活动，大力宣传时代楷模、道德模范、身边好人，倡导邻里和睦文化，褒扬见义勇为、孝老爱亲等先进事迹。通过这些活动的开展，使明耻知礼的社会风尚逐步形成。

榜样能引领其身边的人甚至更大范围的人，唤起他们为社会公德、公共秩序贡献个人力量的意愿，使个体自觉或潜意识里遵从社会规则，以榜样为标杆规范个人行为，这种道德的引领没有任何强制性，是一种温和、渐进的治理改进方式。总的来说，在特定的地缘空间范围内，道德会对社会公众产生强烈的行为约束力，加强道德建设对社会氛围的演化具有一定的积极作用。在基层治理中要重视道德建设的重要性，全面发挥道德模范带头作用，大力弘扬中华优秀传统道德文化，传播正向道德力量，厚植社区治理的社会道德基础。

四、三治融合社区治理模式的实践创新

自治、法治与德治能否相互结合乃至融合，关键在于发挥三治各自的优势，最大程度让广大群众参与其中，形成三治各取所长、相互配合、群众有序参与的良性循环①。浙江桐乡高桥街道的“三治融合”乡村治理模式、内蒙古阿鲁科尔沁旗的“村务契约化管理”、广州村（居）民议事厅等都是新时代“三治融合”的具体实践创新，对其进行深入剖析有助于将先进经验进行总结与推广。

（一）浙江：桐乡三治融合实践模式

桐乡市地处浙江省北部、杭嘉湖平原腹地，2018 年全制地区生产总值 894 亿元，户籍人口 70 万人。2013 年，借鉴“枫桥经验”，针对以往自治、法治、德治“单兵作战”的问题，桐乡市高桥街道首次提出“三治融合”的“联合兵团”做法，在党政主导下，以自治、法治、德治为手段，开启了首个“三治融合”试点。2013 年 10 月，时任中共中央政治局委员、中央政法委书记孟建柱在纪念毛泽东同志批示“枫桥经验”50 周年大会提出总结推广“三治融合”经验。2015 年，浙江省创新基层社会治理、提升社会风险防控能力现场推进会在桐乡召开，“三治融合”乡村治理模式在全省加快推进。2013—2017 年，高桥街道有 82%的村实现“零上访”“零诉讼”“零矛盾上交”，“三治”理念深入人心，基层政权更加巩固，干群关系更加密切，“大事一起干、好坏大家判、事事有人管”的治理新格局基本形成。

“三治”中，自治是主体，也是农村基层治理的基本形式。桐乡市在深化自治的实践中，注重激发群众主人翁意识，把百姓议事会、乡贤参事会作为村

① 郁建兴、任杰：《中国基层社会治理中的自治、法治与德治》，载《学术月刊》2018 年第 12 期，第 64—74 页。

级自治工作的主要载体，畅通群众诉求渠道，扩大村民自治范围，提高民主决策水平，增强群众自我管理、自我教育、自我服务能力。“百姓议事会”由本村政治强、素质好、威望高的村民组成，涉及某些具体议题时，还会邀请利益相关的村民作为临时成员参与，凡是本村的大事小情，在作出决定前，都会提交百姓议事会讨论，保证村里工作得到群众支持。例如，高桥街道越丰村的村民对安装路灯意见不统一，有的反映路灯太暗，晚上走路看不清，有的反映路灯太亮，影响休息，还会影响庄稼生长，村里为此专门召开了一次百姓议事会会议，经过充分讨论，形成了路灯按需设置、轮流开关、亮度适中的统一意见，议事会代表也向广大村民作了充分沟通，取得了村民的理解和支持，路灯安装工作得以顺利推进。“乡贤参事会”则由本村德高望重的村民，以及本村出身的企业家、学者等能人贤达组成，根据村组织提议不定期召开，帮助村里一起干大事、干好事。如屠甸镇荣星村的火炉浜“三治融合”示范点，原是令人谈之色变的露天垃圾场，荣星村乡贤参事会挺身而出，出钱出力出资源投入整治，还请来了设计师进行改造设计，将原本“脏乱差”的垃圾场变成了生态公园，获得了全体村民的一致好评。

在法治保障方面，桐乡市深入开展法治宣传，切实加强公共法律服务，加大培育尊法守法典型力度，确保农村基层自治在法律框架下运行，引导广大群众办事依法、遇事找法、解决问题用法、化解矛盾靠法，促进法治理念在农村基层深深扎根。桐乡市在乡镇（街道）、村两级普遍设立法律服务团，加强公共法律服务，过去 3 年服务人次累计达到 7 万人。法律服务团的成员主要包括法院和检察院的工作人员、公安片警、司法局派驻的律师等，开展法律咨询、法治宣传、矛盾调处等基层法律服务工作。此外，还链接了“法治驿站”“义工法律诊所”等社区组织，鼓励支持社会力量参与普法教育。全面推进“一村（社区）一品”法治文化阵地建设和“法律十进”活动（进机关、进乡村、进社区、进学校、进企业、进单位、进家庭、进军营、进商铺、进景区），增强全民法治观念。如高桥街道组织在各村轮流举办“三治茶座”，由法律服务团成员主讲，“用身边案例教育身边人”，目前已经办了 3 期。

在德治规范方面，桐乡市发挥德治的引领作用，以“村规民约”和道德评判团为主要抓手，强化榜样力量，繁荣公共文化，培育文明乡风，从根本上预防和减少社会矛盾，在农村基层培育崇德向善的良好氛围。在具体实践中，一是积极制定村规民约，并使之符合相关法律法规和适应本村实际，经村民大会或村民代表会议通过，全体村民共同遵守，有效规范村民行为，推动移风易俗和文明素质提升。如规定喜宴操办标准不超过1000元一桌，遏制了越背越重的人情债、愈演愈烈的攀比风。二是积极创立道德评判团，以“树立鲜明道德导向，弘扬美德义行”为目标，由村里的道德模范和群众信任的村民代表组成，职责上既要调解矛盾纠纷，又要协助村干部向村民解读政策、推进工作。

通过对桐乡治理模式的梳理可以看到，其创新之处和最大生命力在于，将自治、法治、德治三者融合，合力增效，共同构成社会善治的“三脚架”①。“三治融合”不仅促进了文明和谐社会风尚的形成，也引导了人们的行为方式，规范了社会秩序。在这样的治理体系下，群众加深了对党委政府决策的理解和支持，以更加积极主动的姿态参与到社区的发展建设中来，推动各项决策部署落到神经末梢、落地见效，最大限度发挥了“三治融合”在协调经济社会关系、预防化解社会矛盾、有效维护社会稳定中的积极作用，为复杂的基层社会治理提供了有益的实践经验。

（二）内蒙古：村务契约化管理

阿鲁科尔沁旗位于内蒙古自治区中部、赤峰市东北部，属于以牧为主、农牧结合、多种经济兼营的蒙古民族聚居的农牧业地区。全旗共有265个农村牧区党组织，农牧民党员7880名。阿旗的契约化管理源自2001年3月。当年，罕苏木吉布图嘎查原党支部书记满都拉，针对本嘎查连续遭遇旱灾、贫困人口脱贫致富难的实际，拿出自己30万元积蓄购买绒山羊和大尾羊共1000只，分给20户贫困户，对其进行扶持。为确保成效，采取了“投本还本，增值归自己，用制度管理，用合同约束”的办法，与每个帮扶户摁手印签订了扶贫合同，明确双方权利义务、帮扶目标和措施，并到公证部门做了公证，3年后所帮扶20户全部脱贫，有的还成为嘎查的富裕户，满都拉本人的30万元扶贫资金也全部收回。2002年来，赛罕塔苏木查干诺尔嘎查党支部借鉴满都拉的成功扶贫经验，组织有能力的党员、产业大户和致富能手，组成扶贫协会，与贫困户签订扶贫合同进行帮扶，经过近3年的努力实现了贫困户整体脱贫致富。其他苏木乡镇和嘎查村也相继借鉴这种模式，都取得了很好的效果。这种方式

---

① 张银沁、华逸婕、王孟辉：《打造“三治融合”桐乡样板》，载《浙江人大》2019年第6期，第34—37页。

之所以能取得如此好的效果，关键在于将经济学和法学中的契约引入扶贫工作，通过签订扶贫合同，明确了协会与贫困户之间的权利义务和责任，将以往口头上的协议落实在纸上，符合群众有“红口白牙，不如白纸黑字”“空口无凭，立字为据”的传统思想，通过契约这一形式，搭建了协会与村民之间民主平等、公开透明、双向制约的平台，进而保证了帮扶措施的落实和帮扶目标的实现。

2008年，赤峰市领导对扶贫协会以扶贫合同方式进行管理的做法给予肯定，提出了将契约管理引入到嘎查村级事务管理的建议。自2008年以来，阿鲁科尔沁旗，在村级组织探索实施了村务契约化管理模式，依法完善了村级民主自治，推动了农村牧区经济发展，促进了社会和谐。实施村级事务契约化管理的核心是制定契约，契约的运作与形成过程是关键。经过若干年的实践探索，阿鲁科尔沁旗在村级事务、社会事务和党组织建设的契约化管理方面已经形成了比较成熟的规范运作程序。一是村级事务实行“标准型”契约化管理。根据各村实际，把普遍存在的、容易引发矛盾纠纷和不稳定的村级事务，归类为集体资产管理、经济项目建设、公益事业管理、社会事务管理四大类，每类中划分若干小项，形成完整的村级重大事务契约化管理体系。二是两委班子实行“承诺型”契约化管理。对村委会主任候选人的“竞选承诺”运用契约进行管理，候选人在竞选时先用书面方式公开竞选创业承诺，竞选成功后，村主任和村委会成员按承诺事项与苏木乡镇政府签订协议书，明确双方的权利义务和责任奖惩，将履约结果与班子调整、干部工资、奖励相挂钩。对村民代表和民主理财小组的“履约职能”运用协议进行管理，要求新当选的村民代表和民主理财小组签订《村民代表履职尽责协议书》《村民理财小组工作协议书》，保证自觉、积极、依法履行职责，代表村民意愿，监督村委会执行村民会议或村民代表会议决定事项。对村党支部的“任期目标”及“年度目标”运用契约进行管理，在村党支部换届完成后，乡镇党委组织村党支部班子，结合本地实际，制定村发展规划，确定任期工作目标和年度工作目标，镇党委与村党支部签订“任期目标承诺”协议书和“年度创业承诺”协议书，明确双方的权利义务和责任奖惩，对承诺事项实行“契约化”管理。

经过近3年的实践探索和研究论证，赤峰市阿鲁科尔沁旗等地总结建立了以“四议三提两签”为内容的操作程序。“四议”，就是党组织提议、“两委”会商议、党员大会审议、村民代表会或村民会议决议。“三提”，就是嘎查村

“两委”依据“四议”决策结果提出契约文本，然后交党员提出修改意见完善契约文本，最后交村民提出修改意见确定契约文本；重大事项或有关需苏木乡镇协调的事务须党支部提前报苏木乡镇党委审核，并在契约签订后上报备案。“两签”，就是凡涉及集体资产管理、经济项目建设、公益事业管理、社会事务管理等具体事务，由村委会与村民或其他组织签订契约，涉及基层组织建设、党员设岗定责管理等事项，由党支部与党员或有关组织签订契约。“四议”是议事决策程序，“三提、两签”是执行、落实、保障程序，三个程序环环相扣，互为制约，构成嘎查村务管理一个有机整体。

经过不断发展完善，这一模式现已成为农村牧区主要的管理手段，并得到了广泛认同。“村务契约化管理”的核心要义是民主与法治相结合、自治与法治相结合、权利与义务相结合。“村务契约化管理”以各项村级事务为管理对象，采用民主签约、依法履约的方式操办村务，将村务管理由人治上升为法治，以法治保障自治，将诚信、友善用契约化的制度形式固定下来，依法强制执行，实现德治与法治相互促进、相互约束，以规促德，村民良好的诚信风尚得以形成。“村务契约化管理”的直接效果是农村的民主、文明与和谐。党的十九大报告明确提出，加强农村基层基础工作，健全自治、法治、德治相结合的乡村治理体系。赤峰市阿鲁科尔沁旗多年来推行的“村务契约化管理”，有利于规范村民自治、推动农村法治、促进乡村德治，是符合党的十九大精神的创新之举。

（三）广州：村（居）民议事厅

“村民议事厅”是城乡社区治理过程中出现的新思路。遵循“大家的事情大家办，有争议、有矛盾的事情按照大多数人的意志办，事事商量、件件表决”的原则，2017年以来，广州市按照“116”工作法（即：建好一个议事厅，落实一个议事制度，抓好议题收集、酝酿、协商、决策、执行、监督6个主要环节），加大城乡协商议事工作推进力度。城乡社区议事工作激发了居民自治活力。聚集村（居）民最为关注的热点、痛点和难点问题，指导村（居）委会建立健全村（社区）协商事项目录清单，通过村（居）民议事厅提交村（居）民代表会议进行商议和表决。各个社区普遍建立了吸纳多方多层广泛有序参与的协商机制，从原有村居“两委”干部、村（居）民代表等比较单一的主体，扩展到基层政府部门、党员代表、驻村团队、驻村律师、非户籍居民、物业公司、社区社会组织、社会工作者等共同参与。截至2019年底，全市城乡议事机构成员共有73916名，其中党员30828名，非户籍人员2498名，少数民族人员102名，企事业代表2002名，业委会成员1058名。2017年以来，全市城乡社区累计开展议事协商27129次，决策事项34960项，执行事项32966项，执行率为94.3%，落实农村集体资产管理事项3977个，涉及资产总额16.02亿元。

村（居）民议事厅工作不仅有效落实了村民自治，而且极大增强了居民法治意识。市、区民政部门加强城乡社区协商议事制度化、规范化建设，对村民代表大会议题提出、意见征集、会议表决和结果执行等各个环节都做出了详细的、操作性强的规定，特别是在议题形成初步意见后，需要征求法律顾问的意见，从根本上保证会议议题的合法性。通过民主讨论、民主决议作出安排和决定，明确村民代表、列席人员、旁听人员可以举手申请一定的发言时间和补充发言时间，明确村民代表要征求每位村民意见，充分保障每位村民表达意见和自身诉求的权利，更好保障居民群众的知情权、参与权、表达权、监督权。提高会议的质量和效率，有效缓解乡村治理过程中因开会秩序自由散漫而产生的“议而难决、决而难行”的现实问题。有关“村（居）民议事厅”政事程序，见表6.2。广州“村（居）民议事厅”是中国基层治理的有益试验，它有力地唤醒了社区村（居）民的民主意识和法律意识，便于培育村（居）民的自主精神和管理能力，也为更好实现社区治理奠定了良好的基础。

表6.2　村民议事厅议事程序表

<table>
<tr><td rowspan="8">一、村民议事会运行</td><td>例会及时间安排</td><td>议事会例会原则上每季度至少召开1次（例会日期固定），遇特殊事宜可临时召开</td></tr>
<tr><td rowspan="7">议事范围及内容</td><td>（1）上级党委、政府部署的重点工作</td></tr>
<tr><td>（2）村级各类工程建设项目的立项与招标</td></tr>
<tr><td>（3）村集体经济创收与支出</td></tr>
<tr><td>（4）关系村民生产、生活切身利益的事项</td></tr>
<tr><td>（5）群众较为集中的意见和建议</td></tr>
<tr><td>（6）重点的信访问题、突出的矛盾纠纷、疑难的历史遗留问题等</td></tr>
<tr><td>（7）其他事项</td></tr>
</table>

续表

一、村民议事会运行	议题收集	村民代表、议事会成员深入群众收集意见，提出议题
		村民联名（特殊情况可单独提出）提出议题
		党支部、村委会等村级组织可就有关工作提出议题
		议题一般要书面提出，交党支部书记或指定工作人员
	议题审定	充实完善议题，形成可操作的方案；议事会主任及成员对议题进行审定；参与审定的人员在审查结果后签字；汇总所有议题，形成议题收集报告
	会前准备	提前 2~3 天张贴本次会议议题的公示并通知参会人员、列席人员
	召开会议	每次会议设签到名册，须由本人签名
		议事会成员到会率 4/5 以上，主持人方能宣布正式开会
		县镇联村干部及群工队员、未进入议事会的支村两委成员及其他人员等根据需要可列席会议
	会议流程	（1）学习传达上级方针政策、决策部署，通报近期工作和财务状况
		（2）报告上次决议执行情况，通报向上请示问题的答复
		（3）报告本次会议议题收集和审定情况
		（4）逐个讨论本次会议议题
		（5）议题提出人陈述议题
		（6）参会代表发表意见
		（7）召集人梳理发言情况，完善方案，提交表决；如果方案制定或实施时机不成熟，可暂不表决
	会议表决	原则上，所有议题都无记名投票表决
		一般议题过半赞成通过，涉及资金使用等重大议题三分之二以上赞成通过
		表决结果当场宣布，并指定相关组织或个人负责落实执行，并明确办理时限
二、决议执行与监督	决议公示	会后将决议进行公示，公示期 3 天
	决议执行和监督	指定的组织或个人执行决议，并定期报告情况
		村务监督委员会和村民对执行决议的过程进行监督，对执行过程有关问题及时提出整改意见

（四）重庆："德法相伴"特色治理

重庆市云阳县地处三峡库区腹心，经济发展相对滞后，农村劳动力大量外出务工。随着农村经济社会的发展，国家加大了对乡村的投入，如何更好地分配强农惠农资金、房屋拆迁款、土地征用补偿等问题，以及解决由此引发的各种相互交织的社会矛盾成为当地要解决的重要问题。对此，云阳县政府结合当地乡村发展实际情况，建立起"三个机构、一个约定"开展基层治理工作。

在自治方面，三个机构是指村民议事会、理事会、监事会，一个条约即村规民约。村民议事会按"一事一议"的原则，对涉及村集体的重大事项，实行村两委提议、议事会审议、村民集体决议的民主决策机制。村民理事会根据村情设立红白喜事、禁毒禁赌防邪、环境卫生、民情民意等分会，推举德高望重的村干部、党员或村民代表担任负责人。村民监事会监督"两委"执行党的路线方针政策以及村民会议、村民代表决议情况，监督党务、政务、财务、服务等村务公开情况。村规民约商定环境卫生、基础设施、道德约束等方面的规定，规范村民行为。通过这一治理体系，村民自治的途径得到了充分保证，有效解决了实际生活中的各种矛盾问题，充分实现了乡村自治的目标。

在法治方面，坚持用法治思维看待问题，用法律手段处理问题，加强法律法规的宣传，增强法律援助服务，强化矛盾纠纷调处化解意识。一是重视普法宣传。组成普法宣传队，发放法律宣传资料，现场讲解答疑相关法律咨询。二是积极开展法律援助服务。建立律师事务所、基层司法所包村责任制。开通法律援助免费服务热线，定期开展上门服务。三是强化矛盾调处靠前意识。及时收集社情民意、排查和调处矛盾纠纷，将矛盾化解在萌芽状态。

在德治方面，积极通过德治的作用提高村民的道德文化素质。一是推选乡贤。发掘优秀基层干部、道德模范等先进事迹，充分发挥其在政策宣传、纠纷调解、产业发展、扶贫济困、道德礼仪等方面的积极作用。二是推举榜样人物。通过村民理事会开展"榜样家庭""榜样人物"评选。对榜样实施正向激励，引导村民养成文明健康的生活方式和习惯。

在三治融合方面，积极开展"德法相伴"系列主题活动，严格落实中办、国办《关于进一步把社会主义核心价值观融入法治建设的指导意见》和重庆市委《关于加强法治和德治工作的实施意见》，在全村居民中广泛开展“家风润万家”活动，开展优秀村规民约、家风家训、法言法语征集评选。大力营造“见义勇为人人崇尚、和谐社会人人共享”的良好社会风尚。同时，强化基层矛盾纠纷化解工作，不断壮大人民调解队伍，健全矛盾纠纷综合调处平台，完善人民调解、行政调解、司法调解“三调衔接”和诉调、警调、访调“三调对接”的工作机制。通过以自治、法治、德治的“三治融合”为主骨架，不断提升基层社会治理能力，取得了较为显著的成效。

第三节　建设三治融合社区治理体系的条件

本部分着重分析推进“三治融合”的有利条件和阻碍因素，及其内在原因，进而为提出改进路径奠定基础。

一、推进三治融合的有利条件

当前推进三治融合社区治理体系有多方面的有利条件，具体表现在：

（一）地方前期实践探索的经验积累

前文的诸多案例表明，围绕“三治融合”，全国各地城乡社区都进行了积极探索，这些探索既有共性，又有因地制宜的创新，为更大范围推进“三治融合”提供了良好的实践基础。这些探索形成了很好的经验积累。在自治方面，表现为坚持群众的事情由群众议、群众定，依托技术与机制创新，发挥新乡贤和新兴组织作用，村（居）民自治制度得到更好落实。在法治方面，针对法律诉讼伤害社区邻里关系的弊端，各地充分发挥人民调解制度的矛盾纠纷化解作用，最大程度化解社区层面的社会矛盾；针对社区居民及社区工作者法治能力不强的问题，不断完善基层公共法律服务体系，推进法律援助、法律顾问等服务资源进入社区，鼓励相关社会组织发展，教育引导社区村（居）民学法、懂法、守法、用法，大大提升社区法治化建设进程。在“德治”方面，继承弘扬已有的家风家训传统，发展村规民约，加强对道德模范的评选表彰，提高整个社区的道德水平。

（二）社区多元治理主体的壮大

近年来，我国社会治理的复杂性在增大，基层主体参与社会治理的诉求日益增加。为了更加有效回应民众诉求、维护社会的良性运行、实现有效的社会治理，我国不断创新社会治理理念，提出共建共治共享、构建社会治理共同体等主张。在这一过程中，作为社会治理的重要主体，社会组织有了较大的发展，为城乡社区服务发展和社区治理提供了有力的支撑。统计数据显示，截至2022年3季度，全国共有社会组织89.3万个，社会组织的蓬勃发展为多元主体参与社区治理打下了坚实基础。

二、推进三治融合的约束条件

在社会结构更加多元、社会矛盾更加复杂的当今社会，自治、法治、德治相结合的社区治理体系建设仍面临诸多困难与挑战，如社区居民自治体系不完善、法治化水平低、传统道德约束力下降、三治之间融合程度低等。具体如下：

（一）村（居）民自治的广度深度需要进一步扩大

基层群众自治是社区治理的基本制度设计，对于健全基层民主，维护社会稳定起着重要作用，但在实际运行中，村（居）民自治制度面临着重大挑战。在郊区或农村社区中，由于年轻劳动力外流，导致本该作为自治参与主力的中青年居民缺失，而大量的留守老人、留守儿童以及资质资格不符的外来人口存在着自治能力不足的问题，这在一定程度上阻碍了村（居）民自治的发展。调查表明，尽管社区设立了包括"村（居）民（代表）会议、业主（代表）会议、物业管理服务机构、社区社会组织、社区（村）两委、社区（村）监委会"在内的诸多渠道来保证社区村（居）民参与社区（村）公共事务，但绝大多数群众仍然通过参加村（居）民（代表）会议或向村（居）两委反映情况等传统做法来参与社区自治。仅有3成左右的社区居民通过业主（代表）会议的途径参与社区自治，超过5成的社区居民从未通过社区社会组织这一途径参与过社区的公共事务（见图6.2）。在民主协商问题上，虽然大多数社区事务能够进行公开民主协商，但在协商主体上，多由村（居）民委员会、社区党组织、基层政府及其派出机关等带有行政色彩的官方机构组成，这三大主体的占比分别达到了69.6%、67.7%和45.1%；而本该作为社区治理的主人翁的社区居民却明显参与不足，47.5%的社区村（居）民代表小组和44.4%的本地村（居）民代表尚未参与到社区协商中；而仅有24.6%的业主委员会参与过社区事务的民主协商（见图6.3）。

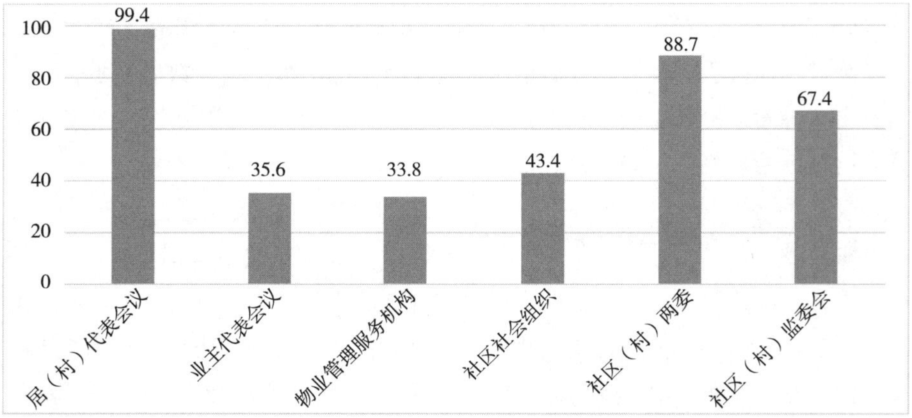

图6.2　您通过何种渠道参与社区事务（%）

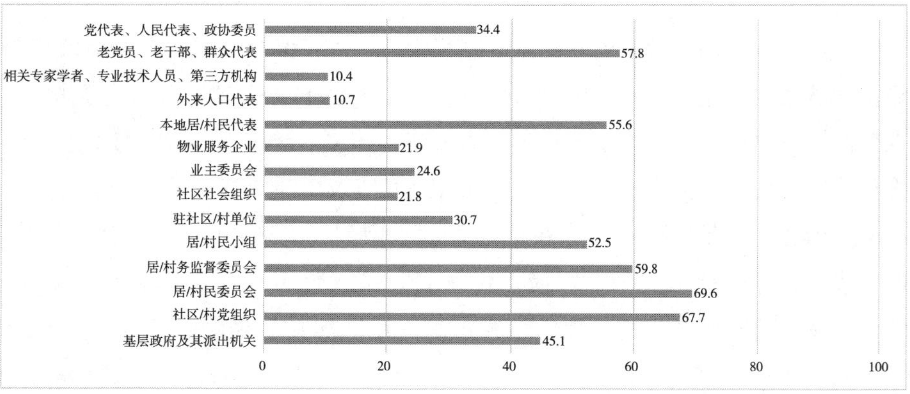

图6.3　本社区的民主协商主体（%）

（二）社区法治治理能力不强

从法律条文的运行上看，尽管我国针对社区治理颁布了一系列的法规，已经基本形成了以宪法为基础，以组织法为主体，将各个地方政府的规范文件作为补充的法律体系，但是这些在社区治理实践实施过程中大打折扣。比如，在实际选举工作中，我国城市社区居委会的直接选举覆盖面需进一步提高。在现行社区治理法律规范当中，只有组织法拥有强制力，其他的规范性文件不具有强制力，而且村居委员会组织法已经滞后于社区治理发展需要，由此可见社区治理当中的硬性法规建设并不完善。一些社区规范条例等软性法律能够有效地反映出居民们的诉求，体现居民组织的效果，但由此导致法律的权威性和规范性受到挑战①。

从社区法治的实际运行来看，部分工作人员缺乏依法解决社会问题、化解社会矛盾的意识和能力，进行决策和治理时，依然有过度集中权力以及处理事务较为随意的特点，往往忽视处理事务的相关法律法规，这一问题在乡村地区表现得更为突出。调查数据表明，非城区社区在“未依法制定出台村（居）民委员会承担的社区工作事项清单”“未清理规范各部门在本社区设立的工作机构和加挂的各种牌子”“未严格规范社区印章管理使用”“未取消对社区工作的一票否决事项”等方面的比重均要高于城区社区（见图 6.4）。

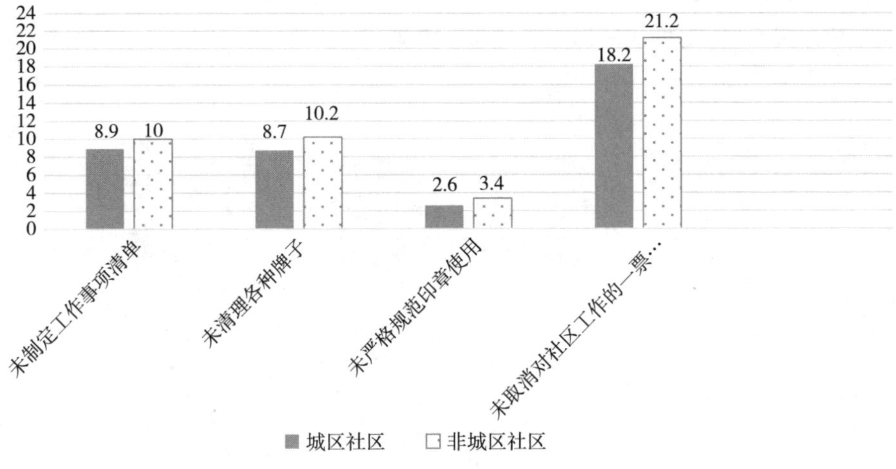

图 6.4　基层政府为社区减负增效情况（%）

（三）社区德治约束力不足

从总体上看，各地社区德治建设均取得了一定成效，道德大讲堂、身边榜

① 寿均华：《我国社区治理法治化建设对策研究》，载《法制博览》2020 年第 20 期，第 92—93 页。

样评选及家风建设等各项社区德治培育活动随处可见。但是，社区德治体系还不完善，约束力有限。中国传统社会有着完备的德治体系，对人民群众起到全方位多层次的道德约束。但随着工业化、城镇化的推进，德治在传承与推行过程中，逐渐失去了理论依据和成熟的体系①。社会道德约束力逐渐弱化，人们对于历史传统、文化道德积淀的认同感正在削弱，这就导致基层德治出现了困境，社会治理的难度和挑战性随之与日俱增。

在社区德治的推行过程中，较之于城市社区，乡村社区的德治建设成效更加显著。中国的乡村多数还是由宗族关系所维系，同村村民大多为同宗同姓的宗族关系，村民间的关系较为亲密，家族的血缘关系天然地对所有人提出了道德方面的要求，他们也因宗族制度自古以来所携带的道德“基因”，生活行为自觉以道德为准则；而城市社区内的居民多由陌生人所组成，在日常交际时只能以最低的道德标准与法律约束自己，在关乎切身利益时，甚至完全挣脱道德约束，仅以最低的法律要求来约束自身②。例如问卷调查分析结果显示，城区社区更容易发生邻里矛盾，仅有46.5%的居民表示自己与邻里之间能够实现普遍的交流互助，而在乡村地区，66.4%的居民都能够与邻里实现经常性的互助交流。(见图6.5)

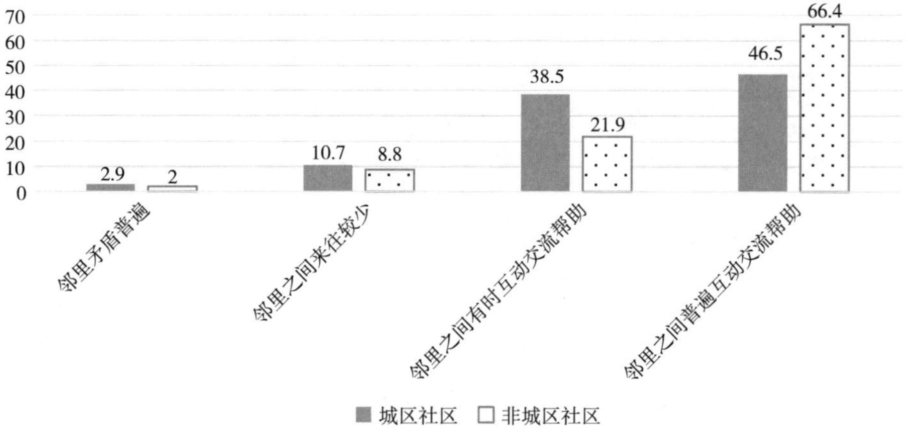

图6.5 社区邻里关系状况（%）

① 郁建兴、任杰：《中国基层社会治理中的自治、法治与德治》，载《学术月刊》2018年第12期，第64—74页。

② 顾泽楠：《我国城市社区德治的发展困境及突破路径研究》，载《改革与开放》2020年第12期，第69—71页。

社会结构的客观变化会带来传统公序良俗和礼仪规范的日渐式微，从而弱化社区德治作用。同时，也应该看到，当前很多社区在推进治理过程中，只将德治看作锦上添花的手段，并未进行整体性与全局性的设计与谋划，在这种情况下，社区德治在推行中大多采用形式单调的社区公约、无人响应的道德标语等方式。对此，要想真正推动社区德治与三治融合，就必须与时俱进，与当前社会主义核心价值观相融合，利用现代科学技术，创新宣传形式，使德治观念深入人心，在社区逐步培育起良好的德育氛围。

第四节　推进三治融合社区治理体系的政策与建议

实现三治有效结合乃至深度融合，关键在于制度，通过制度加强各治理主体的共建共治共享。完善基层群众自治不仅仅是简单制定一个规则与机制，而是如何有效激励群众在关注自身权益的同时关心自身所在社区的治理，引导群众充分发挥自身能动性与创造力参与到社区治理与相关规则制定之中①。法治的推进并不简单是指法律法规的普及推广，更重要的是在社区内培养起居民知法守法、对法律及规则的尊重，培养社区工作人员在工作中严格按照法律规定落实工作的习惯。德治的教化并非单纯的道德灌输，而是要在社区内培育积极健康的道德风尚，提高社区居民的道德感和荣辱感，在全社会形成良好的道德风气。具体来说，现阶段推进三治融合治理体系主要有如下政策建议：

一要加强顶层设计。建设三治融合的城乡基层治理体系是一项系统工程，需要科学设置管理体制与组织架构，理顺政府与社会的关系，统筹社会各方面力量，将三治融入党委政府及其部门的全部基层治理工作中。针对已经进行的创新探索，可以将其中的有益做法进行总结、提升，加强三治融合的制度供给。

二要加强基层党组织对三治融合社区治理体系的领导。党具有总揽全局、协调各方的作用，基层党组织是党的领导延伸到基层的重要保障。在基层社会治理过程中，要全面贯彻党建的引领作用，没有强有力的组织基础将难以贯彻自治、法治、德治相结合的设想。党组织不仅要把握村（居）民自治正确的

---

① 顾泽楠：《社区三治融合治理过程中自治、法治、德治的组合方式探究》，载《法制与经济》2020 年第 6 期，第 34—35 页。

政治方向，也要在既有的法律体系下积极引导村（居）民自治，同时也要组织和调动相关道德权威人物的力量调解矛盾纠纷，发挥党在协调各方利益、组织群众开展村民自治等方面的核心作用。

三要不断创新社区自治的组织形式。充分依托数字技术，创新居民自治的实现形式，激活自组织在城乡村（居）民自治和德治中的重要功能。同时，要鼓励城乡社会自组织的发展，发展壮大志愿者群体，有效激活社会力量，提升民间力量治理热情。

四要厘清职责权限。进一步完善村（居）民委员会组织法及其他相关法律制度，明确具体地划分村民自治组织、党组织、政府、农村社会组织、民众之间的职能权限，使之具体细化而具有可操作性。对于现实中已经表现出来的比较敏感的印章掌管权、法人代表权、人事提名任免权、财务签字权、文档管理权等，都应该做出具体的权力归属划分。

五要加强基层法治建设。加强基层干部依法行政能力方面的培训，不断增强运用法治思维和法治方式开展社区治理工作的能力。社区干部应该带头学习和遵守宪法、村（居）民自治法等相关法律规定，不断强化群众自治的法治意识。同时，在处理矛盾纠纷时，应该根据不同矛盾纠纷的性质采取相应的治理手段，积极引导社区村（居）民走法律的途径解决矛盾问题。

六要注重开展优秀传统文化传播。深入挖掘和弘扬中华优秀传统文化有关讲仁爱、重民本、守诚信、崇正义、尚和合、求大同、守法纪的时代价值，革除陈规陋习，使邻里文化、勤廉文化、书香文化、法治文化在基层社会治理中生根发芽，形成“知荣辱、睦邻里、懂感恩、尚法治”新风正气。

七要用好关键人和办好关键事。注重发挥乡贤作用。通过选树一批品德高尚、愿意参与基层社会治理的乡贤来主持乡贤参事会，更好地发挥他们在矛盾纠纷化解、乡风文明引领方面的积极作用。注重榜样示范带动。通过持续开展“道德模范”“最美家庭”等评选活动以及“立家训家规、传家风家教”等德育活动，推动社会形成尚德风气。

八要鼓励多主体参与。当前社区治理各主体“缺位、越位、卡位”现象普遍，影响着“三治融合”改善基层社会治理的效果①。当前社区治理中遇到的问题日趋复杂，绝非是仅靠政府或者社会组织单个治理主体或者简单的组织

① 邓大才：《走向善治之路：自治、法治与德治的选择与组合——以乡村治理体系为研究对象》，载《社会科学研究》2018 年第 4 期，第 32—38 页。

间合作就能解决，而是需要社会各方面共同承担起公共事务的责任。应充分认识到多主体参与的重要性，扩大社会力量的有序参与，让社会力量积极发挥作用。要形成一整套社会力量有序参与的体制机制，实现政府治理和社会调节、居民自治良性互动，完善群众参与基层社会治理的制度化渠道①。

九要充分利用现代先进科技来推动三治融合不断发展。以大数据、云计算、互联网、区块链、人工智能为主体的智能科技所催生的“数字化”“网络化”“智能化”革命，为构建社会治理新秩序注入了强大动能。正如有学者所言，智慧治理是一种新型的人类合作模式，通过运用现代信息通信技术，可以实现更优结果和更开放的治理过程②。党的十九届四中全会强调以科技支撑社会治理。现代智能科技正在强有力地推动着国家治理和社会治理现代化，将“智治”融入三治之中，必将使三治融合提质增效，并不断释放出强大生命力③。在“三治融合”的推进过程中，这一治理体系本身也蕴含着智能科技在社会治理中的广泛应用。例如，上海推行的“社区通”，桐乡广泛应用的“桐行通”“桐解码”，深圳实行的“智慧社区”等实践亮点充分体现了科技要素在“三治融合”中的独特作用。随着智能科技在社会治理领域的广泛应用，将“智治”释放到社会治理之中，必将成为促进“三治融合”不断发展的新生力量。

自治、法治、德治相结合的社区治理体系是一个既联系紧密又各有侧重的有机整体，三治缺一不可。“三治”共同发展，才能推动基层社会治理真正走向善治，才能真正实现社会治理体系与治理能力的现代化。三者的有机结合构成了中国特色社会主义基层社会治理体系，是基层治理未来的发展方向。

---

① 郁建兴：《“三治”结合提升基层治理水平》，载《农村．农业．农民（B版）》2020年第3期，第44页。

② 阿尔伯特·梅耶尔等：《治理智慧城市：智慧城市治理的文献回顾》，载《治理研究》2020年第2期，第90—99页。

③ 张文显：《“三治融合”之理》，载《治理研究》2020年第6期，第5—8页、第2页。

第七章　境外社区治理的经验教训

第一节　境外社区治理概况

一、境外社区治理经验缘何重要

社区是党执政根植的“微场域”，是国家治理体系的“微细胞”，是社会治理的“微单元”。近年来，在相关政策精神的推动和资源的支持下，我国社区治理发展取得了阶段性的突破，各种创新性的社区治理模式不断涌现，推动我国从“乡土中国”向“城乡一体中国”的平稳转变①，社区治理已成为当代中国基层社会治理的核心与国家治理体系与治理能力现代化不可或缺的重要一环②。但随着我国经济社会体制改革向纵深发展，社区治理的复杂性及其改革的困难性不断提升。当前，我国社区治理仍存在治理权责不够明晰、治理主体缺乏联动、居民参与力度不够、资源下沉不够充分、社区服务不够精准、基层形式主义抬头、社区工作负担过重甚至卷入“内卷化”困境等问题。

从历史发展的角度来看，治理理论从兴起至成熟始于西方发达国家，并在实务界得到了充分的实践应用。20 世纪 70 年代末，西方部分发达国家通过机构改革，在政府公共活动的过程中，不断强调社会力量的作用，实现了管理模式到治理模式的转变，在一定程度上弥补了政府失灵和市场失灵的治理困境。我国关于社区治理的理论研究与实践应用起步相对较晚。直到党的十八届三中全会，我国在国家政策层面才首次提出“治理”这个重大命题，将其上升为

---

① 刘守英、王一鸽：《从乡土中国到城乡中国——中国转型的乡村变迁视角》，载《管理世界》2018 年第 10 期，第 128—146 页、第 232 页。

② 吴青熹：《社会化媒体与大数据视野下的城市社区治理》，载《华东师范大学学报（哲学社会科学版）》2017 年第 6 期，第 43—50 页、第 170 页。

与“社会主义制度”并行的高度。2017 年 6 月，中共中央、国务院发布了《关于加强和完善城乡社区治理的意见》①，社区治理才作为核心议题与中心任务进入我国国家治理体系和治理能力现代化建设工程中。相对于境外其他国家，虽然线的具有自身的优势，但在一些方面与发达国家仍存在一定的差距，存在巨大的突破空间。

起步晚、经验不足所带来的问题难以避免，但需要明确的是，我们具有足够的后发优势。虽然我国与境外国家经济社会体制存在较大差异，但治理的内核却是一致的，在推进社区治理过程中，境外国家所形成的经验教训对我国依然具有借鉴作用。对这些经验教训的总结，尤其是学习和借鉴发达国家经过探索和实践所形成的较为成熟的社区治理行动框架，有助于我国在推进社区治理时少走弯路，有助于我国在推进社区治理时避免重蹈覆辙，有助于我国在推进社区治理时形成自身特色。

面对新时代的发展需求，深刻理解现代社区治理，既要注重本土经验的积累总结，又要借鉴境外的实践做法。具体来说，以中国治理需求为导向，检视西方治理探索；以中国治理难题为依托，对比西方治理成效；以中国治理趋势为展望，借鉴西方治理模式；以中国治理资源为抓手，吸收西方治理要素。在吸收借鉴经验和总结反思教训的基础上，应对当前我国社区治理过程中存在的问题，实现社区良性“善治”。

二、境外社区治理的总体情况

随着对福利国家、新公共管理运动和治理理论的研究与反思，世界各国（地区）都对社区治理进行了积极的探索。但由于世界各国（地区）经济社会发展水平存在差异，发达国家（地区）和欠发达国家（地区）间的社区治理水平差异性较大。总体而言，发达国家（地区）的社区治理模式较为成熟、社会参与程度较高、社区市场化机制较为健全。基于发展进程和先进经验借鉴的考虑，本章主要以发达国家（地区）为主，介绍境外社区治理的总体情况。

一是发达国家（地区）社区治理模式较为成熟。由于发达国家（地区）率先进入工业革命，社区治理建设时间较长，形成了较为健全的“多主体协同——多力量凝合——多技术支撑”的社区治理模式。在治理主体上，发达

① 《中共中央　国务院关于加强和完善城乡社区治理的意见》，载中国政府网 http://www.gov.cn/zhengce/2017-06/12/content_5201910.htm。

国家（地区）的民众和社会组织参与意识更强烈，自治组织、社会福利团体、专业团体、志愿组织与民众参与社区公共事务的积极性更高，能够在社区治理中提供更为专业化和精细化的公共服务，实现社区治理的改善升级，形成多元参与的社会治理共同体。在治理力量上，由于社区民众和社会组织参与意愿强，多元力量被投入社区治理当中，形成了较大的社区治理合力。这个过程中，在“自上而下”和“自下而上”的互动中，社区治理共识得以达成，各种力量通过良好的沟通机制得到凝聚，不同主题间的交流频率和交流深度增强，建立了彼此信任、相互尊重的良好沟通机制，能够实现公共事务治理中的信息资源共享。在技术支撑上，发达国家（地区）利用智能技术进行社区治理具有技术上的先发优势，其主要通过互联网、物联网、大数据、区块链等技术手段，精准对接社区治理中的个体需求，提高社区治理的服务水平，不断推进社区治理技术和手段的更新迭代，比较早地实现了智能化社区治理。

二是发达国家（地区）社会参与程度较高。多元参与是发达国家（地区）社区治理的特色之一，尤其是公众的较高程度的民主参与。发达国家（地区）的社区治理实践与改革路径虽有不同，但在模式上可以高度概括为政府主导模式、社区自治模式和混合管理模式三种，其治理目标均在于激发全社会力量、引导公众参与、培养个人的现代社区素养，社会参与社区治理取得较为丰富的经验。其中，政府主导型的社区治理，政府积极引导公众参与监督，通过官员走访市民、公共舆论宣传等，协调各方利益，积极引导广大民众参与到社区治理中。社区自治型的社会治理更多的是依靠社会力量，吸引众多的社会组织进行参与，形成城市社区化和社区城市化的管理格局。其治理理念在于让大多数的民众成为社区治理的参与者，减少基层矛盾，降低社区治理成本，提升治理效果。混合管理型的社区治理介于政府主导型和社区自治型之间，政府主要是为社区提供规划指导，具体执行交于社区民众、社会组织等落实，政府和社区通过共同发挥社会力量实现社区的有效参与，如通过共同开办相应的培训机构，让民众学习为何要进行社区治理、如何进行社区治理等课程，提高民众对社区治理的认知程度。

三是发达国家（地区）社区治理市场化机制较为健全。借鉴私营部门的运作模式，对社区治理实行流程简化、顾客导向的市场化机制建设，满足社区不断增长变化的需求。一方面，社区治理以公众优先为理念，政府部门坚持服务标准，不断提高服务质量，并通过精简社区治理的政府机构，简化社区治理程序，提高治理效率；另一方面，通过赋予社区公众与社会组织更多的社区治理权限，引入企业等市场力量参与社区治理，建立健全市场化机制。发达国家（地区）的市场化机制主要包括三个方面的内容。第一，确立社区治理绩效横向指标，包括确保资源的方向和要素组合目标、社区治理与服务产出的数量指标、社区治理与社区服务的质量指标；第二，将服务承诺引入社区治理服务部门，规定社区治理服务部门的水平与质量；第三，建立完善的申诉制度，如若民众对政府或其他部门的社区治理服务不满意，可以提出申请，要求相关机构进行调查。市场化机制的社区治理运行模式，将公众满意度作为评价社区治理成效的标尺，通过良好互动和高效服务，实现社区高质量治理。

三、境外社区治理的具体特点

社区治理包罗万象，与当地社会经济发展水平、国家政治理念背景紧密相关。从整体上来看，境外社区治理（本章主要探讨发达国家地区）总体上治理理念较为前沿、治理主体较为多元、治理手段更加精细。受不同体制约束，境外社区治理具有以社区公众为基础、以多元参与为理念、以协同创新为抓手的特点。

一是以社区公众为基础。公众既是社区治理的客体，也是社区治理的主体。发达国家社区治理中，社区公众具有较强的自治性，在文化、环境、治安等方面，拥有较强的参与意识和较广的参与渠道，境外社区治理制度发展较为成熟，公众参与自主性较高。从参与意识上来看，受西方文化的影响，发达国家（地区）的公众对参与社区治理的心态较为主动，基于权利意识参与社区政治、文化与环境建设成为普遍情况；从参与渠道而言，发达国家（地区）的公众能够参与社区治理的渠道和途径较为广泛，参与社区治理的方式也较为多样与多元；从参与制度上来看，发达国家（地区）对于保障公众参与社区治理，形成了一套较为完善的制度，能够满足拥有较高权利意识和较强社区认同感的公众的诉求，反过来增强了公众对社区的认同感。

二是以多元参与为理念。市场、社会、公众参与社区治理水平的高低，既是一个国家政治现代化、民主化的重要标志，也是衡量民主意识和政治素质高低的客观标尺。发达国家社区治理中，政府、市场、社会和公众等形成了多元参与治理的格局，改变了主要依靠政府承担社区治理现状的局面，重塑了政府与其他治理主体的关系。在具体的社区治理过程中，政府作为政策制定的主体，主要功能在于激活整个社区治理的各方面因素，与各行为主体建立合作关系，发挥社区公众和社会组织的功能作用。面对城市社区出现的社区环境、贫困、犯罪以及社区活力丧失等问题，通过多元主体的互动参与形成了社区治理网络体系，有力地构建了开放性、扁平化的多元主体的社区治理体系，共同推进社区治理中的公共事务，彰显了社区治理的活力。

三是以协同创新为抓手。在多元参与理念指导下，社区治理通过运用丰富的政策工具，以协同创新为抓手，完善治理机制，营造良好氛围及提供支撑保障，能够进一步激发各主体在社区事务参与和管理中的创造活力，调动其参与的积极性与主动性。境外社区治理不仅让多元主体参与进来，还通过各项制度、机制和技术等方式手段，实现多元主体间的经纬互构。一方面，通过基于沟通和对话的参与机制，实现了不同主体间的互动协调，为多元主体的双向互动参与搭建了多样化的平台，提升了社区治理的有效性。境外社区治理中注重对社区公众的社会责任感培养，让更多公众主动参与到社区治理中，实现个体与社区的双向互构。另一方面，借助互联网以及各类新兴技术，积极搭建区域沟通网络，收集公众需求，打通治理过程中存在的信息壁垒，提升社区治理服务效率，实现社区治理智能化。

第二节　境外社区治理实践路径

社区是城市治理的“最后一公里”。境外社区治理尤其是发达国家（地区）的实践较早，自开始探索以来，以自身的经济、社会、文化等发展态势为基础，加之受到了新自由主义、社区主义、吉登斯的第三条道路等理论影响，形成了较为完备的社区治理模式与治理路径，构建了一套较为成熟的社区治理体制与机制。纵观各国在社区治理方面的探索实践经验，日本、新加坡、英国和美国等发达国家的治理经验较为典型，虽然各国在具体的理念指导、制度设计、机制管理和人员整合等方面存在差异，但都形成了一套适合自身国情的本土化社区治理模式，能够为我国推进社区治理提供经验借鉴。总体而言，通过对不同国家社区治理实践中最为核心的实践路径和鲜明特点进行总结和梳理，能为我国探索本土化情境下的社区治理模式提供可资借鉴的经验启示，进而推进我国社区治理体制机制的完善，推动国家治理现代化的实现。

一、日本：以文化建设为载体的价值牵引路径

日本是最早步入发达国家行列的亚洲国家，其社区治理的实质是完成“社区营造”，实现从“市民参与”到“市民主体”的转变，相关理论趋于完备、相关技术逐渐成熟、相关组织不断完善、市民参与意识提高，形成了具有日本地域特色的社区治理模式。经过战后重建、经济高速发展期等阶段，日本的社区治理经过政府不断放权、市民参与，发展出较为完善、功能较为多元的社会组织体系，形成了有别于西方的社区自治模式。同时，由于受到传统儒家文化思想的深刻影响，所形成的关于社区治理的历史变迁与实践经验，对我国的社区治理有很多可以参考借鉴。

（一）以市民诉求为导向，进行社区营造

在日本，社区治理实质上是完成“社区营造”的过程。日本“社区营造”的发展历史，起源于二战结束后，是一部政府不断放权、市民参与社区治理的历史。与其他国家一样，日本同样需要解决第二次世界大战后过度城镇化所带来的大城市人口过度膨胀、资源分配紧张等问题。20世纪50~70年代，日本政府为促进国民经济的快速发展，奉行开发主义的价值观，在全国上下大规模实施城镇开发计划。在国民经济得到快速增长的同时，城乡二元问题突出，随之而来产生大量的社会治理问题。例如，青壮年劳动力大规模向城市流动，农村只剩下儿童和老弱病残。一方面，导致城市就业问题严峻，失业问题十分显著；另一方面，乡村和中小城镇由于人口流出出现发展停滞的状况，传统的村落社会迅速崩塌，区域之间发展不平衡不协调。与此同时，公害问题①严重损害了市民的生活环境和身体健康，工厂排放污染，养殖场散发恶臭，村庄被垃圾包围。再加上当时盛行的“日本列岛改造计划”②，全国各地陷入大规模开发狂热浪潮，部分地区本土文化的独特性随之瓦解、消失，各种社会问题接踵而来。为此，日本民间自发产生一些倡导改革的激进革新团体，主张社会治理必须以市民诉求和居民参与为核心展开，呼吁政府和社会寻找自下而上解决社

---

① 公害是环境法的防治对象之总称。原与“公利”对称，最早见于日本1896年4月8日颁布的《河川法》第4条中规定的水之公害与公利关系。

② “改造计划”的内容涉及政治、经济、交通通信、科学教育等各个方面。就重点要解决的问题来看，主要包括三个部分：工业重新布局、改造旧城市和建设“新25万人口城市”，以及建设交通通信网络。

会问题的方式。随着革新团体的不断壮大，其改革思想逐渐形成体系，日益引起日本学术界的重视。此后，学者们纷纷呼吁政府部门和全社会要重视城市社会学，并指出社区建设应以市民参与、社区塑造为重点而展开，“社区营造”应运而生。

（二）社区营造化零为整，完成社区整合

社区营造，是在社区生活共同体基础上进行的，是居民将对家园的记忆和憧憬落实到具体的行动中。日本的社区营造以实现“魅力再生产”为目标，内容包含经济振兴、景观建筑设计、文化气氛创设等，将居民对家园的记忆和憧憬融入各项建设中，从整体上营造陌生而亲切的故乡情愫氛围。受到公民意识的觉醒、社会资本的积累、法律的规范、市场开放以及非营利和非政府组织多方参与等因素的影响，日本的社区营造主要是以构建社区共同体作为前提和目标，通过构建一套“整体社区营造”制度体系，引导和促进社区居民参与地方公共事务、培养公共精神，凝聚社区意识。以传统为基础，利用社区文化资源，结合社区自主凝聚的创造力，改善社区生活环境，提升居民生活品质，塑造具有不可复制性的当地文化特色，从“人、文、地、产、景”等维度塑造社区发展的内生动力。与以往社区营造围绕特定主题进行开展和实施不同的是，如今的社区营造正尝试逐渐扩大职责范围，在政府立法支持、企业贡献的基础上，架构社区营造各组织间的伙伴合作关系，吸纳市民团体和普通居民的变革力量参与共同事务，助力社区治理科学化、体系化建设。概言之，通过在组织内部成立专门的工作小组等综合性的组织进行整体统筹，自下而上地寻找解决乡村老龄化、人口流失严重、经济衰落问题的途径，并改变以往社区营造只进行独立主题的做法，形成复合性推进，化零为整，让社区营造更加具备整体性、多元性。

（三）营造和谐社区文化，推动社会共治

日本的町内会、自治会是市町村之下的基层自治组织，类似于中国的居委会，是基层社区治理的核心机构。其中，町内会一般为传统街坊的居民自治组织，自治会则多为新兴的公营或民营住宅小区的居民自治组织。两者自治角色的确立，是日本社区营造走向成熟的标志。社区营造走向成熟的过程，是基层多元主体合作治理格局形成的过程。20 世纪 90 年代后，新公共管理理论思潮席卷日本，加之日本政府“协动政策”的推行与实施，助推了社区营造的改革与发展。新公共性鼓励社区治理过程应立足于公众基础，实现市民、社会等多元主体的积极参与；“协动政策”则主张社会组织与政府建立亲密的合作伙伴关系，共同开展社会治理，日本政府的积极参与推动了其在全国范围内实施与开展。在这一社会背景下，社会力量得以充分调动，逐渐形成了多元主体治理格局。中央政府发布八项“新公共”政策用以指导各地的社区营造工作，而地方政府则相应地制定并实施地方性的“协动”政策确保政策的稳步推进。在这一基础上，推动了NGO组织、地方自治体、市民等政策利益主体的广泛响应与积极参与，进一步完善了日本的地方社区治理走向及居民自治的方向，推动了日本以“市民主权型自治体”为导向的地方自治制度构建。总体而言，日本社区中的基层政府、町内会（自治会）、社区居民以及社会团体，在社区营造过程中形成了较为成熟的社区合作治理共同体，发挥了各自应有的职能。即基层政府主要发挥目标引领、政策引导的作用，主要通过政策的制定和宣传，为社区营造提供方向；町内会（自治会）则作为具体的执行组织，组织并开展社区公共事务治理的相关工作；社区内的居民通过自发组织和自愿参与，从而组建社区内组织，具体包括妇人会、老人会、家长会等，响应并协助町内会开展日常的社区管理工作。

二、新加坡：认政府主导为核心的行政控制路径

新加坡作为典型的城市国家，政府在社区治理中发挥着主导、管理与扶持作用，主要遵循“务实、求新、民本”的核心理念，形成了一套较为完整的社区治理模式，取得了良好的治理成效。新加坡人口密集，涵盖多种民族及文化，族群异质性较高，在历史和文化方面具有多样性，经济领域取得了十分可观的发展与进步。通过发挥政府主导宏观层面管理，社会力量发挥微观补位作用，形成了“强政府、大社会”的互赖式治理格局，实现了政府与社会较高效率的合作与分工。新加坡形成了一套成熟的社区治理服务模式，其社区治理模式特色显著。

（一）强化政府主导，统筹社区治理规划

新加坡的社区治理受到了政府的高度重视，主要采取“政府主导、规划先行”的思路。通过制定并落实相关规划、提供资金支持、完善法规制度并

严格执行等方式，结合事前规划、事后评估等方式，降低社区治理工作开展过程中的容错率，发挥政府在多个方面的主导作用。在具体社区治理过程中，第一，在组织构建方面，政府通过专门设立建屋发展局（Housing & Development Board，简称 HDB），负责统筹全国社区治理工作的开展与谋划；第二，在资源配置方面，政府在社区治理相关工作的开展上给予充分的财政支持，包括90%的社区基础设施管理费用和50%的日常运作费用，以及社区中专业人才的工资与薪酬都由政府部门的财政拨款予以承担；第三，在资质评估方面，通过评估各机构绩效，下拨活动经费，通过设立相关组织机构对社区组织承担的政府购买项目进行评估，核准各机构资质，以确定下一步购买计划；第四，在总体统筹方面，对整体的城市规划谋篇布局，综合考虑各类要素进行城市规划，自上而下地主导和扶持社区发展，化解由于复杂的族群结构、多样化的语言及多种宗教与文化并存带来的矛盾冲突。

（二）前期规划细致，治理成本损耗细微

新加坡政府务实求进，负责指导和制定不同的社区规划及相关政策。以组屋建设为例，根据人口数量进行各种生活服务设施规划配套的科学论证，进行具有细致性、前瞻性的设计规划，完善社区的服务功能。同时，新加坡政府通过立法，为社区治理服务提供了一系列强有力的制度保障，充分重视居民多样化的生活需求，积极引导社区治理过程中“共同价值观”的建设，为社区建设提供牢固的意识形态支撑，促进了规划的贯彻落实。在社区治理中，相关规划以人为本，构建了全方位多层次的社区公共服务体系，提供了个性化、特色化、优质化的社区服务指导。具体的规划内容不仅涵盖水、电、气等基础服务内容，还注重环境、交通等公共设施的设计优化，更注重医疗、住房、教育资源的普适性与个性化的有机统一。前期规划的细致性，能够让治理成本损耗更细微，通过对社区服务的覆盖范围、服务设施和服务对象进行科学规划和科学评估，在充分考量居民实际需求的基础上，有效整合社区资源，满足社区内居民的多层次需求，避免资源在某一地域过多或过少投入，实现了社区治理的精准性和精细性。

（三）注重骨干培育，引导社会力量参与

除了由政府主导和扶持社区发展，新加坡的社区治理还十分注重培育和

发挥非营利组织与志愿者等各类社会力量的作用。通过良好政策环境的创造、政策扶持和氛围营造，激发社会组织等主体的内生动力，培育一流的社区管理队伍，发挥社区骨干在社区治理中的作用，实现了社会力量与公共机构的良性互动。一方面，新加坡政府通过建立稳定的资金募集和筹措机制，助力非营利组织开展各项有利于社区治理的社会活动，使之与社区公共资源一道成为社区服务的重要力量，保证了社区优质公共服务的提供；另一方面，新加坡允许政府部门的工作人员以及其他权威部门的员工，可以在政策允许的范围内，担任社会组织或者民间慈善组织的负责人。具有双重身份的工作人员，能够很好充当政府及社会组织间合作交流过程中的“润滑剂”，充分激发了社会组织的发展潜力与积极性，进一步加深了政府与社会组织间在社区治理方面的合作。此外，新加坡社会力量的广泛参与，离不开公民浓厚义工精神的支撑，在这种精神指引下，公众往往会积极参与社会机构组织的义工活动，这不仅降低了基层组织和社区管理的运行成本，而且减轻了政府公共资源投入不足的负担。与此同时，新加坡的社会名流和各界精英也会利用其社会影响力，组织社区居民开展各类互助、康乐、公益等活动。

（四）完善对话机制，贴合居民实际诉求

新加坡政府在实施社区管理的过程中，十分注重社会公众的意见表达与沟通协调，形成了较为完善的对话机制。总体而言，新加坡在社区治理过程中形成了政府信息公开透明、公众较为积极参与、意见表达渠道畅通等系统完备的政民互动机制。第一，新加坡政府部门借助互联网工具和现代化信息手段，大幅度提升政府部门信息公开的效率和质量，让民众能够充分获取社区规划的目标、社区建设的手段以及投入建设的资源等信息，提升居民的参与感和认同感，进而推动民众为社区治理提出更为合理化的意见建议。第二，建立民众俱乐部等完备的民众意见表达渠道，在社区里设立每周一次的国会议员接待日。在此期间，会有专门的政府议员向民众征求其对政府工作执行和实施过程中的意见和态度，以促进民众积极参与到社会治理当中，增强政民之间的互动和协同，实现政府与民众之间的相互理解和相互支持。第三，建立完善的政府反馈机制。政府十分重视民众对其提出的建议，在政策制定和实施过程中积极采纳民众建议，如在“重造新加坡”的民意征询活动中，民众纷纷献计献策，在

74 项重大建议中有 60 项获政府采纳①。

（五）营造社会氛围，打造多元共治文化

参与主体多元，社会力量被充分动员参与到社区治理中来，是新加坡社区治理的又一显著特征。在新加坡的基层社区治理过程中，政府、社会、居民组织之间分工细致，相互合作，对不同组织负责、管理的职责权限进行明确划分，使得各组织各司其职，为社区内民众生活各方面提供便捷的服务和管理。其中，社会发展理事会作为管辖区内的管理机构，主要开展社会援助服务，促进社会和谐，增强社区凝聚力；市镇理事会负责政府组屋区的物业管理工作；人民协会负责人民和政府间的意见反馈渠道，计划和领导基层组织的活动，其下设的民众俱乐部负责社区内文化、体育活动，居民委员会负责促进社区内居民邻里和睦、种族和谐和促进居民凝聚力。同时，由于社会动员充分，有诸多社会慈善、社会福利团体，自下而上地参与到社区公益服务和社会救助等工作中来。总体而言，新加坡的政府部门、社区机构、基层自治组织及社会团体之间合理划分职责，形成了政府主导、社区自治、居民和社会组织等多元主体广泛参与社区治理的服务模式。

三、英国：以福利自由为导向的政民互动路径

作为世界上最先经历工业革命的国家，英国的社区治理具有较强的政策驱动性，经历了一个从消极到积极的转变过程。两次世界大战后，英国在国家重建方面越来越体现出政府的责任，强调福利普惠的社会治理理念，为二战后英国福利国家制度的建立提供了思想准备。同时，英国还是一个崇尚自由的国度，公民权利和自由自治理念早在英国福利国家建立之前，就已经深深影响到整个英国的社会格局，并成为后期英国福利国家社会治理模式确立的两大指导理念。除了公民权利和自由自治两大理念外，也关注道德和法律两大理念。英国的社会治理理念中始终蕴含着道德和法律两大理念，并在理念的运用及具体的治理政策构建方面，同其他福利国家相比仍是走在前列的。四大理念贯穿英国社会治理行动始终，是英国特色的福利国家社会治理模式的重要组成部分。总体而言，无论是在宏观层面上的理论指导还是微观层面上的具体策略，英国

① 《〈学习时报〉刊文介绍新加坡执政党政治改革经验》，载新华网 http：//sg. xinhuanet. com/2012-10/24/c_123862431. htm。

在社区治理领域中留下了诸多值得思考和借鉴的经验。

（一）社区平台被国家赋予重要战略价值

英国将社区平台赋予重要的战略价值，可以追溯到20世纪40年代。从20世纪40年代中期到20世纪60年代中期，英国以推动殖民地社区发展，帮助当地群众摆脱由知识落后及基础设施建设不足所带来的贫穷与落后为理由，在其殖民地和海外领地疯狂地实施殖民侵略发展计划。然而，这只是英国对外殖民的托词。为了保证殖民地社区工作的开展，英国政府为此专门设置殖民办负责管理和协调相关事务，社区发展成为当时英国殖民政策不可或缺的组成部分。英国之所以如此重视殖民地的社区发展，很重要的一个目的是为了更好地获取当地的物质资源。譬如在第二次世界大战期间，英美之间达成特别协议，美方同意借给英方一定数量的战争贷款并且同意英方用物质资源抵偿这部分贷款。另外一个目的，是为了对外引介和推行其遵循的价值观与意识形态体制机制。在具体的实践过程中，社区工作者通常被要求利用社区发展计划，培养社区与外部世界、社区居民与殖民官员、殖民地与宗主国之间的“共同感”。由此可见，当时的英国政府把社区作为具有战略意义的治理平台，将社区发展纳入了当时殖民政策框架。从20世纪60年代中后期以来的本土实践来看，在面对不同时期的不同困难时，英国政府始终把社区作为重要的工作抓手以及解决问题的重要途径。尤其是在“新工党”的意识形态框架中，社区既是“问题”也是“答案”，又是推行各项社会政策的有效工具，社区参与则被赋予重要意义，受到地方政府和中央政府前所未有的高度重视。总体而言，“社区首创”成为很多政策性项目所采用的核心方式，自下而上模式在“城市复兴”项目中受到大力支持和鼓励，即便在“政府主导”项目中，地方政府也将社区置于核心地位并充分发挥其工具性作用。

（二）社区治理将人才培养作为首要目标

很长一段时间，英国的社区治理在本土之外的其他地区实施社区发展计划。在此期间，由于社区发展、社区治理相关的实践探索尚处于摸索阶段，缺乏现成的经验和模式以供实践参考，加之人力资源的约束，社区工作的专业化、职业化程度不高，社区治理工作开展十分被动。因而，社区工作者的个人素质和性格偏好，成为影响英国社区治理成效的主要因素。英国政府设置的殖民办以及英属殖民地和海外领地有关职能部门非常重视社区工作人才的培养，通常将培训推动社区发展的各级领导人作为社区发展的首要目标。各级有关部门和组织也制定并实施了分层分类抓好社区工作人才培训的计划。以培训对象作为划分依据，主要包括政府官员培训和社区工作者培训两大块，培训的地点多设在剑桥大学等世界知名高校。以主办单位层级作为分类依据，可以划分为三个层次：第一个层次是在英国举办的各种课程班和召开专题会，为来自英国本土以及殖民地和海外领地的社区工作骨干提供教育服务；第二个层次是各殖民地国家组建专门的培训机构，通过开展系统教育为社区发展培训专门人才；第三个层次是各实验地区根据社区发展工作实际需要，适时举办各类培训班。在当时，各级有关部门和组织坚持以培养“全科式”社区工作人才为导向，认为社区发展工作者必须具备以下能力素质：一是了解当地居民的能力；二是组织开办课程培训的能力；三是把握政策的能力；四是像商人一样推销社区发展计划、吸引广大居民参与社区发展的能力等。针对这些需求，各种培训和培养机构，在教学内容上进行了积极回应，继而进行了精心设计，实现了政策理论、基本技能和实用技术的有效结合。此外，由于专业机构的匮乏，各级有关部门和组织还非常注意整合各类资源，并结合定期或不定期招募和培训志愿者等方式，加快社区工作人才的补充。

（三）社区治理嵌入到国家整体发展理念

当英国在其海外领地和殖民地推行社区发展计划时，社区发展被定义为：人们通过自身的努力同地方政府一道改善社区的经济、社会、文化条件，从而使得社区生活融入国家发展并为民族进步贡献力量的进程。在这一时期，推动社区发展必须满足两个必要条件：一是社区居民主动参与所处社区的治理工作；二是政府提供技术或者其他方面的服务，以培养和刺激社区居民的主动行为和首创精神。这一治理理念揭示了将社区发展和社区治理有机统一的主张，在之后的很长一段时间的本土化社区治理建设过程中，英国政府不断尝试将社区发展和社区治理有机统一起来，以此作为指南，引导本国社区治理政策方针的提出以及推动相关工作的开展。除此之外，还有资料显示自 1997 年 5 月以来，工党政府坦承过去的工作计划较多地重视社区物理环境的恢复，而对地方居民本身没有足够的重视，郑重承诺要建设一种新的邻里关系。在这一背景下，“邻里关系重建”以及“社区新经营方案”双项社区治理政策在英国正式推出。这两项政策的推出，实现了当时社区治理从对物质的重视到对人的重视的转变；与此同时，则再次将“参与”推到“旗舰性特征”的位置，积极倡导当地居民广泛活跃于社区治理相关工作当中，并参与到影响他们日常生活的服务和决策当中去。不仅如此，在北爱尔兰地区，社区发展的目的则被直接定义为“通过社区关系来管理冲突”，以此展开社区治理的相关工作。在北爱尔兰政府分配社区发展资金的方案中，充分反映了这一思想。该地区的资金分配规定显示：倘若一个社区的群体想要得到来自政府的资助，就必须满足一个条件，即它所使用的资金和所开展的工作必须涵盖其他社区。正是通过这种用经济手段鼓励跨越政治区分的做法，使得社区资助体系建设过程中产生了微妙的政治性，对于形塑北部地区的社区发展以及区域治理，也同样具有关键作用。

（四）社区治理注重与理论发展的融合性

英国本土的社区治理实践充分显示，该国各级有关部门和各类组织非常重视社区发展和治理理论的研究、推介以及运用，理论与政策之间呈现了高度关联性。具体而言，一方面，社区理论研究和产出既是对不同时期不同问题的回应，也是对不同时期不同知识和理念的运用；另一方面，社区理念以及相关理论在不同时期对社区发展实践产生着重大的影响。例如，在 20 世纪 60 年代，著名的研究报告西伯曼报告，建议将社区工作纳入社会工作框架，强调要在社会工作语境下制定社区工作操作方案。随后不久，社区工作即成为社会工作的重要部分。再例如，在 20 世纪 70 年代，社区发展原则和方法被运用到儿童关怀志愿服务组织以及成人教育服务当中。包括苏格兰地区的斯特拉斯克莱德地方委员会在内的地方当局认定社区发展是“反剥夺”的核心方法，在女权理论的影响下，社区健康工程得以启动。宜至 20 世纪 90 年代末期，托尼·布莱尔及其智囊使得社区成为“新工党”新的意识形态的基础性概念，同参与、社会资本、责任几个核心概念一起构成了“新工党”意识形态的支柱性基石。而“新工党”意识形态的理论来源可以追溯到吉登斯、普特南和伊特兹尼三位知名学者。第一位是“第三条道路”政治工程理论化的完成者吉登斯。他指出，作为新政治的基础而非抽象口号的社区，不仅是重拾失去的社会团结的形式，还是促进邻里、城镇以及更大范围地区的社会性和物质性重建的实用方式。第二位是重视社会网络价值和提出社会资本理论的普特南。他坚持认为社会网络的非常价值，断言规则、互惠以及互信都来自社会网络，他的社会资本理论被整合进“新工党”意识形态后，主要用以指导关涉“社会排斥”项目的设计和实施。第三位是提出责任理论连接社区的伊特兹尼。他的责任理论强调将社区与责任概念连接起来，指出个体之于社区，在一端拥有权利，在另一端则承担责任。在上述理论的观照下，社区不但是一种特别的社会互动模式，而且这种互动还有助于社会控制。至此，进入意识形态框架的社区理念及其相关理论更加深刻地影响着英国经济、政治、社会和文化的发展。

四、美国：以组织建设为基础的中介链接路径

美国的社区治理始于 19 世纪末的进步时代，具有高度的自治性，第三方力量的崛起在这一过程中发挥了极大的促进作用。在具体的实践过程中，美国政府的功能和作用，多以辅助和补充的形式予以体现，主要体现为宏观层面上的统筹与完善法律法规以及提供资金与政策支持。其社区治理大多依靠公众、公共服务企业和公共服务组织机构等第三方主体的公正平等参与。具体而言，美国社区治理是多个主体平等参与的过程，社区赋予了自主规划和开展治理的权利，公众参与为社区带来了活力和发展动力，推进了美国社区治理的民主化、市场化、制度化、多元化进程，逐渐形成了以社区居民为参与主体、第三方组织主导实施、政府开展引导监督的社区治理模式。

（一）高度自治和自组织特征为社区治理提供动力

美国的社区治理有着悠久的历史传统，其早期乡镇的公共精神和自治理念构成了现代社区公民治理的文化根基，“社区发展”的治理理念现已成为美国进行城市社区规划的主流理念。该理念强调通过保护和创建城市社区来解决城市缺乏人文关怀、安全感和社会交往的弊病。综合美国社区的发展历史，社区的主要目的是促进建立邻里间的亲密社会关系，并由此塑造更加健全的个体人格和更加健康的社会环境。20 世纪 60 年代，“社区治理”和“公众参与”的概念开始在美国本土兴起，极大地丰富了美国社区发展的内涵。与此同时，当时的美国正处于社会变革期，少数族裔以及妇女不断要求政治权利平等，公民权利意识在这期间不断觉醒，美国逐渐形成了尊重多元文化、保障民主的社会环境，公民也开始更加积极地参与管理公共事务，为美国推进社区自治提供了良好的基础。美国社区治理具有高度的自治和自组织特征，不仅重视公共事务中公民的参与度，而且强调不同机构和组织的协调共存，为促进社区治理的发

展和公民权利意识的觉醒发挥了重大作用。

（二）自下而上的社区自治模式激发了社区治理的活力

美国社区治理的本质是公民治理，是公民社会的自我管理，已经形成了较为完善的社区自治模式，即社区主导下由社区居民广泛参与的一种自下而上的社区自治模式。在这种发展模式中，公共权力机构只起有限的辅助作用，社区自治是社区发展过程中的主导力量，作为美国城市管理基层单元的社区，一般都设有社区委员会以及社区顾问委员会等常设机构，保证社区治理的高效性和专业性。社区自治机构在社区发展目标、社区公共事务等方面拥有充分的决策权，通过其最高权力机构社区董事会（社区委员会）对社区公共事务进行自我管理，完成社区治理的相关工作。同时，美国的社区都设有社区顾问团，主要负责协调居民关系和征求居民意见。政府基本上不直接干预社区内部公共事务，其扮演的角色主要是通过设计相关的政策法规来协调社区内部成员间的关系。换言之，美国社区治理主要不是依赖于政府，而是按照自治、服务、责任和理性等原则，依赖于社区公民、社会企业以及公共服务组织的自由和平等的参与，自行决定其发展特色和发展方式，自下而上实现社区的有效治理。市政府如果需要进行某项涉及社区利益的决策，首先需要通过普通市民参与社区公共事务的固定渠道召开社区听证会，听取居民的意见。同时，社区自治机构拥有向政府部门提供社区发展的建议权。

（三）非政府组织成为社区治理的重要推力

美国的非政府组织植根于社区，担负着多元职能，对沟通政府与其他利益主体之间的关系起到了至关重要的作用。美国的非政府组织为社区服务功能的开拓提供了动力，为政府提供公共服务减轻了压力，为社区稳定发展带来了活力，在社会治理过程中扮演着重要的角色。目前，美国社区大约有 150 多种类型、140 多万个非政府组织，以服务公众为宗旨，提供的服务涵盖方方面面。这些非政府组织主要通过政府的直接补助、税费减免、服务购买等方式，或通过接受社会捐赠、基金创办等获得资金支持，并由志愿者参与组织运营，为社区提供多样化的服务。非政府组织成为美国社区治理过程中政府部门和社区居民之间的沟通桥梁，为居民参与社区自理提供了重要渠道，并在资金筹集、社区决策发展、社区规划、社区居民关系协调等方面发挥重要作用，推动了社区的稳定发展。同时，非政府组织为社区提供了社区文化建设、社区治安维护、老人儿童照顾、职业技能培训等社区公共服务，分担了政府部门的压力，逐渐成为社区发展中的中坚力量。

第三节　境外社区治理实践经验

境外社区治理的具体实践，能够为我国推进社区治理提供治理理念和治理经验的借鉴。境外社区治理可以追溯到古希腊城邦时代，英美国家近代以来的社区实践可以追溯到19世纪末，主要经历了一战催化的“社区组织运动”，二战后激发的新的社区运动，推动社区“共同体”实践；以及20世纪80年代以来发达国家的社区复兴运动①。总体而言，境外社区治理在具体的实践过程中所形成的前沿的治理理念、多元的治理主体、精细的治理手段等经验，对于推进中国社区治理现代化具有重要意义。

一、前沿的治理理念

（一）转变政府角色，突出服务功能

英美国家的政府在应对层出不穷的社区治理问题时，十分注重发挥政府的掌舵者角色，加强政府的政策聚合作用②。20世纪80年代以来，西方发达国家发起的新一轮“社区复兴”运动，旨在通过自下而上的方式落实社区主义，带动社区居民参与基层治理，在政府与社区之间建立合作伙伴关系，以此恢复社区活力、推动政府改革和社区发展③。登哈特的新公共服务理论指出，在一个公民积极参与的社会中，公共官员所要扮演的角色越来越不是服务的直接供给者，而是调停者、中介人甚至是裁判员④。转变政府角色是开展社区治理的

---

① 吴晓林：《理解中国社区治理：国家、社会与家庭的关联》，中国社会科学出版社2020年版，第16—22页。

② 韩央迪：《英美社区服务的发展模式及对我国的启示》，载《理论与改革》2010年第3期，第24—29页。

③ 吴晓林、郝丽娜：《“社区复兴运动”以来国外社区治理研究的理论考察》，载《政治学研究》2015年第1期，第47—58页。

④ 丁煌：《西方行政学说史》，武汉大学出版社2018年版，第380页。

重要前提。在社区治理中，政府更多的是通过平台的提供和支持，扮演统筹管理的角色，秉持着服务的理念，调动和吸纳社会力量的参与，实现资源的有效整合和传递。境外发达国家虽然在政府该扮演何种角色问题上存在争议与不同，但均关注了政府如何在社区治理中发挥应有作用。在必要时，政府通过宏观政策出台、财政资金与政策优惠支持、政策目标引导、公共服务提供等方式，为社区治理提供服务，充分发挥政府服务的职能。尽管境外发达国家在社区治理时，政府的权力、权威和责任被不断下放，但是，政府衔接其他主体的服务职能是不变的。像在美英等西方国家，地方政府数量相对较多，所服务的人口相对较少，相应的公共服务主要是由地方政府直接提供，政府服务理念的转变有效地推动了社区治理。同时，地方政府通过在多元主体间发挥中介作用，协调各利益主体间的关系，整合各方资源，形成较为紧密的合作治理，共同推动社区“善治”实现。

（二）倡导公民自治，激发内生动力

通过对境外代表性国家在社区治理方面的梳理可知，除了凸显服务理念外，还倡导公民自治理念。具体表现在以公民自主治理理念为价值依归，充分调动居民参与社区治理的积极性，激发公众参与社区治理的内生活力。无论是美国的《国家与社区服务法》《国家和社区服务信托法案》，还是英国“大社会”计划中的“社会行动”方案与“公民服务计划”，或是日本自 20 世纪 90 年代以来兴起的“新公共性”，其共同的特点都是在社区治理过程中赋予公众充分的自主权，力图呼唤公众的社会责任感，实现社区治理过程中的公众自治。正如公民治理理论的倡导者博克斯所言：“公民不仅仅是公共服务的消费者，更是社区公共事务管理的直接参与者，是社区的‘治理者’”[①]。境外不少发达国家通过厘清政府与自治组织的职能边界，并将权力下放到公民手中，对于实现社区自治具有重要的作用和意义。日本在社区营造过程中通过吸纳市民团体和普通居民等变革力量参与到社区建设中来，实现了由政府主导到居民参与再到市民主体的转变，塑造了特有的“自治精神”，为社区自治中积累了宝贵而又丰富的经验。通过吸纳市民团体和普通居民的变革力量参与共同事务，化解居民在社区事务中的不满，并转化成动力投入到社区营造当中。总体

---

① ［美］理查德·C. 博克斯：《公民治理：引领 21 世纪的美国社区/国家治理与政府改革译丛》，孙柏瑛等译，中国人民大学出版社 2014 年版。

而言，境外发达国家的社区治理，通过倡导公民自治的理念，坚持更开放的思维，并与非营利组织、社区志愿者团体以及其他社区基层治理机构建立联系，极大地增强了居民对其所在社区的归属感和认同感，营造了良好的人居环境和社会氛围，塑造了精神共同体，激发了公民参与社区治理的内在动力。

（三）强调法治原则，权力转移下放

发达国家在社区治理中十分注重法治原则，并将其作为一个重要的理念，贯穿于社区治理中。一方面，发达国家在经过了长期的法治化进程后，形成了较为完备的法律体系，相应的法律机制也比较健全；另一方面，公民也具备了较强的法律意识，在面对各种纠纷时，也善于运用法律思维和法律方式来解决。发达国家为社区治理提供了一整套相对完备的法律保障体系，不少基层组织和社区享有在法律范围内处理一切地方事务的权利。相关法律法规对基层社区自治进行了详细规定，为社区治理提供了较为充分的法律依据。与此同时，为有效化解政府及相关行政机构在社区治理方面的压力，国外的社区治理理念强调管理权限下放，利用社区自治组织、非营利组织以及居民本身，实现社区的有效治理。在这个过程中，通过打造专业化的工作队伍，并赋予其相应的管理权限，能够更好地发挥该队伍的专长，实现社区的专业化治理。权力转移下放促进了高度自治的社区文化的形成，推动了社区治理的变革与进步，形成了相对完善的体制机制。

二、多元的治理主体

（一）多元主体共治，形成治理合力

纵观世界各国社区治理的成功经验，有一个很大的共性在于改变传统治理主体单一、治理结构不完善的现状，政府并非唯一的社区建设力量，而是建立多元化的参与主体和组织体系，形成多元合作治理格局。在这种多元主体参与的模式下，各主体积极性得到广泛调动，形成了多元共治的合力。政府、市场、社会三大主体在社区治理中具有平等的地位，形成了基于共同利益和目标的“伙伴式”关系，主要通过协商、合作来解决问题。一方面，政府与第三方形成合作，正确利用和掌握市场经济的“竞争原则”和“效率原则”，避免基层政府负担过重，充分调动各项社会资源，与其他治理主体一同提升社区治

理效能；另一方面，通过政社之间的合作，将政府从繁琐的社会治理工作中解放出来，既能够让政府更好发挥引导、监督和支持作用，又能够尽可能焕发社会活力，强化居民自治意识，实现政府与社会力量、公共部门与私人部门以及公民个人等多元主体共治的格局，有效协调互动、合作治理，形成社区认同感和归属感，助力社区参与式治理模式的形成。

（二）政府有力支持，市场力量助力

政府支持在社区治理过程中占据着举足轻重的地位，影响着社区治理的科学化、持续化发展。从英美国家的社区发展历程可知，政府在社区治理中扮演着重要角色。20 世纪 30 年代美国罗斯福新政开启了联邦政府支持社区发展的先河，一直到 21 世纪初小布什、奥巴马执政时期，都非常重视社区治理在国家治理中的战略作用；英国政府亦是如此，自 20 世纪 60 年代以来，面对不同时期的不同困难，英国政府都将社区建设作为主要抓手，特别是布莱尔政府的“社区复兴运动”与卡梅伦政府的“大社会”计划，体现出政府对社区战略价值的重视。同时，发达国家也十分注重市场力量的发挥，通过向市场放权，吸纳市场力量参与到社区治理中来。一个普遍性的做法便是将大量的社会服务项目推向市场，或者在社区服务中引入市场运作的理念。在社区治理中充分借助市场的力量，改变以往政府一家独大的格局，改变了以往官僚治理的权利垄断，让社区能够获得更多优质服务，并有效减少了社区治理的腐败行为，提高了社区治理效率。

（三）社会组织协作，公众积极参与

社会组织是社区治理的主力军，在社区治理中发挥着重要作用。无论是日本、新加坡的社区治理，抑或英美国家的社区治理，通过专门性的法律设置，以及政府的直接补助、减免税费和购买服务等多种方式，高度重视和支持社会组织的发展。一方面，通过法律设定，为社会组织发展提供强有力的法律支持；另一方面，通过签订合作协议等方式，实现政府对社会组织的制度化支持。社会组织的发展反过来会给社区治理提供多样化的服务，进一步推动社区服务功能的拓展。社会组织能够立足的条件在于公众的积极参与，公众的积极参与增强了社区的凝聚力，为社区的发展提供了持续力量。在具体的社区治理过程中，公众的积极参与意味着能在共同的场域完成更多共同的事务，能够在

氛围营造的基础上增强社区的归属感。在面对社区治安及突发事件时，社区能够在公众积极参与的前提下，快速推进相关事项的解决，公众的安全感迅速得到提升。同时，由于公众的广泛积极参与，以及相应活动的开展，公众对日常需要解决的问题有了更深入的理解，有助于进一步推动相关事项的解决。

三、精细的治理手段

（一）提供资金资助，精准选点培育

在社区发展的资助程度上，欧美国家普遍要高于亚洲国家，这与社会发展和管理手段的不同有关。其中，欧美国家的非营利组织和志愿组织广泛发育，为社区发展的自主性提供了重要支撑。例如，社区自治组织要负责募集资金和人事安排，需要主动聘请智囊对社区发展问题进行研究。通常，西方发达国家的社区治理有合理的经费分担保障。社区治理所需的资金并非都是由居民个人承担，而是政府、营利机构、居民及一些社会捐助组织进行分担。具体的经费来源主要有用于日常管理费用及社区项目费用的财政拨款、社区税收及社区营收。对于社区治理过程中涉及较大款项的，则有专门的政府申请渠道，按照“申请-评估”等程序，给予社区相应的支持。同时，发达国家在进行社区治理时，还有通过培育和发展社区基金，推动社区慈善事业与社区治理工作的融合，解决项目资金来源单一、创新资金体量不足等困境，为社区治理和可持续发展提供精准支持。

（二）塑造文化认同，构建社区精神

境外发达国家在社区治理时的文化构建，为推动社区治理体系建设与治理能力提升作出了重要贡献。一方面，发达国家历来十分推崇慈善捐赠的行为方式，自发形成社会财富再分配机制。这种民间互助的形式已然成为国外公众的传统和习惯，许多慈善组织热心于社区内开展各项福利救助工作，为老人、儿童、妇女等弱势群体提供支持与关怀，很大程度上缓解了社会矛盾，营造了较好的互助社区文化。另一方面，在国外的社区治理过程中，还十分注重社会福利性组织机构的建设，典型的例子就是美国的“食物银行”以及社区图书馆。“食物银行”是接受食物捐赠和免费救济穷人的慈善组织，是非常有影响力的非营利机构。其主要功能就是募集和接收来自公民的食物捐赠，并对这些食物

进行加工、打包处理，用以免费救济穷人和流浪汉。而社区图书馆是美国社区生活集文化、教育、娱乐等于一身的综合服务中心和文化交流主场，面向所有公众，为弱势群体提供知识服务等。由于社区图书馆没有受众门槛，自始至终面向所有公众，无偿为处于社会弱势地位的公民提供知识服务，任何人群都能够在社区图书馆自得其乐，极大地丰富了社区居民之间的生活与交往方式，充分发挥了凝聚社区力量、构建守望相助的社区文化的作用，更促进了社会公平与社会平等的实现。

（三）整合精英资源，培育组织领袖

国外的部分地区高度重视社会精英对社区发展的影响与推动作用。在新加坡，其社区治理的显著特点之一在于注重骨干培养，依靠精英力量动员社会、民众积极参与到城市社区治理的进程当中。政府充分利用自身所持有的社会资本，从政党抑或是社会各个领域中挖掘具有较高的社会地位、组织动员能力、综合素质良好、发展潜力充足的社会精英，聘请其兼职社区的基层组织骨干。同时，建立“国家社区领袖学院”等培训平台机构，致力于为社区精英提供思想政治培训、社区治理能力提升等方面的培训，加大对社会精英的培养力度，增强社会精英的社区管理方面的能力，并正确引导和促进社会精英对其社会号召力的合理使用，借由他们的影响力将这种对社区、对国家的归属感和认同感向社会扩散，组织社区居民开展各类互助、康乐、公益等活动，使民众积极参与到社区建设的相关工作之中，以此增强社区凝聚力，将各种矛盾和冲突化解在基层，营造平安和谐互助的社区文化与生活氛围。

第四节　境外社区治理存在的问题

一、社区治理相对稳定性与人口高流动性相冲突

第一，人口流动规模大、速度快，社区公共服务资源、资金资源以及基础设施建设调度慢，难以及时满足社区居民需求，社区治理质量有待提升。与我国严格的户籍管理不同，国外在人口的流动和迁移管理方面，大多采用的是人口信息登记制度，称为“民事登记”“人事登记”或“生命登记”。这种人口

流动的随意性，导致民众能够根据自己的意愿自由选择居住的社区，由此带来人口流动规模大、流动速度快等问题。虽然大部分发达国家的社区治理更多的是社区自治，但是，一些社区的运转依赖财政的拨款支持，通常以出具一份翔实可行的全年服务项目计划为依托，且受到预算的影响，这使得用于社区治理的资金及其他资源的供给在某个时间段内是固定的，具有一定的周期性和规律性。虽然政府不会干预资金和资源的使用，但机构或社区需要依照计划书或者申请使用相关资金和资源。面对短期内大量流动的人员，基层社会组织无法及时调度充足的公共资金和资源来满足这些人的公共服务需求，导致社区治理资源面临供给失灵的风险，从而降低社区治理效果。

第二，人口流动结构失衡，带来社区资源供应的不均等问题。国外较为宽松的人口流动管理政策，导致大量的人口会根据自身的利益追求，比如就业、教育、养老等利益需求，迁移到资源优势明显的城市或者较为发达的地区。这样就会带来城乡社区资源供应差距大与城市之间资源供给不均衡两种后果。具体而言，城乡社区资源供应差距大，意味着城乡社区资源与社区公共服务存在不平等的问题。具有健全的基础设施以及充足的教育和发展机会的城市，更容易吸引大量农村人口流入，进而使城市社区资源的供给与农村相比将更加充分，而本就处于薄弱地位的农村，社区治理资源也随之大幅减少，城乡差距日益明显。以日本为例，由于日本的公民迁徙实行了“户籍随人走”的制度，日本人只要依照合法程序迁移就可以自由进行社会活动。在日本，只要成绩合格、交得起学费，可以自由选择学校；只要应聘成功，可以自由谋求职业；只要买得起住房或签订租房合同，可以自由选择住宅，择地、择房而居。特别是在二战后，日本的城市化进程加快，大量人口涌入城市，城乡社区治理资源与公共服务的差距逐渐被拉大。与此同时，在不同的城市之间，社区治理也存在较大差距。以西方发达国家为例，大量的人口涌入诸如美国纽约、日本东京、法国巴黎等特大城市，使得政府或是社会将更多的资源投入到这些城市中去，这些特大城市所在的社区相应地拥有更多资源。而对于中小城市而言，社区能够获得的资源和服务相对较少，出现了同是城市但在社区治理存在较大差距的问题。

第三，存在流入人员社区融入感不强，居民参与性不足。在西方发达国家的社区治理中，公众参与方面是社区治理十分关注的。通常而言，社区会鼓励居民担任志愿者身份，参与社区志愿活动，进而引导社区公民加入社区治理的过程。但由于西方国家对人口流动管理较为宽松，民众能够随意流动，其流动的频率也相应较高。也就是说，特定社区的居民是不固定的，社区居民对社区的信任感和责任感是不够充分的，且无法完全融入社区的建设过程中。一方面，从社区治理来看，由于社区和社区居民之间难以保证稳定的联系，即使社区成员有较高的社区志愿精神，但由于经常性的迁入流出，从客观上就导致社区居民无法真正地融入当地的社区治理过程中，居民参与度便难以很好保证。另一方面，从社区居民个人来看，频繁的迁移活动，会降低社区居民对于社区的依赖感和责任感，认为社区只是居住的地方，忽视社区治理对其自身利益的影响，进而没有较高的意愿投入到社区志愿活动中，参与社区活动的积极性被弱化。

第四，流动人口文化背景复杂，社区治理存在难以满足多样化利益诉求的需要。社区作为一个多元主体集聚的特定区域，其政策要求就是在社区自我管理的基础上，从住房、教育、矛盾化解、利益协调等方面满足社区居民的需求。但对于西方的部分移民社区而言，大量外来族裔带来了多元化的同时，也导致了需求的多样化，在短时间里存在难以同时满足这些需求的情形，各类基础设施和服务精准供给存在一定难度。同时，人口流动性强也对社区服务机构员工的工作素质和工作能力提出了更高的要求，如何在具体的服务过程中契合不同公众的需求，及时提供个性化、差异化的社区服务，是当前社区治理普遍面临的一大难题。

二、社区权利均等化要求与资源配置不当相矛盾

社区资源是指社区能够掌握、支配和动员的各种现实社会资源，大体包括物质资源、组织资源、人才资源、信息资源、文化教育资源、社会资本等。它是实现满足社区需求、解决社区问题、培育社区自组织、促进社区自治、实现社区发展等目标的有效手段。因此，若是出现社区治理资源配置不合理的问题，将直接影响社区有效治理目标的实现。通过对西方发达国家社区治理的发展历程及其社区治理特性进行系统梳理可知，部分国家社区治理资源配置主要存在治理资源地区分布差异大、城乡社区资源配置不均、社区资源享有的群体差异大等问题。

第一，治理资源地区分布差异大。国外的社区治理多强调社区的高度自治，或者是政府对其极少干预。在进行社区治理资源调配时，更多依靠微观主

体的力量自主进行资源配置，这种高度自主化的社区治理方式虽然能够快速实现社区资源的供给，解决社区资源的需求问题，但同时这种由社区根据个体意志配置资源的方式，容易引发资源配置的盲目性。具体而言，对于一些发达城市地区，由于社区的经济实力和政策优势明显，具备配置资源的硬性实力，因而面对社区治理的需求，在人才、服务、技术等方面难免会造成社区治理资源供给过度的问题。反之，部分地区由于缺乏足够的经济或者社会吸引力，社区发展资源“先天不足”，比如人才资源，由于本地区发展空间的局限性，当地人才流失的概率较大，加上无法吸引外来优秀人才加入社区治理队伍中，加剧了人才资源短缺的现状。以美国为例，美国已经形成了高度社区自治模式，在这种治理模式中，政府不占主导作用，行政效力弱，几乎不对社区发展进行行政干预，其角色主要是在社区发展过程中，通过设计相关政策法规协调社区内部成员间的关系，而具体实施则由民间选举产生的自治组织等治理主体对社区管理和发展负责，让其充分行使在社区发展目标、社区公共事务等方面的决策权，实现自我管理、自我发展、自我约束、自我教育。在高度自治的社区管理模式下，社区自治机构在资源配置中具有较大的自主性，加上社区之间的联系相对较少，造成处于优越地区的一些社区，如美国东岸城市的社区，可以凭借综合优势，获得丰富的社区治理资源，而对于一些优势不明显的地区，社区治理资源种类较少，供给紧俏等问题明显，导致无法实现社区治理资源的有效流通，由此带来较大的地区间社区资源配置差异。

第二，社区治理资源城乡分布不均。客观上讲，无论是国外还是国内，城市和乡村地区存在着先天的资源差距。乡村地区作为农业生产的主要来源地，对现代经济增长的促进作用相对较弱，因而无法获得足够的社区资源，而城市作为经济增长的主力军，使得政府和社会都会配置更多的治理资源。对于境外发达国家而言，虽然其社区治理取得不错的成效，但同样存在城乡分布不均的问题。以日本为例，在社区治理过程中，曾出现因城乡社区资源配置不均衡问题而引发社会治理难题。比如在20世纪60年代，日本以经济高速发展为依托，将更多的资源集中到经济发展势头强劲的城市地区，无论是社区治理工作机构的建设，还是医疗、养老、就业、教育等各类资源，均优先满足城市需要，导致大量人口向大城市迁徙。而对于原本经济发展弱的地区，则关注度一降再降，加上农村人口大量转移到城市，导致农村社区治理资源越发薄弱，使得中小城镇和村落日益衰落。不管是在国外还是国内，虽然社区发展权利是均等的，但在具体的实践过程中，容易出现在原本城乡资源差异较大的基础上，造成优者更优、劣者更劣的局面，加剧城乡社区治理的差距。

第三，资源享有的群体差异悬殊。社区资源的最大价值在于保证社区服务对象能够较为公平地享有资源，为社区成员带来更好的生活体验感。但由于国家性质和国情原因，在国外的一些社区治理中，存在着不同群体的差别待遇。特别是部分国家的种族歧视成为深层次的社会根源之一，对社区治理资源的个体平等性产生着消极的影响。比如，在20世纪80年代，美国进入向后现代社会转型的新发展阶段，以共和党的里根总统与老布什总统为代表的联邦政府认为，依靠国家政策实现社区复兴是“不明智的”，从而削减了对社区发展的支持，尤其是低收入和有色人种居住的贫困社区。而对于白人社区以及社会上等阶层群体，如官员、商人和公民领袖聚居的社区，在公共服务、教育、医疗等方面给予了更为充分的社区服务。这种不平等的社区治理资源配置方式，使得社区治理环境不断恶化，给美国整体层面上的社区治理带来了较大的挑战。

三、参与主体多元化与治理组织结构失衡相脱节

狭义上的社区治理主要是特定区域全体社会成员的共同行为，广义上的社区治理不仅仅涉及社区内部主体，还包括国家、公民、社会组织、市场等与社区相关的外部组织，即社区与社区公共事务、社区公共利益相关的各方均应是治理的主体，具有多元化的特征。尽管治理主体众多，但可以选取政府组织、社会组织和公民三个主要的主体及其之间的关系探究境外社区存在的问题。多元主体之间的平衡是保证组织效率的关键，是取得成效的决定性因素。若在具体的社区治理过程中，各主体的应然角色和实然角色不统一，将会导致社区治理的效果大打折扣。从境外社区治理发展历程来看，不管是存在政府强势主导、社会（自治）组织活力不足、公众参与有限哪一种情形，都会在一定程度上导致社区治理的效果欠佳。

第一，在政府强势主导层面，容易形成一元结构的社区治理。在这种组织结构中，政府控制了绝大多数的社区公共资源，几乎包办了涉及社区的所有事项，尤其是在社区的规划和设置上，某种程度上限制了各类社会组织和公民平等参与社会治理的机会，导致市场和社区的内在活力无法得到有效激活。而这种由政府占主导的社区治理，对于像新加坡这样国土面积狭小的国家影响不一定非常大，但对国土辽阔的国家，则会导致政府负担过重的问题，并导致市场

和社会组织难以获得机会参与到社区治理和社区服务中去，造成市场活力缺失。同时，政府的强势主导可能导致公民的意见和呼声被淹没，公民在社区建设的参与感、融入感和归属感被弱化。

第二，境外部分社区在治理过程中存在社会（自治）组织行政依赖性强，主动参与较弱的情形。社区治理的有效参与需要有序发挥社会（自治）组织的功能作用，适度保持社会（自治）组织在社区治理过程中独立自主的作用。作为非政府性质的社会（自治）组织关键在于反映真实的社会需求，构筑好政府与公众之间的桥梁。以日本早期的社区治理为例，社区的主要功能由作为日本基层自治组织的町内会承担，町内会作为一种自治性组织，应该在最基本的公共事务如环境卫生、组织社区文化娱乐活动、培训课程等方面承担独立的角色。但在 19 世纪末 20 世纪初至 20 世纪 40 年代末，町内会的基本角色变成辅助性的行政末端组织，这一时期其主要功能是协助中央与地方政府履行各项基层行政职能，上情下达，社区基本上没有自治权。在具体的社区治理中，由政府对社区工作进行规划和指导，町内会在社区建设和管理上，绝大部分依靠政府决策和指令，无法真正发挥其作为自治性组织的社会功能。1947 年至 1952 年是日本社区治理的特殊时期，这一时期虽然取消了町内会的合法地位和名称，但实际上，日本町内会改头换面继续以其他非正式的组织形态存在。不过，这一时期町内会的主要作用是配合和协助地方政府开展工作，自治角色依旧无法完全体现。

第三，公众参与范围有限，很大程度上限制了社区民主治理的发展。社区的有效治理，离不开社区居民的参与和监督，即使公众有较强的公民意识，希望能够积极参与到社区治理中，但如果在社会的建设过程中，不能拓宽公众参与的深度和广度，必然会限制社区治理的民主化水平。虽然日本的社区营造能够取得较为显著的成效，但在某一阶段也遇到公众参与的困境。日本 70 年代的社区营造，一开始便关注市民参与社区治理的问题，不断推行“参加与分权”，为市民参与公共治理进行行政改革，推行“地域会议”和“市民会议”等制度，对社区治理的参与进行改造，但这一时期的日本社区治理，公众参与仍处于探索和发展阶段。虽然市民参与的意识被极大唤醒，但市民参与社区治理的深度并未得到及时强化，也没有形成相应规模和组织的市民参与体系。公众主要参与社区组织的一些文娱类活动或者维权活动，而参与涉及医疗、卫生、业委会选举、志愿者服务等其他公共事务的情况不太理想。由于不能充分发挥公众个体在社区治理中的作用，仅仅在部分社区治理工作中对公众开放，也就无法充分调动可利用资源进行社区营造，导致社区治理深度和广度受到某种程度的限制。

四、治理问题高难度与治理机制不够健全相背离

从境外社区的发展历程可以看出，当前存在的一个较大问题是治理问题高难度与治理机制不够健全相背离。具体表现为主体协同机制的不完善和市场治理机制薄弱等。

第一，主体协同机制不完善。社区治理涉及政府、社会、公民等多元主体，是一种综合性的治理体系，每个主体都是一支不可或缺的主体性力量。各个主体之间只有密切合作、灵活互动，才能真正有效地调动各方力量的主动性。反之，若治理主体之间沟通不畅，无法形成有效的互动合作机制，将直接导致社区治理低效或失败，这一点从英国社区治理过程中可以看出。英国在社区治理早已经形成多元互动治理的机制，并取得显著成效。但追溯到英国社区治理初期，可以发现其社区治理主体协同困难是造成最初社区治理陷入困境的主要原因。20 世纪 60 年代以来，英国城市社区治理在城市复兴的背景下，进入了初级探索阶段。在这个过程中，英国有意识地调动各方力量参与到社区治理中来，出台了“社区发展项目”等，即通过社会组织和居民自愿行动的方式参与社区治理，缓解政府压力，并由政府协调和组织“社区发展项目”在英国各个城市进行试验。但在英国社区运动早期阶段，其作用和影响相对较小。在这一阶段，社区治理急需更多资源和力量，但由于缺乏一个有组织、有计划的治理主体协同框架，难以有效平衡各方力量，很难更大程度地解决社区发展问题。例如，在城市社区治理过程中，由于社会团体及组织的行动权限和范围没有做出明确的规定，致使其逐渐超越政府管理范畴，成为社区治理的主体行动者，进而引发地方政府不满，致使社区发展项目最终走向衰落。随后，人们开始反思国家、城市、社区与公民的关系维度，通过在中央政府和地方政府、政府和非营利组织、政府和社区、社区和非政府组织以及非营利组织之间建立伙伴型关系，来促进城市社区公共事务的解决。但在这个过程中，由于各个层面的组织和机构具有不同政治意见和利益诉求，未能实现多主体的良好协调，私人部门和其他公共部门未被充分调动起来，导致治理效果相当有限。缺乏有效的主体协同机制，将导致各个主体之间的利益诉求和权力难以达成一种

有效平衡的状态，会引发社区治理的一系列矛盾，降低社区治理质量。

第二，市场治理机制薄弱。市场是社区建设和发展的动力来源，无论是政府还是非政府组织，其最大的特点是公共性和非营利性。由于两者无法最大限度地调动整合资源，必须发挥市场机制的作用，以实现资源的最佳配置和最大化利用。市场机制的作用好坏，在某种意义上直接决定了社区治理能否有效配置资源。通过对境外社区治理的实践梳理可知，一些发达国家的社区治理同样存在着忽视市场机制作用的问题。相关问题大致可以分为两个方面：一是只关注市场机制的自发性；二是市场参与社区治理作用弱。在市场机制的自发性方面，假若缺乏健全的规范制度，容易导致各个市场主体在参与社区治理时亮相以逐利为目的，降低了社区发展质量。十分重视市场作用的英国，也曾出现由于市场无序性发展带来的社区治理混乱问题。如在 20 世纪 80 年代后期，英国社区治理以社区发展公司主导，在为社区带来多元化资金来源的同时，也面临着私人部门在公共服务领域恶性竞争与一味追求自身利益的问题，最终导致社区服务质量受到影响。在市场参与作用较弱方面，市场参与作用较弱，则无法有效调动市场资本的力量，发挥市场高效率配置资源的优势，从而加重政府财政负担。新加坡的社区治理，虽然取得了显著成效，但在社区治理资金保障方面，有 90%的社区公共基础设施建设费用和 50%的日常运营费用是由政府负责的。总体而言，新加坡强化政府主导、前期规划细致、注重骨干培养、完善对话机制和营造社会氛围，但市场机制的作用被相对弱化，无形中加大了政府的负担，难以充分调动市场参与社区治理的积极性，由此导致资源配置无法实现最优。

第五节　境外社区治理对我国的启示

从境外发达国家（地区）的社区治理实践可以看出，推进社区治理需要诸要素的有机配合。对我国而言，要吸收境外社区治理在前沿的治理理念、多元的治理主体、精细的治理手段上的成功经验，规避境外社区治理存在的问题，在革新社区治理理念、多元社区治理主体、加强基层组织建设、合理配置治理资源、推动社区精准治理、构建社区治理机制等方面推进我国社区治理，实现社区的“善治”。

一、革新社区治理理念：以人民为中心，坚持社区依法治理

在吸收和借鉴国外社区治理的基础上，立足中国国情，必须把“以人民为中心”作为社区治理的核心理念。“以人民为中心”是统领社会主义核心价值的元价值，是中国特色社会主义治理体系与治理能力现代化的核心理念，也是社区治理的价值导向。“以人民为中心”的价值理念，赋予了我国社区治理的灵魂性根基，决定了社区治理发展的方向、重心与次序。更重要的是，社区治理作为中国社会治理格局的基础，在治理过程中需注重构建共建共治共享的基层社会治理格局，以人民为中心，时刻关注人民在社区治理中的主体地位，积极发挥社区居民对于社区治理的贡献，实现共建共治。同时，在社区治理的过程中，还应以人民的需求为出发点，保障社区治理为人民服务，社区治理成果为人民享用，实现共享。社区治理只有实现理念革新，真正做到以人民为中心，充分发挥人民的主体性以契合社区民众的治理需求，才能真正实现我国社区治理水平质的飞跃。

第一，发挥人民在社区治理中的主体作用，充分调动其参与社区治理的积极性。社区居民作为社区的重要组成部分，不仅要享受社区治理的成果，更要强调社区居民在社区治理中的社会责任和社会义务，即强调社区居民在社区治理中的主体地位。为实现这一目标，在社区建设过程中，政府应主动实现从行政干预到服务指导的角色转变，通过建立健全以搜集民意和关注民众呼声为导向的议事协商平台，连接社区居民，引导社区居民以社区治理主体的角色进入社区事务的商讨过程之中，增强人民的主体功能与议事能力，逐步形成“人人参与、人人尽责”的社区治理良好局面。与此同时，在新时代背景下，社区治理的主体是多元的，不能仅仅依靠基层社会组织单一力量，更重要的是要调动社区居民的参与积极性，而搭建多元主体参与社区公共事务的协商平台，正是构建社区治理共同体的关键一环。在具体执行过程中，应以基层社会组织作为操作引领方，从居民需求出发来引导不同的社区居民主动参与社区事务的管理，通过协商与合作，发挥人民的主体优势，共享服务资源，合作开展服务，提升社区服务和治理水平，从而实现社区内外资源的全面联结与社区民众的自我管理、自我服务、自我教育与自我监督。

第二，关注人民日益增长的美好生活需求，强化社区的治理功能。以人民为中心，不断满足人民日益增长的美好生活需求，是社区治理有效的关键所

在。社区治理的核心内涵在于为人民服务，这意味着无论是社区治理的手段，还是治理主体的价值观念、社区行动策略，都必须注重以群众需求为导向，以实现社区居民对美好生活的向往为价值目标，以增进社区居民的获得感、幸福感、安全感为依归。只有如此，才能保障社区居民日益增长的美好生活需求与公共服务供给之间的和谐均衡。以“人民为中心”的治理理念，要求社区治理必须要围绕着“人”和“民”来展开，也就是说，在社区治理过程中既要考虑“人”的社会性规定，又要从“民”的本质性规定出发。在社区治理中，一方面，要强调社区居民的社会需求，突出居民社会需求的真实性和多样性，即满足社区居民更好的、更幸福的日常生活需求。另一方面，要求从实际需求出发，增加服务供给，增强社区居民的社区认同感、归属感和荣誉感，保障社区居民公共服务的供给与需求之间的精准匹配。

充分重视人民在社区治理中的重要地位，时刻从人民的根本利益出发，才能推进社区治理的高质量发展，才能真正发挥基层社会组织在社会治理中的基础性作用，进而不断促进社会公平正义，形成有效的社会治理和良好的社会秩序。坚持以人为本、人民至上作为一切社区治理工作的出发点和落脚点，充分发挥其在满足公众多样化民生需求、推动公共服务治理提升、保障社区治理有序有力等方面的支撑作用，切实为营造共建共治共享的社会治理格局夯实治理基石。

二、多元社区治理主体：激活社会力量，构建社区治理格局

在对多个国家的社区治理模式进行深入分析之后，可以看出，社区作为一个由多元主体构成的组织，要想实现可持续发展，达到理想的治理效果，核心在于构建一个多元化的社区治理共同体。社会成员构成的复杂化是社区治理难以得到有效治理的根源之一，要想实现社区的有效治理，只靠政府的行政干预是远远不够的，必须凝聚政府、社区组织以及社区居民的合力，构建多元化的城乡社区治理主体。只有将社会多元主体的力量整合起来，共同治理，才能呈现出社会的整体优势。我国在社区治理过程中，要将党委、政府、企业、社会组织和公民等多元主体进行结构性整合，构成社区治理“共同体”，共同打造社区公共平台，共同治理社区公共事务和提供社区公共服务，在厘清各主体的角色定位和职责权限的基础上，根据共享原则建立利益分配机制，实现社区利益的最大化。

第一，转变政府职能，强化政府服务功能。转变政府职能是推进社区治理现代化的核心，加快政府职能转变与强化政府服务功能，不仅能够改变政府过去大包大揽满足民众多样化需求的社区治理模式，扭转由此导致的社区治理失灵局面，而且能够进一步地提升政府的公共服务水平，进而增强社区居民对政府的信任和依赖，强化社区治理效率。政府要适当放权，由主导角色转变为引导角色，从而激活市场和社会的社区治理活力。对于社区而言，作为一个涉及多元主体、涵盖多种复杂化社区事务的治理单位，其公共事务具有广泛性和种类繁杂性等特征，如果仅凭政府单一力量是无法达到最佳的治理效果的。因此，政府应转变思路，以多元共治为目标，针对社区公共事务性质、内容等进行系统梳理，并根据不同公共事务特点，划分属性，将能够下放给社会和市场的交由社会和市场去完成，这不仅能够提高社区事务处理效率，同时还能激活社会治理活力。与此同时，要发挥政府的服务功能，加强服务型政府建设。要加强政府对社区治理的宏观指导，通过政府的行政手段，调动社区各类治理资源，提高社区治理资源的配置效率；要强化政府的公共服务职能，树立为社区居民服务的理念，统筹规划社区公共事务。作为社区公共产品和公共服务的主要供给者，政府要以社区居民的实际需求为出发点，关注社区居民的利益诉求，拓宽社会公共服务范围。

第二，激发社会组织活力，提升社区治理质量。作为社区治理的重要主体之一，社会组织在社区治理中的作用是不容忽视的。要想实现社会组织在社区治理的充分参与，必须确保社会组织的参与资格与社会组织参与社会治理的规范性。一方面，要对社会组织进行精准定位，明确社会组织的权责，社会组织作为参与社区治理的“第三方”，是独立于政府之外的，并非简单的从属者。另一方面，提升社会组织参与社区治理的自主性和能力。在这个过程中，既要加强社会组织的人才队伍建设，通过引进、吸收各个领域的社会精英、专业人才来充实当前社会组织的人才队伍，同时对已有的人才队伍定期组织业务培训，提高组织成员的工作能力；又要完善有关社会组织的法律法规体系，从法律层面明确社会组织的性质、地位、职能、权利和义务，规范社会组织的设立条件、审批程序、运行机制等，解决社会组织管理法规层次偏低的问题，为社会组织参与社区治理提供相关的法律法规。

第三，重视社区居民参与，调动居民参与积极性。社区居民是社区共同体的主要成员，是社区治理的重要主体。居民对社区的认同度以及居民对社区治理的参与度，会对社区治理的效果产生重大的影响。必须大力提高社区居民对社区的归属感和认同感，切实强化社区居民的参与意识。要建立健全城乡社区居民参与治理的相关制度，明确城乡社区居民在社区治理中的重要地位，为居民参与社区治理提供规则保证，提高他们参与社区治理的热情和信心，使他们更加自觉地参与到社区事务中去。要发挥社区精英的骨干作用，发挥社区居民掌握各类资源的优势，为提升社区治理效果提供保障。要培育社区居民的志愿精神，用志愿精神引导居民积极加入社区志愿组织并提供志愿服务，以弥补政府和市场所提供的社区服务质量和数量上的不足，同时也让社区居民在社区治理中增强自身的“主人翁”意识。

三、加强基层组织建设：应对治理风险，实现自我建设监管

社区治理是社会治理的基础单元，关乎着国家治理现代化能否顺利推进，人民利益能否顺利实现，而基层组织作为社区治理的重要载体，其科学性和合理性是推进社区治理可持续发展的必要前提。加强基层组织建设，发挥组织载体功能，通过基层组织的自我管理和自我建设，以期最大限度地降低基层社会治理风险，是巩固国家治理体系现代化成果的题中之义。在基层组织建设过程中，必须始终坚持党的领导地位，只有矢志不渝坚持以思想为指导，以人才为根本，以法律为准绳，才能确保基层组织建设的先进性和纯洁性。

第一，坚持党的领导，发挥基层党组织在基层组织中的指导作用。我国社区治理区别于国外社区治理的最大优势和最大特点就是党的领导，在社区治理主体愈发多元化的情况下，若众多主体间缺少凝聚力和向心力，多元化极易发展为分散化，与社区建设初衷背道而驰。因此，在推动社区治理能力现代化的建设过程中，必须筑牢党建引领社区治理的思想共识，全面强化党组织领导的核心地位。要贯彻好党的群众路线，紧紧依靠人民群众、广泛动员人民群众。从群众中来，到群众中去，真正感知群众需求，从而对基层治理形成全局性、整体性认识，更加有针对性、高质量地为人民群众提供服务，建设真正关怀民众福祉的宜居社区、智慧社区、人文社区、共治社区和绿色社区。要发挥社区党建工作的堡垒作用。随着社会的发展进步，人们的生存空间不断拓展，社区居民结构日趋复杂化、多样化，人们的价值观念、生活方式、角色定位、日常需求不尽相同，针对治理对象、范围、层次、结构的不断变化，必须全面加强党的思想建设、政治建设、组织建设，推动建立党建联席会议制度，推进

“党建+”模式，促进党建与社区网格治理深度结合，不断实现党对社区治理工作的全方位覆盖，保证基层组织在社区治理中的方向性和有序性。

第二，加强人才建设，提升基层组织人员整体素质。基层组织人员是社区治理有序运转的重要主体，但目前社区人才总量不足，整体素质和结构亟待优化，同时社区工作人员任务繁重、压力较大，待遇亦未得到保障，人才流失严重，无法满足社区治理需要。为此，要下大力气加强社区人才队伍建设，规范社区人才设置和职数配备，合理优化社区网格划分，着力培育社区服务志愿者队伍，通过对居民志愿者的吸纳，不断扩大人才数量。要不断优化社区人才队伍结构，选拔高素质人员充实人才队伍，优先鼓励高校相关专业的人才从事专职工作，按照科学化、规范化、制度化、长效化和适用、管用的要求，建立社区工作人员成长锻炼机制，定期进行教育培训，提高社区工作人员社区事务的处理能力和水平。同时健全社区人才队伍激励机制，从中央层面出台相关指导性文件，将社区人才队伍建设纳入各级人才发展规划，探索构建与岗位职级和评价结果相衔接、动态调整薪酬体系为核心的社区人才队伍管理体制。

第三，完善基层组织制度规范，实现社区治理的法治化和规范化。基层事务繁杂琐碎，各类主体需求各异，治理乱象时有发生。健全制度、规范管理是推动基层组织工作有效开展的必经之路，基层组织规范化建设的所有环节和全部内容，都要体现科学管理的理念。职责要清。即明确基层组织的职责边界和权限范围，做到不该管的不插手，该管的及时上手。要求基层组织自觉地在制度规章允许的范围内活动，同时充分发挥居民会议的作用，在涉及居民利益的重大事项时，如经费使用、发展规划、社区建设等方面都需通过居民会议讨论决定。任务要明。即明确工作人员的工作内容，细化社区工作量。让每位基层工作者能够不漏事、不忘事、做成事，避免因基层工作人员间的工作重复、效率低下导致难以及时回应居民需求。考核要准。即精准设计工作人员考核指标。通过条目化和项目化的形式，制定一套完整规范的考核标准，赏罚分明。同时，成立包含多元主体在内的考核团队，强化内部监督制约，不断将各项制度措施落到实处，督促和引导基层工作人员努力做到工作规范、行为规范，切实提高基层工作的规范化、制度化和科学化，真正做到将各项建设转化为实际成果。

四、合理配置治理资源：加强顶层统筹，形成社区治理合力

社区治理资源的合理配置是社区治理和社区发展的根本动力，必须以社区

多种资源作为依托，凝聚治理合力，才能最大限度地提高社区治理效率、提升社区治理能力。社区治理主体多元、治理内容丰富、治理范畴多样，面临着复杂的社区事务，若社区治理资源运用不佳，社区发展必然受限。因此，若能充分整合利用各种资源，并发挥其优势，将更有助于社区治理现代化的实现。作为一个集人力资源、物质资源、教育资源、文化资源和环境资源等多种资源为一体的综合体，社区的关键在于妥善配置各类资源，使其物尽其用。同时，单一的社区治理资源往往难以满足复杂社区治理系统的需求，社区治理在充分利用各种资源的同时，也需注意对各种资源的优化配置，学会搭配利用，才能实现资源配置的最优化，形成社区治理的强大合力。为此，要建立专门的资源配置机制，在充分了解社区各类资源属性的基础上，进行资源的有效整合，并向居民提供，才能实现社区治理资源的精准化利用。

第一，人才资源是核心。“人”不仅是社区治理的重要主体，更是社区治理的原生动力，重视人才资源的投入，才能推动社区治理高质量发展。但在社区治理中也存在“入少出多”的问题。一方面，“入少”，人才本就属于稀缺物，社区所拥有的优势却难以吸引人才的加入；另一方面，“出多”，社区在已有的人才培养上未形成体系，即使人才引入，却往往任期较短，待遇不高更是难以留住人才。对此，社区要提高基层工作人员的待遇，可以通过加强政府和企业合作，获取更多金钱支持；社区也可以通过增强自身造血功能，获取收益。同时，社区也应加强对已有人才的合理开发。除了通过吸纳社区居民志愿者的方式扩大社区工作者队伍，鼓励其参与社区治理，缓解人员压力，还要充分挖掘每一位社区工作者的潜能、优势，通过定期培训、考核、适度奖惩等手段，使之人尽其用。此外，重视社区参与主体的资源优势，每一位社区居民、辖区单位和社区商户都是一个“资源库”，通过不断整合社区居民背后的优质资源，为社区发展提供人力、物力、智力资源以及财力支撑，搭建社区“资源一体化”平台。

第二，物质资源是基础。良好的社区运行离不开物资资源的支撑，工欲善其事必先利其器，无论是基础设施的建设还是公共服务的提供，都需要厚实的物质基础作为后盾，而如何使其物尽其用便成为亟待解决的问题。一方面，要学会获取相关资源。以往社区常常依赖于政府，社区治理的资源也大多来自政府的支持，一旦政府停止供给，社区便难以提供有效服务。对此，社区必须学会利用自身人才网，通过与企业的合作获取相关资源，同时，内部也可通过适当方式，获得居民相关物资的帮助。另一方面，要提高资源使用效率。社区应根据各类公共服务和基础设施以及社区事务管理等需要，合理配置资源，实现专款专用，最大限度地保证资源使用的精准化。在资源使用过程中，必须坚持公开透明的原则，定期公开公示社区资源使用，让社区居民监督资源的使用过程，倾听居民的心声，使各种资源得到高效利用。

第三，技术资源是动力。大数据、云计算已经深深融入居民日常生活当中，万物互联、万事互通，信息和数据愈发突破时间和空间的限制，由此带来的技术升级和模式创新，给社区治理带来了新的机遇。然而，不少技术资源的运用仍浮于表面，实际效用大打折扣。对此，应从平台建设出发，提升信息的相互传递。要适时完善“一张网”的建设，依托互联网和大数据的不断发展，搭建起全面覆盖、信息共享的综合治理信息平台，避免治理过程中的信息孤岛现象发生。同时，纳入多元主体参与平台的共同建设，如与企业合作提升平台建设质量，与居民合作提升平台信息透明度，让平台真正做到惠民、利民。鼓励市民深度参与社区意见表达，做到有求必应，有事必到，有难必帮。通过移动平台端的开放，让居民可以随时随地参与社区脉动，共同协商解决关系居民切身利益的重要事项，形成基于信息化、智能化社区治理与服务的新型社区管理形态。

第四，文化资源是底蕴。文化资源是社区共同的历史文化延续的重要前提，无论是文体活动的开展还是社区终身学习等，都离不开社区文化资源的支撑。各个地区都有其独特的人文环境，在充分认识我国各地文化特点的基础上，大力推行社区文化建设，营造本土特色文化氛围，发挥文化在社区治理的软约束和引导作用，有利于社区居民的迅速融入、社区治理的平稳运行以及文化的传播与传承。同时，在各类活动举办的基础上，不能忽视对社区居民不良行为的约束。社区居民文化程度各异，矛盾冲突时有发生，若置之不理，失序越轨行为带来的不良后果难以想象。对此，不仅是道德上的约束，法律上的约束也不应缺位，需要双管齐下，共同推动社区建设，为共建共享的基层社会治理格局奠定文化基础。

五、推动社区精准治理：创新治理路径，实现技术服务下沉

社区是国家集中治理和各种民间力量参与的交汇处，在国家治理体系中起着不可或缺的作用。面对着治理过程中多元治理主体产生的错综复杂的治理难

题，以及社区居民个性化、差异化和多元化的服务诉求，实行对症下药、精准治理或成为解决社区治理困境的关键。国外社区治理的范例显示，一些国家忽视对社区的精准化管理，而采取粗放式的社区管理方式，造成社区治理结构失衡，引发了一系列社区治理问题。对此，我国要吸取国外社区治理失衡、失序的教训，通过构建“社区治理共同体”，来提高社区治理的精准化水准。“社区精准化治理”是一种以民众导向视角的社会治理格局，其具体特征表现为政治引导、多元主体参与、上下协作、基层活跃。而要进一步提升社区精准化治理水平，则需要不断创新和拓展城乡社区治理路径。

第一，在强化政治引导的基础上鼓励多元主体参与。当下，虽然多元主体参与的社区治理方式被视为一种有效的治理方法，但基层党建和政府的引领作用仍然不能忽视，其在社区治理进程中承担着方向指引责任。在社区治理过程中，既要加快政府职能转变，推进多元化社会主体共治，又要发挥基层党组织对社区治理的领导作用，强化政治引领的基础性地位，进而构建党建引领多元参与的社区治理新格局，创建“同责共为，党政引领”的现代社区治理模式。要在确保党政引领社区治理方向的基础上，充分发挥“三社联动”机制在社区治理中的作用，吸纳多元主体共治、共建、共享，进一步建立和完善社会化的参与平台，使社区服务“社会化”的参与空间进一步拓展。要不断加大政府对社会组织的支持力度，着力培育和发展各类服务组织、公益组织、行业协会、民办非企业单位等基层社会组织。这既能将党政引领工作根植于社会组织的系列活动中，也能为社会组织的发展提供外部条件，从而扩大精准化治理的组织基础。同时，多元参与社区治理也意味着要提高社会组织人才的专业性，这是治理活动得以有效开展的基础性保障。为此，政府和社会组织可以共同策划人员培养与培训，实施专业“社工人才”培育计划，为社会组织人员提供更全面的社会保障服务，通过多措并举，实现城乡社区治理主体之间关系的多元化与精细化。

第二，要着重培育社区治理的“自治基因”。居委会是我国基层的群众自治组织，但在我国目前的国情条件下，社区往往依赖于党和政府的引导，需要在相关政策的支持下，才能发挥其在基层治理中的基础性作用。在社区治理过程中，基层党政组织过多干预社区自治的情况也时有发生，行政权力过分挤占基层社区自治权，使得长久以来我国的社区自治能力发育严重不足，难以发挥应有的效果。为此，要加强社区治理的精细化，重新梳理政府与公民、政府与社会的关系，探索建立政府-社会、政府-社区的新型互动机制。在外部环境上，要结合我国当前社区治理的实际情况，对政府的职责边界进行重新界定，厘清政府“行政权力”与社区“自治权利”的权限范围，以防止政府对社区治理的过度干预，充分发挥社区自治的积极性和自主性。这是保证政府与社区有效互动的重要前提。要注重培育基层社区的自治功能，通过优化社区公共资源配置、完善多元主体参与的治理体系等方式，对当前社区治理进行结构重构。要充分激发民众的公民意识和自治意愿，保持社区自治活力的持续性。随着当前经济社会发展和民众素质的整体提升，社区公民越来越有意愿且有能力参与到社区治理中来，同时，社区治理难题的解决也日益需要民众的共同发力，两者双向的意愿表达与契合成为社区精准治理的关键所在。为此，社区要疏通社区居民表达意愿的渠道，进一步完善民情诉求机制，为社区居民营造一种自我治理、自我服务的政策氛围。

第三，加强绩效管理，建立社区精准化治理绩效考核标准。任何事物都需要被衡量，如果它可以被衡量，它就可以被改进，社区精准化治理离不开系统的绩效考核。衡量社区治理效果，考核其取得的创新与发展成果，这些都需要通过建立社区治理水平的评价指标体系来加以综合评判。因此，立足于我国社区治理的实际情况，实现社区治理绩效的动态化管理是重中之重。这就需要各地社区因地制宜，在借鉴国内外同质化社区有益经验的基础上，结合本社区的实际情况，探索建立具有自身特色的、多样化的、精准化的社区治理标准体系。要以强化社区治理绩效考核为导向，实现管理成本精细化和城乡社区治理结果优化的结合。要以双向互动为目标，通过反馈式考核体系的建立，提升政府和社区对公众诉求的反馈能力，变单一力量的“单打独斗”为双向互通。要以绩效考核为杠杆，逐步将社区精准化治理的重点转变为民生建设，通过绩效指标的逆向激励方式，反向驱动社区治理不断提高精细化水平，保证社区治理为人民服务的本质。

六、构建社区治理机制：建立健全机制，防范化解社会矛盾

社区作为最基本的社会治理单元，搭建起了民众与政府交流的桥梁，其最直接、最现实的目标便是为居民提供最优质的公共服务，输送社会发展成果。在社区治理过程中，不仅要注重倾听民众的声音，更重要的是要协调好民众关系，维持社区的良好秩序。社区是多元利益主体发声、表达利益诉求的基层场

域合，要实现既充分体现民意，获得社区民众的信任感和依赖感，又能平衡好各利益主体间的关系，需要建立民意表达和矛盾纠纷多元化解机制，来保证治理过程的动态稳定与和谐有序。一方面，要保障城市社区居民的各层次服务需求能够得到充分满足，体现社区服务性质；另一方面，要通过约束参与主体的参与行为，化解社区内部存在的各种矛盾，达到社区治理良性互动的目的。为此，需要从民主协商与矛盾纠纷化解两个维度来完善社区治理机制，防范化解社区矛盾。

第一，建立社区议事协商机制，妥善处理社区事务。社区协商作为基层群众自治的实现形式，是有效化解社区矛盾的重要手段。通过协商，实现对社区事务的妥善处理，从而实现对社区矛盾的良好规避，尽可能减少冲突的发生。与传统的政府主导治理不同，中国特色社会治理体系不再强调一元化的管理，更多的是主张多元主体的共同协商，这是打造共建共治共享的基层社会治理格局的最基本要求。下沉到基层社区治理层面，最直接的体现方式是以协商、对话为基本准则的民众沟通机制，这是在社区自治基础上实现信息交换和共享的保障。通过社区协商议事可以有效解决社区问题，在冲突发生前化解矛盾。一方面，可以最大限度地缩小社区问题的覆盖面，做到社区问题的内部化解。通过这种开放式的对话平台，社区民众可以针对社区事务和存在问题充分表达个人诉求、开展协商对话，做到将诉求说透、把问题说开、使冲突说小。这既能够充分调动社区民众参与社区治理的积极性，又能及时有效地传达各方主体的利益诉求，最大限度地减轻民众的利益冲突，避免事态扩大化。另一方面，社区问题能够在第一时间得到及时有效的解决，避免过多繁琐的行政程序，缩短了社区问题的影响时长，减轻了基层政府的行政负担，进一步拓展了社区的自治空间。居民议事协商机构的建立，为社区事务的及时处理提供了有利契机和良好渠道，通过这一渠道，社区可以吸纳民众广泛参与，就社区事务处理和公共服务等问题进行需求表达、意愿整合、方案拟定和效果评价等系列操作，并及时迅速地捕捉问题信号，提高社区自身事务处理效率。“居民事居民议、社区事社区办”等社区协商议事活动使得熟悉社区、了解社区问题的居民参与其中，能够保证社区问题的解决效果，提升社区问题的解决效率，从而降低社区事务的处理成本，进一步推进社区治理的精准化。

二是构建矛盾纠纷调解机制，及时协调各方利益。社区作为一个多元利益主体构成的基层治理单元，常常面临着各种利益问题和矛盾冲突，而如何促进社区治理良好秩序的实现，将直接关系到社区精准化治理的水平。为此，应当针对城市居民诉求和各类利益矛盾的特性，建立不同的调解对接中心，形成多层次、立体化的矛盾纠纷化解机制。在这一制度中，要注重加大对各类特殊问题关注度，如老人赡养、医患纠纷、劳动关系等，针对此建立制度化、常规化的矛盾调节机制，以各社区的纠纷调解中心为依托来协调各类矛盾。同时也要加强纠纷调解的专业性，推动社区内形成一支稳定的纠纷调解专家队伍，从而使与城市社区居民生活密切相关的矛盾纠纷发生之后能够迅速找到更专业化、更有针对性的解决途径。